中国近代人物日记丛书

# 翁文灝日記

上

李学通 刘萍 翁心钧 整理

中华书局

**图书在版编目(CIP)数据**

翁文灏日记/李学通,刘萍,翁心钧整理. —3版. —北京,中华书局,2023.12
(中国近代人物日记丛书)
ISBN 978-7-101-16357-5

Ⅰ.翁… Ⅱ.①李…②刘…③翁… Ⅲ.翁文灏(1889~1971)-日记 Ⅳ.K827=7

中国国家版本馆CIP数据核字(2023)第183328号

---

| | |
|---|---|
| 书　　名 | 翁文灏日记(全二册) |
| 整 理 者 | 李学通　刘　萍　翁心钧 |
| 丛 书 名 | 中国近代人物日记丛书 |
| 责任编辑 | 吴冰清 |
| 责任印制 | 管　斌 |
| 出版发行 | 中华书局 |
| | (北京市丰台区太平桥西里38号　100073) |
| | http://www.zhbc.com.cn |
| | E-mail:zhbc@zhbc.com.cn |
| 印　　刷 | 北京建宏印刷有限公司 |
| 版　　次 | 2010年1月第1版 |
| | 2014年1月第2版 |
| | 2023年12月第3版 |
| | 2023年12月第3次印刷 |
| 规　　格 | 开本/850×1168毫米　1/32 |
| | 印张28⅛　插页6　字数650千字 |
| 印　　数 | 4001-4600册 |
| 国际书号 | ISBN 978-7-101-16357-5 |
| 定　　价 | 128.00元 |

翁文灏 (1889—1971)

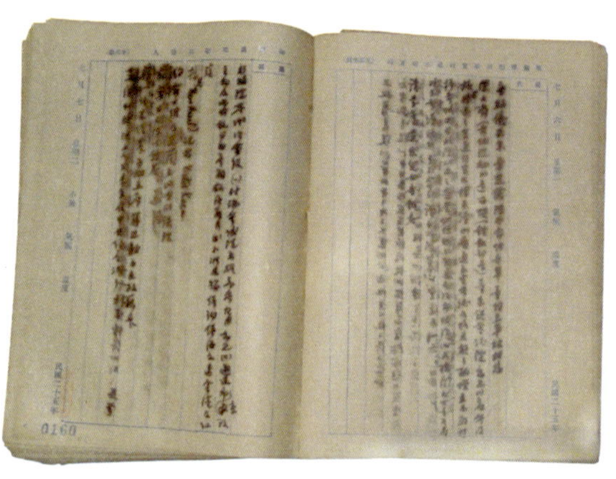

翁文灏日记手稿

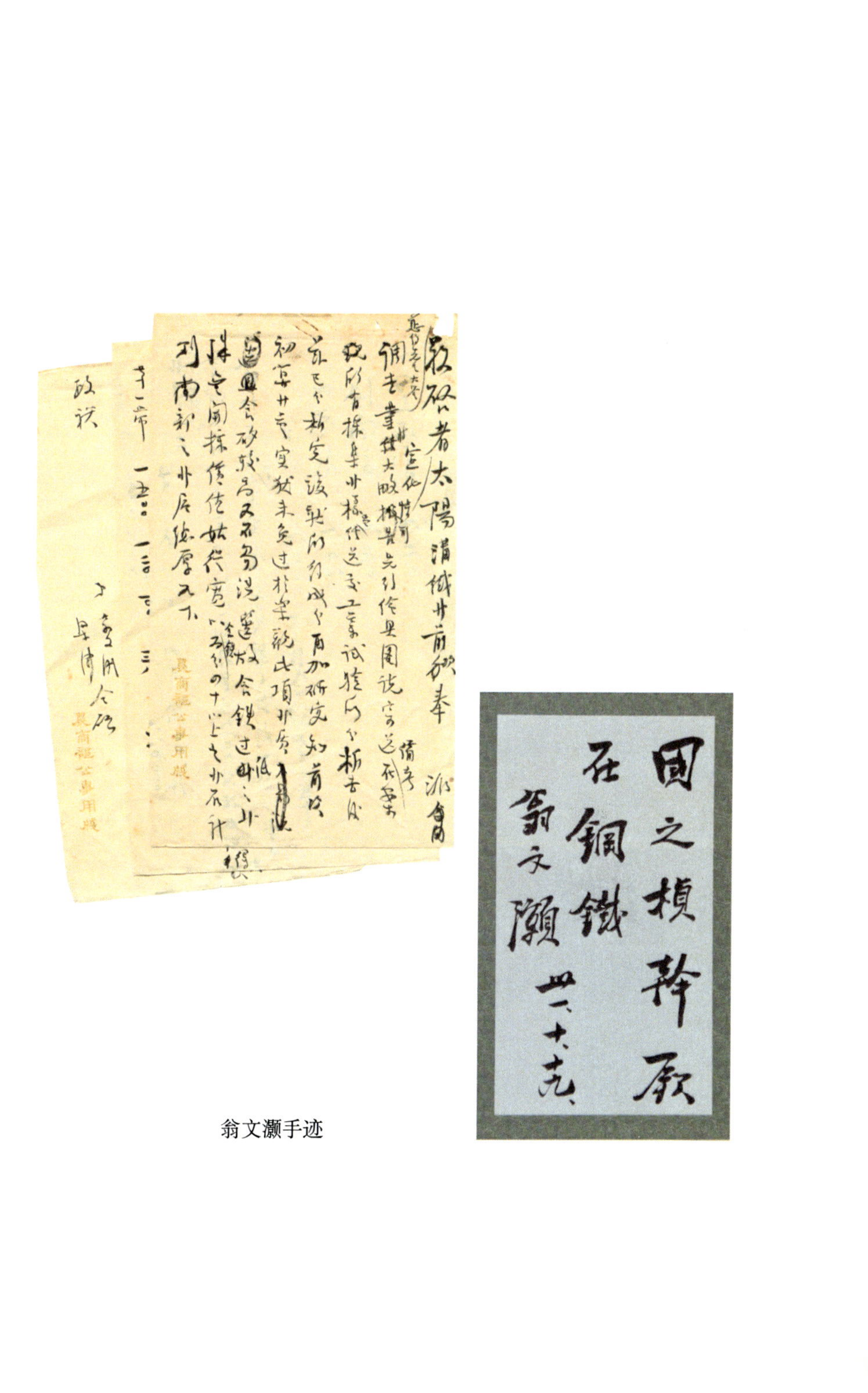

翁文灏手迹

翁文灏（右起第五人）出席中研院评议会（1940年）

翁文灏出席中研院第一届院士会议（1948年）

# 《中国近代人物日记丛书》出版说明

编辑出版《中国近代人物日记丛书》，旨在为学术界提供完备、可靠的基本资料。

日记体裁的特殊性，使其具有其他种类文献所不具备的史料价值。日记中的资料，有的为通行文献所不载，有的可与通行文献相互印证、补充，有的可以订正通行文献中的讹误。中国近代许多著名的历史人物都留有非常丰富的日记，较为著名的有晚清四大日记翁同龢《翁文恭公日记》、李慈铭《越缦堂日记》、王闿运《湘绮楼日记》、叶昌炽《缘督庐日记》等，都是具有较高史料价值、经常被学者征引的重要文献。

然而许多日记文献藏于图书馆、博物馆、研究机构或个人手中，学者访求不便。为此，系统发掘整理这类文献，是一项很有意义的工作。中华书局于二十世纪七十年代开始策划《中国近代人物日记丛书》，出版了多个品种，受到学术界的重视与好评，《翁同龢日记》、《郑孝胥日记》等至今仍是引用率较高的近代日记整理本。

新世纪以来，我们继承这一传统，加大近代人物日记的出版力度，试图通过进一步完善整理体例、新编更便利使用的索引、搜集更完备的附录资料等方式，使这套丛书发挥更大的作用，继续为学术研究贡献力量。

编好这套丛书，一定会遇到不少困难，但我们相信，在学术界、文博界和公私收藏机构与个人的大力支持下，这套有着悠久历史的基本文献丛书将会有更多更完备、精良的品种问世并传世。

中华书局编辑部

# 整 理 说 明

翁文灏(1889—1971),浙江鄞县(今宁波市)人,我国近代著名地质学家、地理学家,也是中国近代地质学、地理学的奠基人之一。他出身于绅商之家,少年时考取过秀才,后留学欧洲,是中国第一位地质学博士。回国之初,翁文灏致力于培养人才,开创中国地质科学事业,曾长期担任中国地质调查所所长,主持创办清华大学地学系,并一度代理清华大学校长。在他的领导下,地质调查所取得了一系列令世界瞩目的科学成绩,蔡元培先生赞其为中国第一个名副其实的科学机构。他本人也以"燕山运动"理论等学术成就,成为近代中国最具国际声誉的自然科学家。正因如此,翁文灏受到蒋介石的重视,1932 年末应邀担任参谋本部国防设计委员会(1934 年后改为资源委员会)秘书长,1935 年末出任行政院秘书长,成为蒋的重要幕僚和"学者从政"的代表人物。自 1938 年起至抗战胜利,翁文灏一直担任经济部部长兼资源委员会主任委员、工矿调整处处长,抗战后期又出任战时生产局局长、行政院副院长,1948 年出任"行宪内阁"首任行政院院长,1949 年初又一度担任总统府秘书长。新中国成立之初,翁文灏避居法国,1951 年初回国,后任全国政协委员及民革中央常委,被毛泽东称为"有爱国心的原国民党军政人员”。

现整理公布的《翁文灏日记》，为1936年1月1日至1942年12月31日期间翁文灏每日亲笔日记。在此期间，翁文灏先任行政院秘书长兼资源委员会秘书长，后任经济部部长兼资源委员会主任委员、工矿调整处处长，是抗战期间国民政府大后方经济行政及工矿生产的最高主管，是许多重大历史事件的决策者、参与者。与此同时，他还先后兼任着中央地质调查所所长、中国地质学会理事长、中国地理学会理事长、中华教育文化基金董事会董事、非常委员会主席及中央研究院评议会秘书、中国工程师学会会长、《新经济》杂志主办人等科学文化界诸多重要职务，是当时中国知识界的领袖人物。

日记中，翁文灏对其每日工作、参加会议及接见中外访客等活动均有具体记载，内容涉及政治、经济、科教文化诸多领域，涉及的人物既有蒋介石、孔祥熙、张群、戴笠等党政要员，胡适、竺可桢、李四光等教育科技界名人学者，也有许多工商界企业家及专业技术人员，如卢作孚、吴蕴初、孙越崎、黄汲清等等。有些内容还是其他已知史料中披露极少或未曾为史学界注意的，如1937年随孔祥熙赴欧时与德国的秘密外交情况、在苏联访问参观情形，1942年奉命赴新疆与盛世才交涉情况等等。该日记不论对中华民国时期政治、经济及科教文化史的研究，还是对抗日战争史研究均是极有价值的史料。上述七年翁文灏日记，原件共八册，系由其在台湾的家属早年捐赠于台北“国史馆”，作为重要文献，保存于该馆特藏室，现经家属授权，整理公布，以为历史研究者参考。

翁文灏有记日记的习惯，其所记日记当不止于上述七年，但目前所知1949年以前存世日记仅有这些，其余部分不知所终。尽管如此，像翁文灏这样一位民国史上重要人物的日记能够整理公布，实属珍贵。在此我要特别感谢那些对本日记整理公布工作作出贡献的人们：翁文灏先生的家属翁心鹤、翁心钧先生、翁婵娟、翁幼娟、翁维玲、翁维珑女士、杨永庆先生、张英先生等都热情支持，慨允公布，且不求任何报酬；日记收藏单位台湾“国史馆”不仅同意公布，且给本人在台北的查阅核校提供很多方便；中华书局惠允出版；中国社会科学院近代史研究所也给予充分的支持。

整理工作原则上按原文照录，其中极少部分涉及家庭收支，应家属要求略有删减；部分表格内的汉字数字，改为阿拉伯数字表示；对于原文中明显错漏、笔误之处稍有订正，其中文字不清者以□表示；误字拟改者，均标以[ ]；脱字拟补者，标以【 】；有疑问而未定者，标以(?)；部分人名、地名，因使用同音字、近音字书写而致前后互歧者，如吴稚晖、吴稚辉，颜骏人、颜俊人，蒋梦麟、蒋孟邻、蒋梦邻，贝淞生、贝淞荪、贝淞孙等，原则上保留原貌；同一外文人名、地名因发音拼写而致前后互歧者，亦原文照录，望读者使用中注意。

整理工作具体分工为：1936 年翁心钧整理；1941 年、1942 年刘萍整理；李学通整理 1937—1940 年部分，并负责全稿最后的校订。

由于日记部分原件曾遭水浸，钢笔字迹洇渍，漫漶不清，辨识困难，加之整理者水平有限，错误之处难免，敬请读者批评指教。

李学通

2007 年 11 月

# 目　　录

## 上　册



## 下　册

# 民国二十五年　1936年[①]

**一月一日　星期三**

在南京。

上午十时，国民政府主席林森讲今年宣布宪法草案及开国民大会，大家应努力。

正午，行政院长蒋中正介绍励志社茶会，讲应革新做人，实事求是；并演《劳动》及《不饮酒》二剧。

托刘公潜函请顾孟馀、朱骝先来京面谈，并访许世英。

刘德郛谈湖南红色盆地，浏阳、湘潭皆有石膏矿，大庸、桑植有铜矿。

续范亭于上月二十六日因愤于国事，以刀刺腹，近住中央医院，闻不易活。

四川马边地震。上月十八日午后起，七时止。大震，损失甚大。会理亦烈。滇省亦震。

**一月二日　星期四**

赴杭。上午游西湖，访广济医院。

一日夜车赴杭。车中阅谭惕吾女士著《内蒙古之今昔》，述内蒙史地及自治政务委员会成立之经由，甚详。内蒙情形见

---

① 本年日记记于印有固定格式的民国二十五年专用日记本上。每日一页，页十行，竖排，前有“提要”一栏。

左表：

| | 盟 | 部、旗 | 省、区 | 人口 | 兵士 | 枪械 |
|---|---|---|---|---|---|---|
| 内蒙古 | 哲里木盟 | 四部十旗 | 东三省，今为兴安四省 | | | |
| | 卓索图盟 | 二部七旗 | 热河 | | | |
| | 昭乌达盟 | 八部十三旗 | 同上 | | | |
| | 锡林郭勒 | 五部十旗 | 察哈尔 | 36000—100000 | 2400 | 三千余枪，二百手枪，八迫击炮，二山炮，一机关枪（德王最多） |
| | 乌兰察布 | 四部六旗 | 绥远 | 48000—71000 | 1040 | 790 枪 |
| | 伊克昭 | 七旗 | 同上 | 77900—92750 | 3370 | 1490 枪 |
| 也属蒙古 | 察哈尔 | 察哈尔十二旗（内右翼四旗在绥远） | | 108300 | 1500 | |
| | 土默特 | | | | 2000 | 一千余 |

**一月三日　星期五**

早车到京。

书中又述外交关系。一九一〇年日俄第一次密约，日可合并朝鲜，俄可侵略伊犁及蒙古。次年，俄曾鼓动外蒙古独立。一九一二年，桂太郎赴俄订第二次密约，以长春为界，北满及内蒙古一部分归俄，南满及内蒙古一部分归日。一九一三年，日本有建筑满蒙五铁路之要求，其所谓蒙古者，犹皆在东北三省以内。一九一六年，日俄有第三次密约。一九一五年，“二十一条”要求内，明文指南满洲及东部内蒙古。一九一八年，又订立满蒙四铁路借款合同，皆包括热河在内。一九三一年“九一八”后，遂于一九三二年三月间建立“满洲国”，将热河划入在内。一九三三年热河全部皆陷。

民国廿二年七月，德王等会议，十月又决议《内蒙古自治政府组织法》。十一月，王[黄]绍竑、赵丕廉至百灵庙。廿三年公布《蒙古地方自治政务委员会暂行组织大纲》十一条，派乌盟盟长云王为委员长，锡盟盟长索王及伊盟盟长沙王为副委员长，何应钦为指导长官。嗣又将青海加入，委员名额共为九人至二十八人。

车中阅 Marcel Granet 著 *La Civilisation Chinoise*，特注重于春秋战国及秦、汉二代，对于皇[秦]始皇及汉武帝之统一及殖民甚为推许。对于中国文化，尤指传统观念 Traditionalism 特为重要，故读旧日史籍须□□□眼光，慎为抉择。

许世英来谈，赈务委员会十七、十八年每月实支一万四千元，十九年改为八千三百〇六元，二十四年七月减为五千元。委员长月支一百元，其他各职员仅半俸。分配赈款现已至第十一次，总共二〇八一〇四三元，其中鄂、鲁二省所得最多。

吴蔼宸赠所著《新疆纪游》。吴曾至鄂伦堡、巴库、塔什干、安集延、唐古斯等地，在新疆则仅至迪化、塔城、伊犁。书中对于民国二十年四月迪化政变（金树仁出走到盛上台）记载颇详。末附民国二十年新苏通商协定。

**一月四日　星期六**

见黄振球、欧阳格。

电塞克脱(Gen. von Seckt)。

**一月五日　星期日**

丁文江于本日下午五时四十分在长沙湘雅医院逝世。

俞飞鹏来谈,招商局拟取消监事、理事,增大经理及协理职权,并拟切实整顿,节省开支。

晚间,在教育部会谈本月中旬招待校长、学生来京会谈办法。

为侯德封编《中国矿业纪要(第五次)》作序。

**一月六日　星期一**

见陶孟和,谈上海社会经济调查所事。

电朱经农:在君柩应否运京,俟查明遗嘱再奉告。

函胡适之,商在君后事及葛利普移京事。

函顾少川,言办甘肃石油矿事,荐董蔚翘可往。

**一月七日　星期二**

竹尧[垚]生自上海来,携丁在君遗嘱,抄送交丁练秋。电何键、徐宽甫、丁文治:勿运柩来京。

遗嘱立于民国廿四年二月廿二日,竹垚生及弟文渊为执行人,律师林行规,见证人胡适、翁文灏、金叔初。保险金二千镑归夫人;其余现金及从其他动产(书籍、用具、文稿除外)所得之现金,1/4归三弟文潮子女均分,1/4归文涛子明达,2/4归文渊,表面上看文澜、文浩、文治四人均分;西文书籍,经济归文治,文学归史济瀛,中文小说归夫人,其余概赠地质学会;家庭用具,除夫人留用外,概赠地质学会。文稿、信札由文渊、文治处置。葬于所故之区域,不开吊,不发讣,不立嗣。

行政院第244次会议,通过招商局改进办法,交与铁道部会商工程总局办法。

见张度(纳川),谈中德换货事。见蒋,谈酆悌、王守竞、齐焌出洋事。

至中央广播电台,讲《中国之煤矿》,结论言:应努力开发内地富源。

见林知渊,言福建借款事。

聘谢家荣、周赞衡、黄汲清、杨钟健、尹赞勋、金开英,为地质调查所技术职员因公死伤特种恤助审查委员会委员。

**一月八日　星期三**

见 Gut Grant 康多夫。

拟定行政院特务应裁十二人,后又改为十一人。

见冷融,谈已令诺那至康定与刘文辉会晤,盼刘即赴康定,善为联络,惠政及民,庶免再有困难。

追悼在君文交张晓峰。与傅孟真谈在君善后事。

与蒋廷黻、顾季高、吴景超谈国民经济设计委员会。

**一月九日　星期四**

见宝道(Georges Padoux)。

与军事委员会沈清言,行政院与军委会照职务性质分配工作。

与蒋院长言定:(一)禁烟及治"共匪"事仍归原机关办;(二)行政督察专员及其他行政事件均归行政院办。

停止陈皋、张鼎新等四人薪,免张远春等四人职。

商定招待学生日程。

沙咏沧来谈,启新洋灰被殷汝耕收税,求中央酌还。

Hans Becker 函唁丁丧。丁夫人返京。林斐成函寄丁遗嘱。

**一月十日　星期五**

徐新六、竹垚生为丁丧事来京。上午在中央研究院会开丁箱,电文渊。

下午在丁宅(地质学会内)集会,丁巽甫读遗嘱。

告蒋院长,李滋罗斯愿单独会谈。蒋书条:赴德考察团川资四万元。

函心源,嘱赴平一行。

见 F. F. Urbanck, V. G. Fremr 捷克 Skodaworks 代表,上海黄浦滩廿四号。

**一月十一日　星期六**

丁文渊电复,请秦汾代表为遗嘱执行人。午告秦君。竹垚生下午往访。

徐新六来谈,李滋罗斯拟谈:(一)币制;(二)俄政;(三)海关、盐务应仍有效率;(四)对外国人勿歧异。

与张公权谈:(一)公务员捐薪事,拟另拟救国公债办法;(二)请将新路工程总局改为新路建设委员会:(a)须尊重部长职务;(b)勿提用造路款。

与徐象枢谈,停止《行政效率》月刊,如有必要,当出专刊。

电孔庸之,询赴德人名,并请来接洽。

谢蘅窗①来谈江西钢铁厂计画。胡光麃来谈四川建设事。

胡适之来京。

批定行政院汽车用汽油,每月每辆以十六桶为限。原为三十桶!

**一月十二日　星期日**

见杨汝梅、周枕琴(骏彦,军需署署长)、吴靄宸、胡肖堂。

---

① 即谢蘅聪。

至惠龙，见 Sir Frederich Leith Ross，谈铁路及财政。

见赵丰田，收《梁任公年谱稿》二十八册（至三十四截止）。

见 A. E. Levin，M. E. C. E. 言钢铁厂及川湘路投资事。

至王雪艇宅，谈招待校长、学生方法。

函心源，托赴平兼防燕娟 Radical 趋向；函平校，索转学证书。

拟《丁在君先生纪念基金规则》三条，抄一份交张新吾（昨晚）。

**一月十三日　星期一**

见陈蔼士，来谈铁道部新路工程局事；陈长蘅、龚学遂、广州学生三十余人。

Leith Ross 见蒋，言：（一）财政部及中央银行上级职员投机太甚，破坏币制，宜将中央银行改成准备银行并重用宋子文；（二）华北情形甚危；（三）愿商利用外资办法。此谈余任翻译，未有他人参加。彼言愿任商借款，蒋答词空泛。彼对孔有不满意。

**一月十四日　星期二**

杨钟健自平到京；黄汲清自美国到京。

行政院 245 次会。中央银行商股自百分之四十加至六十；铁道部提新路建设委员会。

访俞大维。

**一月十五日　星期三**

下午，行政院招待学生一百余人，谈外交、政治。

见凌宪扬。凌君由孔部长派赴德国。吴铁城来谈，上海市政府财政每年收入一千零五十万元，公共租界工部局每年开支一千四百万元。王子文来谈，拟借地质人才调查煤矿。

**一月十六日　星期四**

在钱宅见陈次青，谈重庆炼钢厂事。

励志社大礼堂,蒋院长召集各校校长及学生代表三百余人讲话:国难自甲午开始,至今尤烈。国民党"恢复台高,保全中国"。日本"并吞满蒙,统制中华"。学生须守纪律,负责任,有自信心,人人须自信:"有我在,国必不亡。"

晚餐后,王雪艇讲:教育须有民族意识,北平院校不南迁,但南方应有准备,并切劝学生勿罢课,先拟非常时之课程。张咏霓附和。

孙越崎自中福煤矿来京。

**一月十七日 星期五**

见丁夫人,谈取保险款事,请签开保险箱及换印鉴书。见秦景阳,嘱函永明保险公司,托竹取款,并谈经委会职。

上海市商会俞佐廷、王晓赖、林康侯、金润庠来见,谈明因手续不慎,致将致院部电(请勿减公债利息)先在《申报》发表。

焦易堂来见,谈国医应设学衔,见解极为陈旧。

英国领事□□晚餐。英大使 Cadogan 谈,中央应明告宋哲元勿办外交,由中央直接□对,宁使日本提出严重要求,亦可使世界各国知真确情形,如照目前零碎分[纷]繁办法,实极不佳。

吴达诠密呈二件,请办农业所及其他实业,拟发公债一万万元。

康道夫函提钢铁厂价款,日产二百五十吨,价由四千一百九十万马克减至三千七百六十万马克,分十年还。

**一月十八日 星期六**

下午二时,中央研究院假中央大学礼堂举行丁在君先生追悼会。蔡先生嘱讲丁先生事略及学术工作,次由胡适之谈话。

彭允彝来谈湖南工赈事。

行政院电傅作义:(一)绥东四旗归绥省管辖;(二)绥远蒙族自治已拟章程,将提院会。

**一月十九日 星期日**

吴达诠来所,参观各部分,并谈考绩标准、农本局、实业公债、钢铁厂。

与孙越崎等游汤山。

访 A. J. Bell,谈中福矿事。

周作民来谈,宋汉章等银行家十五人,电请政府勿减低公债利息。

**一月二十日 星期一**

郑道儒来谈,河北教育厅事不易就。行政院电询宋哲元:各省委及厅长已就职否。

与徐象枢谈机要组组织。与蒋廷黻谈国民经济设计及行政效率委员会章程。

蒋电(自杭州来),拟运德高射炮及子弹,派吴翔甫携赴沪,交酆力余、凌宪扬、王守竞诸君。电复言,上海银行界要求勿减息。

山东濮县董庄黄河决口后(上年秋间),李仪祉曾力主导入东北,流入故道。韩复榘反对,宁使贻害苏北,不愿引入鲁省。孔祥榕附和之,谓下游地高,水不能去。李仪祉因此辞职,孔继任之。日内黄河水竟照李仪祉计画,冲堤东流。

**一月二十一日 星期二**

行政院第 246 次会议,孔代主席。(一)财、铁二部提请发行铁路建设公债一万二千万元,年息五厘,分三年发行,兴筑长沙至四川铁路约八千万元(公债九千万元)。余款助平绥筑包宁,正太筑沧石,胶济筑济临。(二)交通[内政]部提绥远省内蒙族自治政委会组织大纲。(三)交通部提修正招商局组织章程。(四)甘肃民政厅长郑道儒或刘广沛。

上海市财政局长蔡增基来,谈应借法款一千二百万造桥往浦东,并言上海事业应国际化。

与潘祖焕谈新疆事。徐象枢仍为机要组主任,滕固、黄浚、温良、陈克文等调出。

函介程中石见吴达诠(拟荐为矿业司长)。见熊天翼,托购钨砂七百吨。

英王病殁。阅王鲲徙《御敌计划》。

与黄汲清、尹赞勋、计荣森等谈工作计画。

**一月二十二日　星期三**

行政院内会商,关于行政督察专员,拟先照行营办法,次研究行政院及行营所颁□□条例,务为修正。

蒋自杭返京,命赴沪与银行界接洽公债事。

德国大使 Traudmann 晚餐,并授给 Kaiserlich Deutsche Akademie der Naturforscher 会员证书。同座者有 Kiep,即德国派往“满洲”商酌经济合作之专使,而今又以同样使命来华者。

核定通讯社拨款及学术团体津贴数。

**一月二十三日　星期四**

宋哲元复孔,嘱郑道儒速往。决派刘宗[广]沛为甘肃民政厅长。

夜车赴沪。

**一月二十四日　星期五**

阴历元旦。在上海。

见李馥孙,谈公债事。李言,财政当局太失信用,故人心动摇,欲稳定法币,须与美国交涉妥协,并减低银币内之银成分。见贝淞苏。贝言，财政应有治本与治标办法。治标，应有六个月收支预算实行之；治本，应使财政与银行业务分离。见张咏霓，言宜设立全国经济调剂局。钱新之、周作民来见，言孔或可留，但舞弊之左右须去。见宋汉章。李赞侯来见，言宋子良等投机，并托李国杰事。

与胡适之、徐新六等谈公债事。胡拟函蒋，言须去孔。

**一月二十五日　星期六**

访宋子文，谈中国银行将投资纱厂。

访叶琢堂，谈沪银行界反对政府减轻债息情形。

访 Rogers，谈中国财政整理办法，如使中央银行专作准备银行业务等。

夜车赴京。

国货银行（宋子良）、国华（唐寿民、陈行）、大陆（沈籁清、徐可亭）、中汇（杜月笙）、中国实业，因山西裕华亏款，由中央接济。

**一月二十六日　星期日**

到京。

中国地质学会第 12 次年会，追念丁在君先生。谢家荣讲湖南矿产区域，水口山方铅矿内含 Tennantite，故有银。冯景兰讲山东栖霞、唐山等处玄武岩流下有含金砂层。

蒋介石言，倒卖公债者系宋子文，而孔祥熙夫妇则甚可信，拟由监察、行政二院派员会同彻查。孔庸之言，有人谋攫财长，彼必奋斗。

朱仲翔来谈贵州情形，每年省政府收入仅六百余万元。

唐孟潇谈政府人员动员办法。

**一月二十七日　星期一**

与孙越崎见蒋，谈中福矿事。郑道儒谈河北事。

地质学会开会,计荣森代葛利普讲脉动学说。

吴达诠《实业计画》送蒋阅。

**一月二十八日　星期二**

行政院247次会议。鄂皖赣三省划界案通过;修正《取缔棉花搀水条例》;财政【部】请发国库券一万万元;实业部请技术官给薪勿自最低级起,俟行政院与部会商拟办法。

见蒋院长,商定德国应运军器(小炮及鱼雷)项目。电克兰,告:(一)德国受中国省政府委托,应先得中央同意;(二)粤军并未到湘;(三)中国允决给德人勋章;(四)中央即设机关,专营钨业,三月间当□□,现先运少量,为试验用;(五)顾振、酆悌、王守竞、齐焌等已赶赴德;(六)货物交换,中国诚意愿行,盼以德货起运确期见告(此电廿九日发)。

胡适之见蒋,言银行界对财政当局不满意见。

吴达诠晚宴。德国人Kiep谈货物交换事,告以须商院长。

**一月二十九日　星期三**

见卢作孚、郑道儒、岳开铣。

电顾湛然,嘱买小炮24门及鱼雷等。

与吴达诠谈钢铁厂事,中德货物交换后互相接洽。

派刘□□、邓□□主持公务员训练事(行政院)。

派黄汲清、金开英同上事(地质所)。

**一月三十日　星期四**

【至】军事教官队讲演《中国几种矿产》,讲煤、铁、钨、锑。

陈辞修午宴,晤刘峙。

访虞洽卿,谈孔、徐、宋事。发胡适之、刘鸿生、钱新之、孙章甫、卢开瑗函,言在君纪念基金事。

蒋午夜晚宴。蒋言:日本前提二条件,当时只言可商量,且只因华北问题而起,并未即加承认。有吉言:当时实□□□承认实力,然殊为遗憾。

中国拟派许世英赴日,日本拟派有田来华,彼此均认可。

驻俄使馆电外部,日拟先攻华再攻俄。又电,如"满洲国"攻外蒙,则俄以布蒙兵抗之。又,日本兵□,则苏俄自抗。盖俄犹避直接冲突。

与蒋廷黻商考绩案。与孙希文谈行政专员事。与 Teilhard 谈下美年可赴婆罗洲,周口店发掘宜加急。

**一月三十一日　星期五**

正太铁路车务处长王奉瑞(中琳)来谈,以前在北宁路联运成绩,近年使正太路收入增加,薪资减少,盼为局长。

王雪艇来谈庚款事。余提投资应不忘中国,委员应照原约,代表各部;又谈故宫博物院应在京建筑。

刘峙来访,言刘桂堂不至扰乱中福。

日本大使有吉明晚宴。

与 Thorp 谈土壤人员南移。与黄汲清谈测制地质图方法。

与 Kondorfer 谈钢铁厂办法,应送详细估价单。

**二月一日　星期六**

考绩案请蒋阅定。蒋宴张季鸾、张伯苓等。

与卢道南谈运钨砂赴德之政治意义。张静愚来谈,因陕省筑路不至荆紫关而至其北之界碑,如河南省由淅川、荆紫关而北,须多费贰百余万元,故拟不经淅川、荆紫关,而由内乡径向西坪而至界碑。

本拟今夜起身往沪见 Leith Ross,蒋函言以不往见为宜,故未行。

张季鸾言,荒木、真崎对华态度较前和缓。丁绍伋电蒋:末次言,日本可破坏中国沿海军备,望速谋提携。

**二月二日　星期日**

财政部发表拟发统一公债十四万六千万元,复兴公债三万四千万元,年息六厘。

蒋函嘱拟《汉奸处置法》。

家眷过京赴杭,到车站接。

**二月三日　星期一**

接见西康大金寺代表亚鲁大阶等三人,桑格泽仁翻译,言寺为马叔帆、邓骧等军队所毁,请中央派专员抚慰,并助银五万元。

李仪祉来谈,董庄附近宜为黄河开一减河,并宜有三师军士驻河旁,以三分之一治水利。

湖南张藜先商请中央发百万元,收回农商银行湘股。

陈访先来谈,河南二头政治须改革。

与秦景阳谈经委会事。

俞大维来谈,德国 Hapro 售军火极广。

**二月四日　星期二**

行政院第 248 次会。统一及复兴公债案(见二日);修正《中央银行法》(中央银行为全国银行之准备银行,总行设南京,资本一万万元,每股一百元。甲类四十万股,政府;乙类五万股,各省市政府;丙类三十五万股,本国银钱业;丁类二十万股,本国人民。理事十七人,国府特派者九人;常务理【事】七人,国府指定者四人;监事九人);通过许世英为驻日大使,顾维钧为驻法大使,朱庆澜为侨务委员长。

蔡增基、谭伯英为招商局正副经理。

**二月五日　星期三**

到上海。与徐新六同访 Leith Ross，谈中日和平如因日本要求过甚实不能保时，中国虽当努力抵抗，但仍须他国协助方能转圜。彼言，此事最好由中国大使询英外部。

见刘厚生。

**二月六日　星期四**

到杭州孝女路未央村十一号所租新屋。

**二月七日　星期五**

返南京。见罗文干、陈访先、吴叔仁。

下午，蒋宅会谈外交。

晚，军人提灯会。大雪。

**二月八日　星期六**

秦景阳来谈经委会改组事。电顾湛然，告德政府对任何省委托事，须先得中央同意。阅庚款文件。

派吴士珍、王传□荐任科员，申庆栓五科主任，金华四科主任。

**二月九日　星期日**

与洪肇生谈，江西售德钨砂仍可包涵余利，中国银行借款手续宜早完成。

与秦景阳、钱乙藜谈，政府改组机关宜慎重进行。

宁波同乡会开会。陈焯（空如，参谋本部总务厅厅长）主席。庄祥麟主持，极敏慧得力。虞洽卿讲宁绍公司及四明银行。陈汉清（启新京经理）报告会计。

监察委员杜羲年五十，忧国，于昨夜沉玄武湖自杀。遗诗：连宵得句便狂吟，往事何堪再再寻。绝塞云遮天上眼，空潭月印水中心。终朝故旧人如玉,遍地干戈土不金。时觉清明时懊恼,拂衣几欲废书琴。

拟经济委员会改组办法。

**二月十日　星期一**

各国庚款联席会议开会。(一)委员应有任期;(二)法庚款委员会委员改为九人,三年一任;(三)美、法款应增加投放中国;(四)盼英、法、美款助义务教育及边远省份(云南、广西)之高等教育;(五)预决算及时期,务在可能范围内合政府规定。

陈布雷言,拟请竺可桢任浙大校长,答以只能暂时,否则不好。

黄汲清讲欧美测制地质图之方法。

**二月十一日　星期二**

行政院249次会。复兴公债、铁路公债仍为六厘。阎锡山为绥境蒙古指导长官。

由行政院秘书处筹议各机关公费标准。蒋、吴二部长及政务处审查出版法。

地质调查所化学试验室燃料试验,邀请来宾参观,到者约百人。

刘廷芳来谈湖南矿业管理处办事情形,意颇热烈而所言不得要领。

陈宗器来谈赴德留学事,允与丁巽甫相商,请其先出洋,给半薪,万一不得半薪,则地质所或可相助若干。

访竺藕舫、杨□庵。

**二月十二日　星期三**

何芸樵来访,湖南军队往往受行营直接命令,总司令毫不接洽;产销税年收四万至十万元,实不易裁。

陈树人言，派人赴暹罗报聘甚必要，盼增款。

康道夫来谈钢铁厂事，与谈付款方法。

与蒋言钢铁厂，官商合资必难成，须拨公债四千万元官办。蒋言，宜设在湖南省内。

函 Bell，欢迎 Woodroff①。

张锐为审核厅第一组主任及行政效率会主任委员，杨寿标为一等科长。

**二月十三日　星期四**

褚民谊来谈各事。陈大齐来谈各机关临时招考规则。

至中央党部广播电台讲《青年修养》，内分尚志、尚严、尚公，末言救国。

财政部呈行政院，准农民银行发纸币一万万元，并接各省省银行。

"满洲国"康德三年预算：二一九四〇五〇〇〇元，内分总务四千八百万元，内政四千万元，财政二千五百万元，司法一千万元，教育五百万元，外交一百五十万元，皇室二百万元。

德国人克朴见蒋。

函张纳川，商物物交换机关之组织。见洪中，催询钨砂。

竹垚生函言，已赠五五四元八五，交杭州本宅支用。

**二月十四日　星期五**

程中石陪孙多荚来见，谈办重庆炼钢厂事，给片介绍见文群。

孙维栋来见，与谈中央与华北务须开诚相见，勿为非必要之猜忌。

---

① 后文也作 Woodroffe。

蒋寓会谈。张岳军:日本方面或可在华北暂缓扰乱,与中央切实作整个交涉。颜惠庆如辞职,拟照准,由蒋作宾继任。孔为施肇基说明,谓可有用。土耳基[其]使馆拟派代办,归驻俄大使兼管。

在□湖春宴行政院参事及秘书。

嘱钱乙藜电沪,与张纳川商物物交换组织。

丁文渊十三日自柏林来电,言移葬,恐违遗嘱,似难行。

**二月十五日　星期六**

见杨绰春,为介绍于杨畅卿、邵力子及何芸樵。

见 Woodroff、Bell、刘吉甫、洪肇生、王芃生(新自土耳基[其]归来)。

与冯焕章、梁世堂、陈辞修、何芸樵等午餐。

故宫博物院理事会开会,议决:建筑南京馆保管库,六合得标;出卖皮料;以王雪艇、周寄梅、高叔平为委员;搬运古物及文献于南方。

**二月十六日　星期日**

Forster Bam 及 Peck 来访。

与凤书游谭延闿墓及阵亡将士纪念馆[塔]。访林延生。

拟免吴培寿职。

日本前大使有吉明数日前离华时既宣言,日本以外之意见未必全非。十二日又否外务会,又声言日本应统一对华国策,切不宜日本意见自相纷歧。

**二月十七日　星期一**

Phil. Gust. Blume(布鲁麦)、Otto Lohmann(罗曼,住双门楼六九)来谈,中国汽车应极力推广用固体燃料。嘱其作一中文意见书呈蒋。

蒋廷黻拟就经济事业调整计画，送呈吴达诠及秦景阳。

晚宴吴乐夫将军及实业、铁道人员，说明整理中福情形。平汉路【局】长陈地球言，可减轻汉口出口运费。津浦局长杨承训言，可加拨车辆。

美国国务副卿斐利浦斯言，中国门户开放，无论对任何区域，或任何国家，决不能放弃。

顾维钧在中央政治学校讲演：国民对外交不可负气，应审时度势，“宁为玉碎，不为瓦全”是错的；一切悬案应谋解决。

十六日庙行镇无名英雄墓落成。张治中讲，自愧不能杀身成仁，今后决心献身于为国为民之战。

**二月十八日　星期二**

行政院250次会议，议案二十余件。（一）积蓄汽油案，电令豫、鄂、赣、湘建设厅长来京会谈。（二）维持治安紧急办法。（三）国产检查委员会。（四）国葬公葬条例。（五）英国拟任大使，同意。

见吕聚青、郑道儒。

参议□□□等员薪金改定案核准，自三月一日起实行。

谢蘅窗来谈鄱乐煤矿事，拟于相当时期内由政府代管，先行派员先往调查。

在首都饭店与吴达诠、蒋廷黻谈经济事业计画，吴主设经济部，约俟星期四晚再谈。

**二月十九日　星期三**

陪吴乐夫见蒋。

新生活运动二周年纪念日，在励志社开会。蒋讲，食衣住行必须礼义廉耻，此系为本人说法，主持新生活运动者更须博爱人群，以后种种譬如今日生。

汪精卫四日起身赴德国(!)

程起陆来谈河南公路需款,存粮拟用麦,并询存盐。嘱孙希文拟稿询军事委员会,何以豫绥靖公署修例规定管辖指挥行政督察专员,以后此类事必须先商。

张晓行及 Petrolowiky 来谈乐平煤蒸馏提油事。

**二月二十日　星期四**

见程远帆、黄荣华、刘航琛、赵子懋。

励志社午餐,蒋宴立法、监督[察]委员。

公布《维持治安紧急办法》。

英国大使 Cadogan 请晚餐。

钱乙藜送一年应备之军需所用之材料清单。

吴乐夫交民十四年河南省府借福公司款合同及本息表。

李滋罗斯今晚由港赴粤。

**二月二十一日　星期五**

Stael Holsten 所介绍之 Jakob A. Toots 来见,谈油页岩工业,告以中国此业实无大望。

电孙越崎:电催铁部,减平汉运费。

美国大使詹森(Y. F. Johnson)来访。据谈,胡汉民思想坚决、窄隘、doctrinaire,nerphy 不易与人合作;汪精卫善于变化,无甚原则,有女人性,但善言词;蒋中正目光动人,但对人从不信任,各事亲劳。三人性质皆不易合作,而其左右更深欲播弄挑拨。此君观察颇能独到。

【至】无线电广播,讲一小时,言推行新生活运动须有充分诚意。

拟函竹垚生,托将地质调查所北平定期存款皆移存上海总行。

收到《独立评论》第一八八号(纪念丁文江先生)。

**二月二十二日 星期六**

虞洽卿、盛丕华来谈证券物品交易所事。虞又言,财政方面如下级人员不急撤换,则不久仍将发生困难。

首都讲演会在中央大学第一次开会,蒋简短说明应讨论解决整个民族(国难)及人生问题;王世杰讲国难期中之教育。

美国大使馆因华盛顿诞辰,招待宾客。

与吴达诠、蒋廷黻谈六年计画工作方法。

定行政院处理公文办法四条,命总务组周告。

复胡适之函,言见李滋罗斯及财政与美接洽之趋向事。

函谢家荣,言编辑西山地质事极重要,盼早进行。

日本八幡炼铁厂于一八八六年创办,至一九三三年,日本本国出生铁一四二〇〇〇〇吨,朝鲜一六〇〇〇〇吨,东三省四一〇〇〇〇吨,共计二百万吨。

**二月二十三日 星期日**

赴汤山沐浴。

晚宴黄荣华。

阅各部会中心工作计划。

**二月二十四 星期一**

西藏热振代表隆图嘉措来见。黄溯初来谈《梁任公年谱》事。

南京市长马超俊来谈,拟借美商中外贸易公司(China Trade Corporation)美金五十万七千元(约合国币一百七十万元)。其用途:以美金十四万七千元,购蓄水滤水各机器、水管,分五年本利还清;以美金三十六万元,办干管公司须建筑及工程等,分三年还清,由中、交两行保证。

晚宴甘乃光、方定中、吕著青、郑道儒等。

地质调查所讲学会，潘钟祥讲《陕北及四川油矿地质之比较》，并介绍《独立评论》纪念丁在君先生专号。

**二月二十五日　星期二**

比国参赞 J. Delvanx de Fenffe 来访。

行政院第 251 次会议。（一）铁道部提川黔铁路公司章程，股本二千万元，官股百分四十五，商股百分五十五。官股由铁道部与川省府各付半数（即四百五十万元），先交一半，铁道部提公债一千万元为担保，商股由中国建设银公司投资。成渝铁路估计建筑费为五千一百万元，其中二千八百万元国内用，二千三百万元为购料之用。（二）通过《矿场法》及《驻外商务官章程》。（三）西藏热振建寺，中央拨二万元，蒋院长捐五千元。（四）议定先催中央党部核定所得税，然后再议遗产税。

黄荣华来谈，接黄旭初来电，内言：蒋公办法甚善，党分会何人来桂，请电告。彼又言，桂分三派，李宗仁为中立派，白崇禧□怨派，彼与韦云松等为黑豆派。民国九年，白等主放弃南宁，而彼等力守省城达一百又七日。

至赵元任处，于留声机前说话，说明丁文江智识宽广且信仰明坚云云。

函那森、杨树诚及孙越崎，索地质学会捐款。函卢作孚，托购桐子、菜子。

**二月二十六日　星期三**

日本政变，高桥藏相被刺，冈田首相、川岛陆相均被波及。日本大使则于下午到上海。

康道孚来谈钢铁厂事，告以似可以复兴公债付款，并应考虑在湖南建厂，详细可与程中石谈。

**二月二十七日　星期四**

二十六日上午五时许，日本青年将校击毙首相冈田、内大臣斋藤、教育总监渡边，又刺大藏相高桥，几死，占各机关。高桥因伤而死。

接见伍廷飏、哈的尔、俄国大使 Dimitri Bogomoloff 及其汉文秘书 Slias M. Oshanin。

顾湛然等由柏林来电。

定《行政院发表新闻办法》三条，并指定端木恺、陈克文、滕固三人办理，端木为主任。

定《行政院视察各省市暂行章程》。

派郑道儒为特务秘书。

**二月二十八日　星期五**

接见 United Press 副社长 Furray 及远东代表 Morris。

熊式辉来谈，请资源会在江西办矿，并向彼说运钨砂出口办法及其政治意义。顾湛然等来电，已觐见希脱拉。

尹任先谈，以盐附税作抵，借二百万。

朱庆澜、王云来见。

宋希尚（市政府公务局长）催将下水道计画早批准。

日本叛兵尚占据政府各机关未返。

**二月二十九日　星期六**

见林世温（华侨）、王应菼（李韫珩之秘书）、陈长蘅（谈遗产税及海关）、魏伯桢及其子。

首都讲演会在金陵大学开会，戴季陶讲，语无伦次。

谢蘅窗来谈从前助中兴煤矿借款助北伐事。

三月一日　星期日

复兴公债、铁道公债今日发行。

日本冈田未死，叛兵缴械。

至浦口卸甲店永利化学工厂，设有阿摩尼亚厂、硫酸厂（可日出硫酸一百五十吨）、硝酸厂（可日出十吨），有起重机能起一百吨，资本八百万元。

见蒋，谈中德合作事：（一）用蒋名复柏龙白，军火费仍照发。（二）需要军火问何敬之。

三月二日　星期一

与张岳军、王雪艇同午餐，谈北平学潮事。

法使署 Clauzel 来谈。美大使见蒋。

与金陵女子大学校长吴贻芳晚餐。

三月三日　星期二

行政院 252 次会议。（一）南京市府自来水借款应改正回佣。（二）补助硫酸亚[铔]厂二十万元。（三）议决《出版法》。（四）中医归卫生署管。（五）徐桴为上海财政局长，陈体诚为福建财政厅长。（五[六]）议决廿五年四川善后公债千五百万元。

抄顾振等来电，交孔庸之。见何敬之，请发军器单。

招收发股人员谈话，嘱校收发文，比较草，每星期一次。

与蒋言，调整职务应实事求是，局部整理不可过于纷更，使人心不安。经济委员会中□业机关可裁，或移交实业部管。

蒋派陈焯、王国坚、徐恩曾、史顾问彻查许万素贞案（牵涉到刘瑞恒）。

三月四日　星期三

下午，中央博物【院】建筑委员会开会，梁思成、徐修[敬]直报告建筑计划及图样,议决招标简章。

日本命近卫文麿组阁,近卫辞谢。

**三月五日　星期四**

美国大使詹森、参赞裴克到地质调查所参观。

西门宗华邀午宴,俄大使同席。

介绍徐象枢至美国大使馆阅许万素贞案卷。

陈布雷来商拟致日本各大臣函,介绍许大使。

德国芬脱尔来谈陕西造林事。

日本命外相广田组织新阁。

函陈叔通,分付今年钱。函刘厚生,言马□□不愿将《申报地图》出售于商务。

**三月六日　星期五**

陪黄荣华见蒋。蒋先派张公权往广西。

尹任先来谈河南财政,询以行政专员情形及治卫河运输事。

蒋寓内谈日本政府。蒋言,广田新阁如能成立,必与少壮军人有具体谅解。其条件当为国内行政仍循法定规道,但对俄态度必加强,甚至可以宣战。在此局势之下,对中国或拟妥协。中国可要求收回满洲宗主权,取消《塘沽协定》,而允以于日俄开战时善守中立。又华北如为日兵占据,恐惹起联共排日。

外交部长宴日本新大使有田。

内政部土地司长郑震宇来谈航空测量计划。

**三月七日　星期六**

中午【在】蒋宅,与顾少川等午饭,谈外交方针。

下午,代蒋见有田。

晚,有田晚餐。

夜车赴沪。

**三月八日　星期日**

在沪。张笃生、徐新六、竹垚生等举行地质学会基金委员会会议，议决：（一）本金生息，提半数购买英镑或美金。（二）本届利息作为调查浙江土壤、矿产之用。（三）每年年底将基金状况作一报告，送地质学会理事会。（四）推举竹垚生先生代表本委员会执行保管。（五）推举翁文灏先生为本委员会主席。基金【民国】二十五年三月七日计存：浙江兴业银行定期存单第4530—4554号，共一万二千元；信托存折第141—146号，共四万六千八百元；活期储蓄存折二千七百七十元三角一分，总计六万七[一]千五百七十元三角一分。又存二十年信托基金□□每起一千元正，又另款共二千八百元零一角六分。

陈陶遗、刘厚生来谈《申报》售《地图》于商务事，托徐新六询王云五。

游中山路光华大学及中学。夜车返京。

**三月九日　星期一**

王子文来谈，劝将矿业金融调剂会工作暂停。见Ullstein Press记者Walter Bosshard，谈中国教育多进步，学生皆爱国。市长马超俊来谈，借美款回用改为利息。

电顾振等：前电所嘱军器清单核定后即电告，并盼请德国炼钢专家一人来华。

电洪肇生：钨砂价每吨作1670元，已索款，请速购。

谒见国民政府主席林子超。

**三月十日　星期二**

与周寄梅同乘飞机到北平。

改派杨钟健兼任北平分所所长,朱焕文兼事务员。

与胡适之谈。

行政院通令铲除贪污:(一)侵吞公款,(二)侵占公物,(三)滥用公物,(四)虚靡公帑,(四)[五]伪造报销,(六)收受回扣,(七)浮报物价,(八)兼职兼薪或津贴,(九)干薪,(十)以公款生息归入私囊。

**三月十一日　星期三**

访金叔初。

北平协和医学院董事会开会。

秦德纯来访,谈各校员生被捕者,轻者即放,重者送中央。

晚车起身赴南京。

**三月十二日　星期四**

车中阅林语堂著 *My Country and My People*,观察明敏,议论通达,洵为佳著。结论言,愿打破中国的 Face, Fate, Favor,只望有一 Great Executor,诛尽恶官,维持公道。言之虽觉痛快,其如事实难能何!

车中草追念丁在君诗四律。

**三月十三日　星期五**

至南京。

蒋宅,谈外交。蒋言:(一)日本须知中央因国内未统一,决不能签立丧权之协定;(二)中国在日俄战争时愿守中立。

蒋令行政院外交、铁道二部会商汽油积储办法,行政院实业部、资源委员会派员视察长江工厂。

**三月十四日　星期六**

傅孟真讲《中国人在中央亚细亚之奋斗与贡献》;蒋讲《生活

与战争须一致》。

丁文渊谈在君应葬在长沙,即电朱经农,请觅地见示。

与吴达诠谈经济机关调整事,嘱吴景超注意建设委员会事。

嘱张锐速拟促进各省廉洁方案。

孙越崎电告:道口刘继宜为省府电令,捕送汴城。

**三月十五日　星期日**

周寄梅来谈工厂仲裁。李学清来谈地质旅行,答以使造成作地质图能力。

游玄武湖。

报载:日大使有田将返日任外相,重光将来华。

托梁其钰要德人调查□□煤田报告。

广西三自政策:一自卫,二自治,三自给。三寓政策:一寓兵于团,二寓将于学,三寓征于募。

**三月十六日　星期一**

孙章甫、袁心武、姚锡舟(又黄旭东同来)(又陈范石加入请宴)来访,请为中国水泥公司(代表姚锡舟)、启新洋灰公司(代表袁心武)、江南水泥公司(代表陈范石)之仲裁人(合作契约第八条:专行公断关于营业合作之纷纠事件,任何事件经仲裁人之公断即为最后之决定,应即遵守履行之)。晚间面送聘函及合作契约各一份。答以愿为勉任,但遇有困难事件,恐自身知识不足时,拟先请他人(或双方举一人)研究商讨,然后再作最后决定。彼等皆同意。

偕张伯苓参观行政效率委员会工作情形。

蒋条:(一)通令省市政府及各军,不得滥用已撤职之人;(二)审查各机关预算;(三)研究修订各部会办事章程。

函文澜，拟于秋间为心源完婚。

**三月十七日　星期二**

行政院第 254 次会议。(一)威海卫仍直隶中央，但由鲁省主席就近督导；(二)修正行政院组织法；(三)行政专员条例。

接见南岳峻(安徽第七区专员)。

中国银行晚餐，有有田大使等。

蒋拟于四月二十五日召集各省民教厅长及行政专员开会。

**三月十八日　星期三**

见隆图嘉措，为向邹玉琳代催发二万元，行政院发捐五千元。

电克兰：钨砂二百吨日内可发。电顾振等，中国所需军器(此电明日可发)。

函复黄旭初。

接见王国桢、朱庆澜。

行政院通电各省市及各军：撤革依法不得任用之人员，不应再用；又通令购物不得冒滥。

**三月十九日　星期四**

电克兰，问有否供给广州军械及制造毒气物品。电顾湛然，同上。函张纳川。

樊眷甫来谈中福善后事。

上□岭□矿，徐克勤估计为二百二十万吨，田奇㻪估计为三百八十九万吨，且有增加一倍之可能。

近日，有田大使与张部长长谈，四次发表公告。

**三月二十日　星期五**

行政院派岑德彰、刘荫茀、顾毓瑔、任国明、张季熙调查长江工厂，面告应注意：(一)管理及人才，(二)设备尤注意如何利用旧物,(三)制造成本(工人数目……),(四)环境有无困难,政府如何奖助。

张群谈,与有田谈时,(一)首问“满洲”如归中国则合作不成问题。有田言,决不能取消“满洲”。(二)华北应完全统一于中央。有田言,华北不必独立,但应自成一政权,对日特□□□□□□□□□□□□□。(三)对所谓三原则问题未提及已经承认,但仍当继续□□中国。有田□□日俄如战时中国取何态度,是否中立。

冯玉祥来言,请明令褒恤滦州革命烈士,并提及北平立像及泰山立祠。

**三月二十一日　星期六**

蒋起身往奉化。

与柳翼谋、黄秋岳、张晓峰□□饭店午餐,谈任公年谱事,免□□与他人来往手书。

**三月二十二日　星期日**

与凤书同游玄武湖、京芜路站、雨花台。

班禅送礼物(地毡、铜佛、藏香、藏獭),余商拟还送京缎二件。

**三月二十三日　星期一**

清泰公司(上海□□路江西路□□大厦)许梦琴(M. C. Hsuge)、北极公司(静安寺路九八九号)陈三才来谈故宫材料库人工空气设备事:甲法,设备费六万元,每月经常费一万元;乙法,三万元,每月经常费四千元,空间七十万立方尺。

孔庸之到院,言王克敏曾去北平政务会,有特别费可移交,但行政院中人但□不□。

函中国水泥公司姚锡舟、启新洋灰公司袁心武、江南水泥公司陈范有,请寄业务报告。

**三月二十四日　星期二**

行政院255次会议，孔主席。（二）①中苏商约原则；（三）威海卫专员徐东藩免职，孙玺凤继任；（四）修正《行政讲习所章程》。吴达诠向孔索地质所特别费。

接见夏恩临，此君□□作血书上蒋，论对日备战。

朱焕文电发吴平甫，交书账二包，已付邮。

一九三五年—一九三六年日本预算中军事（陆军）已占四万九百万银，而军事部现已要求增加二万二千五百银。

路透电载，蒋至开封，宋哲元、秦德纯亦往（实不确）。

与张翼后、谭仲逵至起士林小吃。

**三月二十五日　星期三**

接见西藏噶布丹巴、阿旺等四人。

四时，文物整理委员会开会，内次陶履谦主席，推举徐谟、蔡永［光］晖、李世军、□□衡等五人编新概算，不设款项保管委员会。款内财、铁二部□□。本会议决，径交工程实施事务处。此处以北平市长为处长，工程局长为副处长，归本会直辖。

叶楚伧言，上海复旦大学学生与警察冲突，教育部派一人往。

陈布雷来谈徐□□工作。热振代表捐款。

**三月二十六日　星期四**

电熊天翼，请令萍乡县矿保护照料黄汲清、徐克勤。

□□□处并未再送军火。顾振等亦来电，送孔庸之。

李世军来谈宋哲元请其在中央接洽事。

朱庭祜来谈，至半夜始去！

---

① 原文无（一）。

复旦大学张志让、余楠秋言，保安队开枪而学生未开枪。吴铁城则言学生曾开枪，拟令解散救国会并限从速上课。

**三月二十七日　星期五**

路透电称：晋省洪洞、临汾已为共产军“所占”，商震（廿二军）、关麟征（廿五师）、吴杰（十师）“遇害”擒去，未知命运如何。

黄秋岳言，黄郛每月机密费八万元，从不报销。王克敏代理三月，省出二十万元有奇，则交付汪精卫，汪则交于张群。蒋及杨永泰皆知此事。孔虽知有余款而不知交谁（！）

**三月二十八日　星期六**

蒋返京，面言：德国防部长柏龙白来电，德国对广州并未继续供给军器。顾振等来电，德国政府已付中国各省所订军火抄示。此事因过机密，故少数人误会，仍应切实进行。蒋嘱电发柏龙白：欣慰，续洽。又电顾振等，分七项。

山东大学教授王恒守、周承佑、赵少侯来谈，言山东省政府极欲揽权，风潮即因此起，学校每月收入三万数千元，省款欲减小，权欲加大。

胡元倓（子靖）来谈明德中学事，对何键极不满。四川傅常来见。

吴□（仲逵）赠□，书中言矿产时，将冀、晋、陕、豫皆列入长江流域，其毫无常识可以想见。

绥新汽车公司经理朱经来谈，新疆欲停止肃州哈密间行驶（该公司每十日行车一次，十余辆，共有一百余辆）。

指定筹备行政会议人员。

**三月二十九日　星期日**

黄花岗烈士二十五年纪念日。

第十六军李韫珩代表王应荚来谈西康情形(第廿四军刘文辉不得民心)。吴维岳(崧高)来谈,湖南电厂停工已三月,因张慕先管理不善。

方竺邀午餐,遇王希隐君,谈及其父王弢夫所著之《外交史料》。蒋廷黻邀午餐。

下午,偕朱仲翔、周柱臣至明孝陵,梅花盛开,阵亡将士墓及谭墓及灵谷寺。

**三月三十日　星期一**

王廷璋来谈,与刘子凯不协,故刘任次长时外交部令□□□;驻外大使如刘公岛、贺耀组……等皆不适宜。

王希隐来谈《外交史料》事。

杨适生(武昌县长)来谈,县市行政讲习所成绩极不好。

阅各会部今年计划。

熊天翼来电:钨砂盼能减价十元,否则中央贴偿。

**三月三十一日　星期二**

行政院第 256 次会议。(一)财政部提监理中国实业、通商、四明三行(共亏六千九百余万元),酌予筹借,嗣交审查。吴达诠提议,不必设监理会,对三行各给一定数目之协助。(二)通过遗产税原则条例。(三)拨四万元赈济内蒙雪灾。(四)拨一万六千元修补□□码头。(五)通过《红十字条例》。收集各会部六年计画,作总表送蒋。

**四月一日　星期三**

洪肇生来京,谈熊天翼因从前钨业亏本,致索砂价甚高。

顾湛然等来电,嘱再电柏龙白。

**四月二日　星期四**

谭伯羽来谈。

接见内蒙潘王等。与黄慕松商谈发款给蒙会事。

曹伯闻来谈。赵深来托建筑事。刘厚生来谈。

与蒋廷黻谈讲纪念周，拟讲演；拟造中央档案库；拟换总务组秘书。

至灵隐路十号王家琦家晚餐。

谢天锡来讲华东□□□□。

**四月三日　星期五**

苏俄[蒙]议定书：(一)苏联或蒙古遇有领土受第三国攻击之威胁时，从速协商，及采取一切有效办法。(二)假如一方遇有遭受军事攻击时，相互援助，兵力援助亦在内。(三)为履行第一条及第二条之义务所派军队，于需要终了时即从速撤退。(四)俄蒙文字有同等效力。苏俄驻蒙代表塔诺夫，蒙古小国民议会主席阿莫尔，蒙行政院院长兼外交部长根登。一九三六、三、十二。

浙江财政亏欠五千七百八万银元，拟由浙江整理公债六千万，期限三年，□□年。又另请中、中、交、农等行借五百万元。

顾振等三月三十一日电告与德政府商定合同稿。

**四月四日　星期六**

见蒋，面陈中德借款合同，核准照办；又谈各省购军火事。即以支电转告顾振等。

面商行政院高级职员调整事，均允照办。

面陈浙江整理债务计划，允提会议。

电任叔永：行营允拨，建筑仍允照拨。电宋哲元，询购军火事。

永利氩厂采用 Haber-Bosch Process，可用中兴焦，每月百吨以上(中兴拟每月产焦二百吨)。氩水每月产 80 吨,最高可达 107 吨(每吨洗煤含氩 1.2%),瓦斯每日可产 2077000Cuft(容敬源来函)。

**四月五日　星期日**

与慧娟、燕娟同乘汽车至杭州。

**四月六日　星期一**

游弥陀寺,寺后有大石碑,光绪四年刻《弥陀经》。寺之后山上有石佛像,未完成。

游灵隐寺,进香者人数极多。

晚至上海,即晚上车。

**四月七日　星期二**

晨到京。

行政院第 257 次会议。(一)绥境蒙人潘王等选费办法;(二)城市改良地区征费通则;(三)黄山建设费五万元,先拨二万;(四)各级学校免费及公费办法;(五)《上海渔市场章程》;(六)湖北行政专员李辉武等八人。

致顾湛然等电,广州防空用具可交,但攻击用器则未同意前盼勿交。

**四月八日　星期三**

宋哲元电,并未向德订购军器。电询陈济棠,曾否订购防毒气器材。

蒋定筹备钢铁厂,归资源委员会与实业部商同办理;中福矿事办善后,由农民银行收买中原股票。并陈明资源会拟请顾湛然办事业。

周寄梅晚餐,R. S. Green。

电顾湛然,购装甲汽车十三辆,并嘱暂缓返国。

蒋出行,闻赴汉口。

**四月九日　星期四**

见孔,送阅德借款合同;言钨砂价应稳定,运德价照市价减二十元。

开会讨论地方高级行政人员会议办法,分三组(民政、治安、教育)。

顾临来地质所参观。

**四月十日　星期五**

孔宅会谈,张群建议目前中国对苏蒙议定书之复文。

中国化学会在地质所开会,陆贯一讲中文化学名词。

整理《地质学会志》第十四卷第二期稿,明日寄发。

至首都饭店,见吴乐夫及贝安澜,告以拟中福善后办法,并电孙越崎,盼来京面谈。

**四月十一日　星期六**

中央博物院建筑委员会开会。投标者二十二家,标价最低者陶记,单位计算多误,且以前经验不甚佳,议决不要;次之为江裕记(标价748602元,曾建外交部房)、余洪记(标价770800,曾建沪邮局及其他大房)、张裕泰(标价770800,曾建沪市府房)、新金记(标价797500,曾建炮兵学校)。复分析各项费用,减去一部分后,决定先向江裕记商订,如不合,再商余洪记,再不合,商新金记。共决电工设计Denison,监工朱葆初。

谭伯羽来谈办事情形。电克兰,请催双方签字。拟复热振电,告以但愿协和辑睦,共图疆圉,绝无用武力之意,如有具体意见,随时见告。

函孔庸之,请拨钨砂款,每吨较市价低二十元。五百吨,每吨

1735元,共价867500元正。前次二百吨作价1670元,共计334000元正。

陈济棠电复:确曾向德订购防空毒气器材。

**四月十二日 星期日**

修改金著《中国煤及油储量论》。

偕田寄瑜及心翰游采石矶,汽车往需一小时半。

刘□□携来关于任公之参考资料。

田季瑜、许原道等查攸县铁矿。

梁思永来访,送任公日记抄本三十七张。

**四月十三日 星期一**

班禅驻拉萨代表康福安来见,言西藏之【地方】政府现有七人,意见彼此不一。蒙古代表戴廉清偕新疆□亲王来见。戴言,蒙古代表会中分设绥藏蒙会办事处,以巴文□为处省委员长黄慕松极力维护,使其他代表于心不安。

为蒋电Hitler、Sachet,签订经济合作合同。余自电Klein。又拟致顾、酆、凌、王诸君电。

谢家荣自山东来京,谈两广地质调查所及湖南地质调查所事。

行政院电各省,转达原拟本月二十五日举行之地方高级行政人员会议,展缓至五月十日。

孙洪芬来谈文化基金会事。福开森来谈,拟将内政部所管北平古物陈列所之物全运北平,连故宫合交专人管理,故宫所有之物则全数南运(!)

**四月十四日 星期二**

行政院第258次会议。(一)土地赋税减免条例;(二)发展民营重工业方案。

**四月十五日　星期三**

中央博物院理事会开会，推举蔡元培为理事长，傅斯年为秘书，筹备处（主任李济之）及建筑委员会仍工作。

故宫博物院理事会开会，被举为秘书。

宋哲元派秦德纯、陈继淹为故宫博物院及北平图书馆正副监理。

**四月十六日　星期四**

中央研究院评议会开会，被推为本会秘书，又任第一组审查会主席。议定杨铨、丁文江纪念金草案。各科目录年报，国家及社会急需□□□□。

自实业部领到本年度特别费九万元正。

**四月十七日　星期五**

张岳军言，日本欲以驻天津领事川越茂为大使。

与南京工务局长宋希尚考察峨眉岭百步坡地址，商定应造公路。

夜车赴沪。

晚间与王雪艇、张道藩、马敬平谈北平派监理事。

**四月十八日　星期六**

到上海。

中华教育文化基金董事会在沧州饭店开会，被举为董事。地质学会［调查所］得补助费九万六千元。

程远帆、□□□等来沧州谈话。宋子良来商钨铁厂供电事。徐韦曼来谈，拟任浙江锡箔税局局长，索月薪一千元（！）

与胡适之商任公年谱事。

欧阳格来谈海军军械事。

国民政府南京奠都九周年纪念。

**四月十九日　星期日**

乘火车返南京。谢家荣曾往无锡宝界山附近,采集下石炭纪植物化石,今晚返平。高平、王钰自乐鄱煤田调查完返京。

车中读梁启超《先秦政治思想史》、陶希圣《中国政治思想史》。

拟增南延宗、丁毅调查安徽休宁锑,潘钟祥、崔可信调查无锡下石炭纪。

**四月二十日　星期一**

马超俊来谈:(一)孔庸之已同意借美款办自来水;(二)安徽万顷湖地应归市政府;(三)拟办有轨电车。

见吴达诠,告中德换物合同已订,至中央钢铁厂归资源委员会之用意即为此。

**四月二十一日　星期二**

行政院第259次会议。(一)浙省整理公债条例,万元周息九厘—六厘,偿还期十四年—二十年,基金,盐附加税、田赋、建设特捐及附捐、普通营业税。(二)广东钢铁厂。(三)南京市政府借□□户借款造自来水。(四)蒙政会应不在百灵庙而在察省,蒙□□委员不必兼。(五)公路植树监督章程。

地质所午餐,讲《中国地质研究史略》。

欧阳格来谈海军应购之船械。

上海公安局长蔡劲军(香泉)来见。

刘厚生自天津南旋。

**四月二十二日　星期三**

令内政部:县长应选用体格健全、耳目聪明者。

与钱乙藜、程中石谈钢铁厂筹备事,拟物色承办人员,造就青年专家。

麦斯武德及艾沙来见,(一)允函新闻检查处,嘱各报勿刊侮辱回教文字;(二)电于学忠查复哈萨入甘情形及处置办法。

蒋廷黻谈与陈丕士所商各节。

嘱滕固告《中央日报》:新闻勿表示承认冀察与日本交涉及对财政事勿误□(照孔嘱)。

庄式文免职,吴复年为书记官。

**四月二十三日　星期四**

电蒋,报告拟令蒙政会地址另定事。

在孔宅谈话。

顾振等电复德国复送军械情形,与何敬之面商答复,何允商定后告。希脱拉复蒋,谢贺寿电。沙赫特亦来电。

**四月二十四日　星期五**

钨砂价第一次二百吨,共三三四〇〇〇元,第二次五百吨,共八六七五〇〇元,两共一二〇一五〇〇元正。

见吴乐夫,彼拟今日赴沪。

陈蔗青、高宗武宴东亚兴业会社内田胜日。

张慕先来谈湖南电器工厂事:(一)官商股各得六万元;(二)债务六万余元,月息一分二厘;(三)收音机每三月能出一百只,每只价约百元,销路不易。与钱谈,拟派任国常去视察接洽。

西南航空公司常务委员刘毅夫(沛泉)来谈:(一)公司股本六十万元;(二)拟飞广州、梧州、南宁、龙州,现与交通部及法国人商拟飞安南之河内;(三)现有飞机七架,每机能坐四客。

江华锡矿局长余孟甫、严鹤龄、薛桂轮……等来见。

**四月二十五日　星期六**

夜车起身赴沪。

**四月二十六日　星期日**

到沪。晤陈陶遗，言史量才奖学金拟仅奖理、工二科大学生，在国内与国外研究，征选委员三人。

与庄长恭谈，可在长沙办一机关，研究与军事有关之化学。

上海市政府卫生局长来谈，市立医院院长业由局派，医师由同济大学派。

下时［午］赴杭。

**四月二十七日　星期一**

在杭。与文漪（改名文一）游岳庙及西泠印社。

夜车赴京。车中与张咏霓谈经济建设事。

**四月二十八日　星期二**

行政院第260次会议。（一）津浦铁路（一九〇八年英德借款五百万镑，一九一〇年拟订续借四百八十万镑，实发三百万镑，本息拖欠甚多。廿五至廿七年三年间，每年各付利息二厘半。自廿八年起恢复原合同，付息五厘，廿九年起开始还本。以前欠息及廿五至廿七年所减之息，持票人放弃五分之四，其余五分之一另发□□补足入基金，特设基金保管委员会保管。（二）华北农业合作会改归政务委员会接管。（三）龙云为滇黔“剿匪”总司令，何键为长沙绥靖主任。

午饭晤金陵兵工厂长。

在Fisher家见Hutong。又晤朱忠道。

竺藕舫、陈布雷来谈。

**四月二十九日　星期三**

电顾湛然等,华订德货(根据何敬之、欧阳如渊)。

日本天长节,大使馆招待。

李石曾来谈。

在叶楚伧宅会谈训练毕业生原则。电复蒋梦麟:故宫理事会可酌加北方人员,但盼取消监理。

在新闻学会宴朱益之、吴亮、刘君实、黄公□、姚味辛、沈建豪、李友松、唐孟潇、周普文、张蔚杉等。

**四月三十日　星期四**

许崇灏来商编一行政报告,为戴季陶赴欧参考之用。

陈济棠等来电,反对中央减免日糖进口税。去电言并无其事,不必张皇。

电蒋,言拟二日飞汉口,赴长沙,并报告孔电:华北勿签"防共协定"。

孔宅会谈,张群言今日会见日本武官喜多谈话情形。

访陈布雷谈话。陈拟于明日赴九江见蒋。

谢蘅窗送来程宗阳等发展鸣山、洪门口二矿计画,并言宜筑铁路至东流,因水深,马当则太浅,或筑路至鄱口,但须浚泥。

**五月一日[①]　星期五**

**五月二日　星期六**

下午三时自南京起飞汉口,六时到,庄丕可同行。访徐文耀。饭后上湘鄂火车,遇刘厚生、丁巽甫等。

---

① 本日无记。

**五月三日　星期日**

晨至长沙。

丁在君先生追悼会,何键主席。余讲丁君为学之方法、作事之精神、人格之操守,及遗嘱规定薄葬等。

住沙河街锑业管理处。

**五月四日　星期一**

送丁氏灵柩至湘江西左家垅。劝丁嫂早归京,劝丁文渊家眷(德国女人)勿与丁嫂同住。

至湖南大学,讲《立德,立言,立功》。

访林和成,谈农民银行应改良为真实的农业银行。

长沙送丁在君丧廿五,五,四。

涕下怆然一梦中,更兼苦雨又凄风。江波远映长天外,朝露堪怜大数终。我友已亡心太苦,君才未尽记难工。潇湘西侧螺丝眼,白石红泥埋此躬。

**五月五日　星期二**

对军训学生谈 Sven Hedin□□之少年□初习劳事。

参观工厂:(一)湖南电器公司,省政府股本六十元,商股五万元,借款约八万元,经理张春先,工程师吴维岳。(二)湖南造纸公司,股本五万二千元(内官股三万二千元,商股二万元),经理及工程师樊德染。民廿二年成立,每日产印刷纸七十四令,连史纸四十七令,毛边纸四十令,海月纸三十令。厂内设有卧式锅炉各一座,12HP、30HP、60HP 汽机各一座。(三)湖南机械厂,湖南公路局长兼厂长周凤九,廿五年为十八万元,后加入万元股,合十九万元,自制汽车零件。本年首制衡岳牌二吨汽车一辆,□每年可造六辆。(四)黑铅厂,每年能出铅八百吨,□矿砂每只月出三百吨。工厂砂含铅为百分七十,每吨含银三十两。

今日蒋返京。国府公布宪法草案。

下午,上车赴汉口。

**五月六日 星期三**

晨至汉口。特三区扬子街商品检验局,晤王佐臣等。过江访杨畅卿,谈行政人员会议、整理公文办法、中福煤矿善后。

晤吴任之、吴国桢等。闻六河沟炼铁炉已开工,日产增至百吨以上。

下午,乘飞机返京。

**五月七日 星期四**

接见汤日新(宁远县长)、孟凌甫(皖民厅长)、孟广澎(鄂民厅长)、程其保(鄂教厅长)。

与钱乙藜、程中石商铁线事,电复顾振等。

周作民来谈政府派人整理六河沟矿。与吴达诠谈国民经济建设。

**五月八日 星期五**

见冯锐(梯霞)、黄江泉,谈中国糖业。据言,广东省六厂每年能出糖八十万担,约当销外十分之一。

闻教育厅长戴贞文言:(一)教育费应否独立;(二)各县政府置教育科不适宜,应将教育附于民政。

见王泽民、王尹西,谈中福煤矿事。

吴景超编行政院状况成,函送戴季陶。

函胡适之,嘱函邀丁夫人往北平。

**五月九日 星期六**

张之江来访。卢作孚来谈,拟发四川建设公债。

蒋自上海返京，面谈地方高级行政人员会议事、德国交涉事。

访丁在君夫人。秦景阳谈，闻近拟改任杨畅卿为行政院秘书长。

张元夫（新疆代表）午餐，介绍王德溥（润生），江苏淮阴专员。

**五月十日　星期日**

上午八时，地方高级行政人员会谒陵。十时开会，蒋致词：原则：（一）提高行政效率；（二）改良行政法规；（三）注意行政制度及人事。方法：（一）以各人经验贡献于大会；（二）□□□而困难时尤重经费，例如保安经费应节减。

下午二时开分组会议，余主席治安组。十省各省一人，说明情形。

刘文岛电蒋，言墨索里尼言，战争已完，中国已提出国联终止制裁。

电孙越崎，询王家绪事。

**五月十一日　星期一**

上午，国民政府纪念周，林主席讲节约。

高级行政人员会议，讨论保安队改组办法。

**五月十二日　星期二**

行政院第 262 次会议。（一）划一各省税务机关及改革土烟酒税办法。（二）财政部请设立烟叶专卖筹备处。（三）防止华北走私办法七条。（四）实业部设立中国植物油料厂及经营范围办法。（五）道清铁路于一九〇五年与福公司订立河南铁路借款合同，□□英金八十万镑，年息五厘，应付本息自民十五年即未□□□□借款二十万六千八百三十八镑十八先令七便士，年息六厘□□□□□□□（甲）二十五年至二十七年三年间每年各付利二厘半，如道清收入有余，则增加为不逾五厘，以后照周息五厘。本金自民廿五年七月起分廿七年还清，以利息减为 4/5，其余 1/5 于第廿七年借款本金偿清后付还。(乙)清孟垫款及车辆借款，以前积欠利息减为年息单利三厘，至整理之日为止，以后不再计息。民廿五年七月起，分十二年还清，如不逾六个月拨付，概不给息，如逾六个月不付，则给年息单利四厘。

行政人员第二次大会(民政组案)，又第三次(教育组)。

**五月十三日　星期三**

行政人员大会第四次(治安组)。

胡汉民于昨晚逝世，因此停会。

接见王正廷，谈六河沟煤矿事。

**五月十四日　星期四**

见卢作孚，谈四川大学建筑费。刘航琛已允于川省银行长期票，建筑地点在城外为宜。见李赞侯，谈宁波迁坟事、物品交易所。

教育部赣鄂豫皖闽特种教育委员会开会。

访吴达诠于陵园新村西路 37 号，谈六河沟煤矿事。

**五月十五日　星期五**

德国代办 Fischer 午宴，见德前外长 von Kallam。

蒋宅会谈。

于学忠复：密入甘之哈萨，与马步康有勾结。

农本局计划，蒋嘱先与孔商。

令编审兼科长者，专任科长勿兼编审。

函张咏霓，鄱乐矿事事先与英资本家一商。

**五月十六日　星期六**

上午，行政人员会议，蒋谈话。

行政院以秘书、编审兼任科长者，皆令专任科长。

派罗君强主任处理地方行政人员议案。

令内政部筹办国民大会选举事宜。

至首都饭店,与任叔永等讨论四川大学建筑事。

国府明令褒扬丁文江:阐扬学术,夙著声誉,对于地质一科精勤探讨,成绩尤多,特予褒扬,用示政府重视科学、眷念专才之至意。

**五月十七日 星期日**

梅月涵来访,拟以喻家冲附近地一段赠本所。

Roger Sperner、周作民、程中石来访。

访陈布雷,谈刘瑞恒如去职,可以金宝善或陈方之继任。

**五月十八日 星期一**

熊天翼来谈组织其□□"智囊团"事,并与谈江西矿业计划。

严冶之、刘兴亚来谈湖南铁矿情形。

见到《第五次中国矿业纪要》。

**五月十九日 星期二**

行政院第263次会议。(一)铁道部请以军法处治挟运私货员工,财政部请定惩治走私货物。(二)南京市府消防设备七万元,由军委会核发。(三)张慰慈报告中法修正滇越铁路合同章程会议。滇越光绪廿四年(1898年)总理衙门允准,廿九年(1903年)签订章程,宣统二年通车。此次商定:a. 修路用地每年一千金法郎,新拨之地依市价购发;b. 法人每年铁路巡警费六千元;c. 铁路用中国顾问一人,由中国政府派任;d. 运费金以与海关金先付期票六万元,作为□□。滇省欠五十一万余元,商减为十二万元,另由外部特派任员□□□。(四)实业部请改正民法及公司法(非载入户籍之姓名不得为权利)。

刘镇华来谈:(一)请拨振款;(二)请派蒋炎为专员。

十七日,孔祥熙宣言:(一)政府为充分维持法币信用起见,其现金准备仍以金银及外汇充之,内由银准【备】最低应占发行总额百分之二十五;(二)政府即铸造半元、一元银币;(三)现金准备已筹得巨款,将现金及外汇充分增加。孔部长谈话,廿四年十一月五日言仍为银本,十一月廿四并非放弃银本位,并非货币膨胀。

**五月二十日 星期三**

中福组织原则。中原善后原则。没收李文浩、王孝绪股票,由农民银行收购中原股票。

见徐子青,谈中福事。

王翼臣、郑天锡来见。

**五月二十一日 星期四**

发函召集中法教育基金会委员,于六月五日到京开会。

日本书记官堀内干城来谈:(一)胡适(《大公报》)近评中日国交调整先决问题及时事,引□论文不友谊;(二)中国军训与军备;(三)走私不应专罪日本……答以:(一)中国政府诚意求亲善,舆论如出之公意,政府不能禁,胡适论文仅提中国本部问题,未提"满洲国";(二)中国以最大之努力及忍耐求和平,但不得已时不惜最后牺牲;(三)两国关系极需在事实上表示好意,中国对走私事极关心,已颁布章程,严行防范,日本如出力防止,则中国人民必大感谢。

出席中央政治委员会之讨论预算委员会。

发聘书致刘哲、秦德纯,请为故宫理事。

**五月二十二日　星期五**

蒋上午检阅公务员及壮丁训练。

蒋宅会谈时，报告与崛内谈话。

吴达诠向蒋面请辞职。

经济委员会开会，孔、蒋、宋三常委均到，议决将农业处及□□各机关皆移交实业部，推余为筹议委员会主任委员。

访梅月涵、卢作孚。

**五月二十三日　星期六**

访吴达诠、周寄梅。与吴谈预算事，报告于蒋。

!!! 国民政府特任余为行政院秘书长。

蒋宅晚餐，有靳翼青等……

与钱乙藜谈赵吉庠来商钨矿事。

谢敬虚来谈广西关系。

函胡适之：顾临可任基金会职，寄梅不辞图书馆委员及日人来谈话情形。

廿五年四月马育航报告：广东管钨砂者为第一集团军总司令部军垦处处长翁式亮，实际须商之江茂森。（三南）三南收钨处资本三十万元（钨商十七万元，军垦处十三万元），廿五年二月成立。（大庾）双□公司（第一军公□五万元，□□合资五万元），共十万元，廿三四年分红利七次，每次十万元；廿四年五月中军垦处加入，每股一千。

**五月二十四日　星期日**

与陈布雷商改正预算事。

往土山镇江宁县政府。该县于民国二十三年办土地陈报，因分一二三等，每等又分上中下三则。田赋原收二十余万元，整理后现收九十余万元。又办人口登记,每人一卡片,记载性别、年岁、子女、职业等项。闻全县女子略多。

**五月二十五日　星期一**

行政院纪念周,讲:(一)审查会盼各机关事先接洽;(二)各机关职权应自认清例,例如最近石油矿案;(三)办公文应赶时间,不应太慢。

夜间在蒋廷黻宅,与熊天翼谈江西土地整理办法。

**五月二十六日　星期二**

行政院第 264 次会议。(一)代表选举总事务所组织条例。(二)准徐永昌辞山西省政府主席,赵戴文继任。(三)陈诚为晋陕绥宁四省边区“剿匪”总司令。

与蒋廷黻、吴达诠商经济建设办法。

刘瑞恒来谈,陈方之与彼不善。陈方之前任上海卫生局长。

又据谢固生面告,最近由孙灏向法院控告刘瑞恒。

在赵元任宅,观清华大学在长沙附近建筑图样。

**五月二十七日　星期三**

□□□言中国三要素:广东人之钱,浙江之权,湖南人之血。

**五月二十八日　星期四**

墨西哥领事 Amador 午宴。

**五月二十九日　星期五**

蒋派会同吴思豫会查刘瑞恒案。

刘文岛迭电,意托提议停止国际制裁。

吴鼎昌拟《国民经济建设委员会总章》。

对蒋报告:(一)查刘瑞恒账方针(总期款归,实行手续易于救正);(二)不宜用外款办实验县;(三)锑专款办新炼厂及钢铁厂□

□□□;(四)墨西哥原油接济。

蒋生日在阴历九月十五日。

**五月三十日　星期六**

故宫博物院理事会开会,请蒋孟邻先向宋明轩说明组织,然后电复关于整理问题。

访任叔永,谈四川大学校址事。

周寄梅、Grand 同午餐,说可任卫生事。

**五月三十一日　星期日**

吴思豫、刘瑞恒来谈。

参观考试院明志楼参加伦敦赛之中国古物展览会。

往中山门外野球场。

傅孟真来谈,中央研究院拟请朱骝先或叶企孙为总干事。

**六月一日　星期一**

与吴思豫、端木恺同至卫生署。刘瑞恒兼长卫生署、卫生实验处、卫生试验所、中央医院、军医署、军医学校六机关。

胡适之来电,三四日前宋哲元因潘毓桂、潘复、齐燮元之劝告,拟通电讨蒋,宣告独立,因刘哲、秦德纯及四师长共劝而止。

孙越崎来谈,李文浩、王孝绪中原股移归□□□。

**六月二日　星期二**

行政院第 265 次会议。(一)惩治偷漏关税暂行条例十二条;(二)整理警政原则;(三)航空建设会拟续征飞机捐办法;(四)整顿军电报费办法;(五)组织华北问题委员会。商定国民经济建设委员会通电及总章。

至司法行政部访王用宾,谈刘瑞恒案:(一)勿用传票;(二)行政院人可至法院阅文证;(三)手续重案随时接洽;(四)应注意□□□。

## 六月三日 星期三

派端木恺访司法行政部总务司长邓子骏，商刘瑞恒案请勿用传票，遇事要互相协商。

华北问题审议委员会开会，孔主席。吴达诠主张：（一）不破坏关税、币制及铁路行政系统；（二）日本勿用兵占据察绥，中国在察绥不作对日攻击及妨碍之设备；（三）以河北收入（国税）作河北经济开发之用；（四）以河北收入加收中日资本组织 Syndicate，为□□□；（五）维持察绥原任人员。张群主张：（一）尊重中国之主权完整及行政统一；（二）冀察之关税收入，除应用之开支外，□□□军政及经济开发之用，□□交交通部研究，“防共”事交军政部研究。

全国关税去年（1935）共一千八百万元，津海关占 16%，计三百余万元，厘金、盐税一百五十万元，统税八十万元，烟酒、印花二十万元，共计五百五十万元。喜多对孔言，何应钦前曾允：（一）华北生产公债一千万元；（二）华北货币改革另定办法。

## 六月四日① 星期四

## 六月五日 星期五

中法庚款基金委员会中国代表团第廿九次会议在地质调查所开会，到李煜瀛、李书华、沈尹默、刘佑卿、罗志希、陈钊、任□□及余，八布滕若渠列席。修正章程□□□□□，刘佑卿为主席及秘书，约定八月间再开会。

程远帆来谈借款事。

李滋罗斯抵日本东京，与日本当局商对华经济（？）政策。

---

① 字迹不清，无法辨认。

**六月六日　星期六**

何键派易书竹(湘省政府秘书长)来京。

晚车赴沪,车见[上]遇宋希濂。

自陈光甫与美政府协定后,中国共运往现银四次,共计四七四二五〇〇〇元。

清光绪元年建威舰经新加坡、小吕宋、日本。光绪三十二年海容、海筹往西贡、新加坡,海圻、海容又往斐列宾、西贡、暹罗、爪哇等处。宣统元年海圻、海容往香港、新加坡、西贡、爪哇。宣统三年,海圻赴英(因英皇加冕),又往墨西哥、纽约。

中国存外现银闻达一万万元美金。十月记。

**六月七日　星期日**

在上海。见竹垚生、徐新六、张咏霓、金叔初等。

**六月八日　星期一**

返南京。朱经农、刘廷芳自长沙来,同见蒋。

今日知粤军已占郴州,桂军已占永州。

电陶默斯,桂运步枪三千枝,请改运中央;粤桂所订各器均勿运。

**六月九日　星期二**

行政院第266次会议。(一)农本局组织条例付审查;(二)宋哲元为故宫理事,秦德纯为常务理事,吴鼎昌辞理事,李书华辞常务理事;(三)谈暑期各机关上午办公七时至十二时,一小部人往牯岭。

易书竹、朱经农、刘廷芳见蒋。蒋作手函致何键。

往司法行政部,与检察官谈刘瑞恒案。

**六月十日　星期三**

粤桂军昨已占领衡州①。李觉与李品仙同机飞桂。

送易书竹、朱经农、刘廷芳飞汉。

晚宴陈次铮、卞美年等。

**六月十一日　星期四**

韩复榘代表唐襄(佛哉)持韩函来谈,言广东曾有代表往访。

傅宜生来谈。

赵元任集议,为时局事,拟电西南,劝阻出兵。

**六月十二日　星期五**

成济南送来湖南军情电报。

□□谈话会,张岳军报告,喜多谈华北关系调整办法,并请□□□□□□□□高宗武。

□□□□□□□□□□□□□万元内以六十万元借铁道部。

**六月十三日　星期六**

见顾湛然、王守竞、凌宪扬等。

见蒋,言:(一)陈济棠真电林主席:已电前队停止前进。林电:应撤回原防。(二)刘建卿电:杨森有代表,广西代表戴石浮皆在滇。广东代表刘震寰亦将到。李觉尚在广西。(三)湘省郭参谋长电:粤军在柳,桂军在祁阳,皆未进。(四)刘瑞恒案调查结果及整理办法,可设法照办。(五)德国 Reichnau、Klein 等将于廿二日到沪。

**六月十四日　星期日**

顾湛然谈德国国防政策。

---

① 旁注:此说后闻不确。

荷院茶社午餐。顾湛然、钱乙藜、凌宪扬、王守竞、朱中[忠]道。成二律。

张学良来访。黄荣华来辞行。

熊式辉至湖南,访何键。

**六月十五日　星期一**

偕顾湛然等至蒋宅午餐。顾交 Blomberg 致蒋函,并报告交涉经过。

行政院令刘瑞恒:(一)勿兼卫生署附属机关各职;(二)中央医院以收入垫积亏,应妥拟办法呈核报;(三)罗氏基金捐款数目及用途应呈报。

黄汲清自湖南攸县调查归来。

粤桂兵之入湘者略为撤退。

**六月十六日　星期二**

行政院第 267 次会议,蒋、孔皆未到,张岳军代主席。(一)农本局组织规程;(二)内务部修正组织法;(三)交通部中意无线电合同。

与王雪艇面商收用毕业生方法。

**六月十七日　星期三**

黄仲良面谈:(一)黄陵建设计画;(二)拟再往罗布诺尔考察。

韩有刚来谈,曾奉孔命与广西接洽,曾见白,并与关安达、潘宜之等电。

**六月十八日　星期四**

与孔庸之、吴达诠商国民经济建设运动委员会总分支会章程,及委员、专员人选。

见孔庸之,谈德国对经济合作事之态度。

蒋□取消经委会上海办事处，以所省经费归实业部办江西农村服务区。

**六月十九日　星期五**

函蒋，陈明招待组将函陈对达总管办法原件私自送阅参事陈锐书办□□。

今日各部长谈话会未举行。送蒋之签名样于实业部，为国民经建委会。

**六月二十日　星期六**

经委会审议委员会开会，除例案外，提议拟具加固桥梁计画及预【算】。

县市行政讲习所□演讲地方行政应注意：（一）保甲，（二）田赋，（三）生产，（四）副业，（五）训练。效率标准：（一）诚意，（二）程期。

张咏霓晨来京。

宋哲元二十日到鲁，至德州西南之黄河涯会韩复榘，即北返津。

**六月二十一日　星期日**

接见卢、谢蘅窗、梁子青、陈聘丞、龚介民。

往富厚岗十号房。

偕黄汲清往汤山。

上海学生二三百人拟来京请愿，电市府，请劝阻。

**六月二十二日　星期一**

宋哲元、韩复榘马电，请各方停止军事行动。

首都地方法院对刘瑞恒案已于十九日提起公诉，今日王用宾来函知照。

免陈锐、周树斌职。

李滋罗斯与张岳军谈话，劝：(一)天津海关收入半交冀察；(二)设委员会，内有英、日关员各一；(三)进口税减低。

蒋托物色可为湖南省主席之文人。

**六月二十三日　星期二**

行政院第 268 次会议。(一)甄用专科以上及中学毕业生；(二)军用图、地籍图测量计划；(三)处理移交文件办法；(四)航建与航协合并；(五)济聊铁路公司规程。

蒋电宋、韩二人，电内言中央力求和平，不启内战。

与廷黻谈，张岳军可任行政院长。

**六月二十四日　星期三**

至和平门接 Reichnau、Klein 等，住富厚岗十号。

孔庸之宅谈对日外交方针：(一)对日应□交换条件，先取消冀东，停止走私，减少驻兵等；(二)经济合作，政府合作或私人组织而由政府协助。

见蒋，商复陈、李、白巧马电；湖南主席人选：尹任先、杨承训、何淬廉、朱经农。

**六月二十五日　星期四**

草代复陈、李、白巧马二电。

张新吾来谈，日本东京政府正受制各部下军官，叹日本缺少人才。

梁子青来谈。

**六月二十六日　星期五**

定行政院核阅公文办法。

下午四时，蒋宅会谈。言及外交时，张群言：去年底日本要求承认三原则,今则不提;去年底日本□向中央,不谈华北办法,今则愿商;去年底日本只讲政治,今则先谈经济(彼益出力,表明其外交之成绩也!)

Reichnau、Klein、Fisher、顾振、齐焌等同见蒋。Reichnau 献赠宝□□□,赠孔庸之等勋章,赠余柏林大学名誉博士□□□。

钢铁公司筹备委员会开会,到者顾振、刘维炽、俞大维、钱乙藜、程中石及余,共委员六人,又办事员周大训。改变组织为中央钢铁厂筹备委员会,顾振、程中石为常务委员;说明湖南煤铁矿情形。

**六月二十七日　星期六**

下午,偕 Grew、W. von Reichnau、Hen Hans Klein 等,游孙陵、阵亡将士纪念塔、谭墓及运动场等。

今日路透电通讯,传播中德经济协定消息。

顾湛然来谈合作事。

为蒋电 Hitler、Blomberg 致谢。

**六月二十八日　星期日**

陈长蘅来谈:(1)蒋应直接与李、白协商。(2)汪精卫曾与袁世凯勾结,使孙中山不早让总统。孙死后,汪提议取消元帅制(当时胡汉民为代帅)而代以委员制,自为主席。汪、蒋皆曾"容共"。(3)新宪法大总统拥军政大权,行政院长仅为秘书长。(4)财政界人投机应改。

往访丁夫人(交墓费账单)及秦景阳。

晚宴朱骝先、地质调查所、地质学会人于首都饭店。

**六月二十九日　星期一**

W. von Reichnau、Klein、齐焌见蒋。

见蒋。《字林西报》所载中德交换货物新闻(内德国□□总领事言,已订一合同,一万万元为额,□□□),中国自行发表之消息。又往外交部,与张岳军酌商决定发表口气,即归行政院拟稿,交端木恺发表。

函复陈叔通:个人无政治兴趣,但盼于国家大局略有裨益。

至实业部讲演地质工作,并引李纲之言:天下无不可为之事。

**六月三十日 星期二**

行政院第269次会议。(一)国民大会代表选举事,中央所费大约近二百万元;(二)铁道部与经委会商定,公路技术归经委会,行政归铁【道】部,路线计划与军委会商办;(三)毕业生受业训练指导委员会章程,训练六个月,实习二至三个月。

**大学毕业生人数**

| 大学生毕业人数 | 二二年度 | 二三年度 | 二四年度 | 合计毕业者 | 二二、二三年度失业者 |
|---|---|---|---|---|---|
| 文科 | 1772 | 1841 | 1495 | 5108 | 22% |
| 法科 | 2949 | 3221 | 2649 | 8819 | 17% |
| 商科 | 602 | 715 | 710 | 2027 | |
| □科 | 780 | 1086 | 851 | 2717 | |
| 理科 | 734 | 910 | 848 | 2492 | |
| 农科 | 446 | 363 | 502 | 1311 | |
| 工科 | 1008 | 1163 | 1179 | 3350 | 3% |
| 医科 | 374 | 323 | 438 | 1135 | 1% |
| 共计 | 26959 | | | | 13% |

**七月一日 星期三**

行政院改办公时间,自早七时至十二时。

中华医学会颜福庆、牛惠生等来谈刘瑞恒,请政府秉公办理。

Reichnau、Klein 等到地质调查所参观。

黄汲清讲湘赣间水成铁矿。

蒋廷黻电至陈筑山,询两广问题。此君出身桂颇近粤,白近颇倚重。

**七月二日 星期四**

孔庸之邀午宴。孔与莱谢劳、克兰谈欢迎合作,愿运原料。

何敬之晚宴。

何淬廉来谈,拟□北返接眷,然后就职。

**七月三日[①] 星期五**

**七月四日 星期六**

国民经济建设运动委员会总会在实业部开会,蒋介石、吴达诠、孙哲生、孔庸之致词。

与曾俊千商拟合办印刷所原则。

美国独立纪念日,往美大使馆。

访孔庸之,谈建设重工业事,并请其派一人加入钢铁厂筹委会。

日本新大使川越请晚宴。自余至京,日本大使已三易人,有吉(Ariyoshi)诚挚,有田(Arita)□□,川越(Kawagoe)似颇沉默。

谢蘅窗谈,□□当时中兴、大陆订购煤二十万吨,所营五十万元,极为热情。□□专归大陆□□钱方面订合同:(一)六万吨价

① 字迹不清,无法辨认。

十二元，相当每吨二元还欠；（二）六万吨价十二元三角，每吨提出一元五角还欠；（三）六万吨，价十一元五角，每吨提一元，并订明长江上下即汉口至上海皆托大陆承销。年用煤，裕昌与大陆系一家，大陆取煤，裕昌介交涉。市价仍作十二元五角，另加一元一角三分（在浦口），或二元一角（在下关）。（问题即在此耳！）

又谈鄱乐煤矿向唐寿民、张咏霓等银团借款代办案（闻已订草合同）。

**七月五日　星期日**

王叔鲁来谈：（一）华北事可望不出变化；（二）减低进口税可停止走私。

高宗武来谈：（一）中日交涉宜有具体提议；（二）宜注意实际问题，勿谈空泛原则；（三）外交部应完全负责，勿推委；（四）朝鲜、台湾总领事宜得人。

电荣县杨克强，盼妥采集恐龙，款等续汇。函 Teilhard：山西 Perm 或 Trias 化石应再采集，并嘱葛利普对丁文江纪念奖金之意见。

**七月六日　星期一**

唐绍仪来京，叶楚伧、陈布雷、张岳军等均至车站相接。

陈大齐（考试院秘书长）、石瑛（铨叙部长）等来谈考试院意见：（一）高考及格任用之变通须有法律手续；（二）普通文官考试及格名额可酌增，并另办特等考试；（三）行政院所办之受业训练班，分数应否归考试院；（四）各机关尤其是如有对于考绩条例不实行，请行政院督促。

请李庆逵代儿女等报名。

**七月七日　星期二**

行政院第 270 次会议。（一）讨论考试院所提高考任用意见；

(二)通过京市改良物及地价税□□救济办法;(三)不准外轮停泊镇海及连云港及江阴。

接见□□记者 Victor Kerr。

约俞大维及克兰至地质所谈话。

接见日大使川越茂。

□□任朱经农为湘主席,蒋廷黻为民政厅长。

**七月八日　星期三**

□□□代表韩复榘来见蒋,言韩、宋请停内战之马电。

□□大使馆,观军事电影。

**七月九日　星期四**

矿冶工程学会理事会在地质调查所开会,拟于九月四日在中兴煤矿开年会,并议处置地产方法,征求其他理事意见。

□□□胡适之、竹垚生到京。

**七月十日　星期五**

与陈大齐、马鸿焕等会商高考任用办法。

批复韩复榘函。

莱谢劳、克兰等见蒋,言德军事顾问团拟来华。蒋言,先□□三至六□□□。

**七月十一日　星期六**

何仙槎(山东教育厅长)来谈,韩复榘恐两广问题解决后,中央将转而对付山东!此种思想真是心劳□拙。

接见 Klein,告以:(一)孔庸之关系最重要;(二)接洽宜向何敬之商军械,向孔及余商经济合作;(三)钢铁厂等工程项目须由德国负责完成,并由中国人合作及接添;(四)进口货外示工业用品,军械□□□;(五)中国拟派青年军人赴德学习。

宴各省主席（因二中全会来京者）于交通部。与陈辞修（诚）略谈中德合作之大概，因蒋曾嘱其接洽也。

**七月十二日　星期日**

□□□□□孙燕堂、温应星、何键等。

蒋与□□会谈二中全会对两广方针及德对日本态度。

在首都饭店宴李国钦夫妇。

**七月十三日　星期一**

Withags Rugybs Peak来询许万素贞案侦查结果，余嘱端木恺转告王□□等，将过去经办情形作一报告来。

令：（一）陈济棠免本兼各职；（二）陈为国防会议委员；（三）俞济时为广东绥靖主任。

李宗仁、白崇禧为广西绥靖主任。

□□褚民谊宅（颐和路34号），参加谈铁路□□付息还本办法。

陈公侠来谈：（一）请速提安明纲为自治专员；（二）中国应收回上海租界警察权。

**七月十四日　星期二**

侨团开会。

行政院议决《国防会议条例》，以蒋为会长。

□□□宴各省政府主席，请各省自筹□□□交中央提取。蒋作宾言：（一）中央全任，（二）中央半任，（三）各省分任，当于三法中取其一。

宋明轩电言，请加派曹汝霖、汤尔和、□□□冀察政务委员会。

**七月十五日　星期三**

浙省秘书长黄华表来谈广西情形，李较谦和，白难合作，惟有派人入桂□□□,并派飞机炸击南宁等处,并言黄绍竑、伍廷飏等。

□□□来谈中央研究院评议会事。

为总会事,蒋言:(一)□□冀察委员会,俟王叔鲁到京面谈后再定。

□□□有互相连合,必报中央。

**七月十六日　星期四**

经委会水利委员会开会,吴达诠主席。

与□商谈中福矿事。王谈在平津与日人田代永见□□□等。蒋允将宋哲元请加派冀察委员会□□□等即发表,即实言暂不发表。

**七月十七日　星期五**

送唐绍仪赴沪。

蒋宅会谈。

□□解决华北航空案。议以蒋廷黻为驻俄代办,而以顾维钧调任驻□大使。

下星期二行政院会仍在京举行,再下星期往牯岭。

蒋宅晚饭。张锐、吴景超谈视察鄂、湘、赣三省行政经过。

**七月十八日　星期六**

□□□毕业生训练[导]班筹委会开会。丁惟汾、吴达诠、王雪艇议决简章。

孙越崎来访,谈中福矿事。

职委会审议委员会开会。

所中茶食会,为James Thorp饯行并照相。

七月廿二日广州电:广州现存毫洋八千二百三十九万元,大洋一千九百五十五万元,本省纸币共发二万四千一百零八万元。

**七月十九日　星期日**

接见翁同奎□□林和成。

请刘□□、任叔永午餐。

孙越崎来商中原公司董事人选，及请张兹闿为秘书长，月薪五百元。

**七月二十日　星期一**

黄慕松拟派张继代诚允护送班禅入藏。（奇谈！）

接见尹任先。

**七月二十一日　星期二**

行政院第271次会议。（一）汤尔和、曹汝霖、戈定远、刘汝明为冀察委员。（二）四川□□科会议□□一千万元。（三）广东省宋子良任兼代财政厅长。（四）铁道部六十万元修道口至楚旺铁路。（五）整理□□比荷债款及□□。

在英庚款会晚餐，对赴英同学讲：（一）择学须专，（二）须能实行，归国后以用其所学以创造事业。

**七月二十二日　星期三**

接见蔡增基、李永新、宋希尚等。

所内，陈恺谓滇西班洪、炉房等处锡矿。游久者易土人化。

午宴李承三、孙铁仙、尹建猷、黄汲清。

接见李旭旦、任美锷、克兰。

□□学会晤见卜凯，谈广东事。

傅孟真晚餐。

王陵基商量不为学害义之细则。

**七月二十三日　星期四**

约见谢冠生，谈刘瑞恒案，托其向王用宾接洽。谢言，在被告未亲到前,当不要服。

与徐季瑶、张锐、端木恺谈行政院职员办事成绩。

访朱公谨(光华副校长)。

参议李星晖撤职停薪。

**七月二十四日 星期五**

张其昀偕李旭旦、任美锷来谈。

偕宋希尚视察峨眉岭旁路。

函竹垚生,寄北平浙江银行代存闸北水电公司股票五千元之存单,请移存上海总行并赐收据。

**七月二十五日 星期六**

晨八时,上江顺轮赴浔,同行有叶楚伧、王雪艇、许静芝、徐景薇。

本日,府令白崇禧为浙省主席,李宗仁为[免]广西绥靖主任,黄绍竑为广西绥靖主任,李品仙为副主任。

**七月二十六日 星期日**

船中与芜湖招商局长文曲垣谈该局情形:长江共有轮船七艘,江顺载三千余吨,南京至汉口用煤二百十吨,共使二千数百元,加以薪工、伙食等共费约六千元,收大约二万五千元□□□。

上午六时到南昌,下午四时到九江。

上午遇雨。

**七月二十七日 星期一**

牯岭河东路十二路[号]见蒋:(一)川民政厅长王又庸准辞,稽[嵇]祖佑继,以杜炳章任省委;(二)中德交换事,华货运德交孔主持,重工业交资源会,国内钨业管理应统一,广西亦在此;(三)报告铁道部借中福六十万元,造道口至楚旺铁路;(四)蒋廷黻使俄事。嗣访陈布雷。

行政院办事处大林路 1166 号,租费 1200 元;余住 1250 号,租费 400 元;职员宿舍 1123 号,600 元。共租费 2200 元。

庐山管理局长谭炳训来谈,每年经费廿五万元,内有中央补助十万元,自身收入六万元,经常开支约九万元(薪津等项),经常设备(路灯等项)五万元,可作工程之用者年约一万元(?),现拟上山汽车路计画。

**七月二十八日　星期二**

行政院第 272 次会在牯岭蒋宅举行。(一)黄慕松为广东省主席,王应榆为民厅长,宋子良为财厅长,许崇清为教厅长,刘维炽为建厅长,曾养甫为广州市长;(二)嵇祖佑为川民厅长,杜炳章为省委。

陈公侠介绍张果为(恪惟)来谈:福建财政不肯裁煤汽油税,劝以须整理田赋,不可畏难。

秦景阳、郑权伯视察遥堤归来,照从前经验每方土工一元已足,现则须用五元,兹决大水后再开工亦言须二元半,正洽减中。

游大林寺、游泳池、天桥、花径、仙人洞、御碑亭、天池。

**七月二十九日　星期三**

行政院开会,审查实施《失学民众补习教育办法大纲》。

在蒋宅,遇见 W. H. Donald。蒋手谕:刘大钧在行营所领壹万元内划出五千元(自八月份起),为国民经济建设委员会经费,宣传研究亦归该会管理。

至大林路 32 号吴庐,与吴达诠谈此事,并谈及中德交换合同。达诠拟以何淬廉(惜其不懂公文)或钱乙藜(又恐兼职)为实业次长。余则久拟以何淬廉为政务处长,俟蒋廷黻使俄时以何继蒋。

徐景薇下山，往九江医院中养病。

**七月三十日 星期四**

张岳军艳电：许大使电，寺内谈话，反对中日交涉解决各个问题，但应提倡整个东亚和平，恐为难堪要求，例如中国非得日本同意不能与他国订立协定。

蒋致余电言：新任蒙藏委员泽墨，从前反抗中央，欺压热振，请收回成命。

行政院各部会署公宴黄慕松、孙哲生、王亮畴、曾养甫、刘秀夫等。

陈布雷面谈，蒋拟扩大警官学校规模，自任校长。

曾养甫将仍兼任铁道次长，暂任广州市长。

**七月三十一日 星期五**

蒋：(一)对曾甫仍兼任铁部次长事稍有怀疑；(二)刘瑞恒事拟与居觉生面谈，并言焦易堂不配为最高法院院长；(三)何键事拟与面谈；(四)孙科、王宠惠荐程天固为实业部次长；(五)中德事：a 合同可抄送外部，b 资源会仍招待，c 请孔派人加入钢铁厂筹委会，愿说并对德人说明重工业，d 电工厂设在湖南。

下午会谈：(一)电召王克敏(由张岳军电)，慰留曹汝霖；(二)粤汉与广九接轨；(三)自动与日本交涉；(四)电陈诚，专机送章行严来牯。

电复孙越崎：军委会规定中原善后原则及省政府公文办法，由善后委员通函股东选举董事，□极为赞成。接见成济安。

**八月一日 星期六**

刘瑞恒来谈，陈果夫似愿去彼。克兰来谈，劝用德工程师一人探油。

复胡适之函，言宋哲元不欲用王克敏，而拟钮传善代之。

复徐新六函，言中英委员会可立，但会员皆以私人资格参加。

成济安曾见蒋，蒋言：湖南人事无问题。闻易书竹、何浩若将来。

孔庸之嘱请顾季高克日来牯。

龙云为滇黔绥靖主任，薛岳副之。吴忠信辞贵州主席，顾祝同继任。

**八月二日　星期日**

易书竹（铭勋）、何浩若（孟吾）、夏斗寅（灵炳）先后来谈。

往［访］陈聘丞于仙岩饭店。

阅张锐、吴景超《鄂湘赣三省视察报告》。

编《地质调查所概况》竣事，函寄周赞衡。

曹汝霖电复吴达诠：为避免注意，拟不来牯，但对北方事自当尽力，不分在野在位。

**八月三日　星期一**

易书竹来谈，出示何键辞职呈文。徐景薇病愈，返牯岭。

与吴达诠、王雪艇审查大学生就业训导班委员会章程及招收学员办法。

见蒋，谈：（一）可否派人至广西，面劝李、白来京；（二）中德交换事，进口者第一年以一万万元为准，出口者每年约一千三百万元，六年办完，中国似可派人赴德学军事；（三）小珙山国府主席官邸拟加固，蒋夫人如此说。

俞飞鹏住宅（上中路□□号）晚餐。

Dr. H. S. Sternberg ( Deutsche Sticksoff-Handels Gesellschaft, 1061 四川路，上海）及 Otto Ruhl ( del J. G. Farbenindustrie AKT.

Ges. Laune-werks KRS. Mersllburg)二人来访,氮气工业及氢化工厂。介绍往观地质调查所燃料试验室。

**八月四日　星期二**

行政院273次会议,蒋往海会寺,孔代主席。(一)电复热振,前提办法十款,用意周详,应作为参考,请派代表来京商洽。又,墨泽既有病,可不用为蒙委会委员。(二)日人图谋西北事,送军委会。(三)自动限制移民中南美。(四)《四川建设公债条例》。(五)《中国航空建设协会章程》。(六)造船奖励法。(七)《中央警官学校规程》,蒋自兼校长。

关颂声来谈长沙建筑事。江西建设厅长龚学遂(伯循,新自欧美考察归来)来谈工业建设之重要,及全国应有建设及国防精神。

张岳军来电,言此时不必请王克敏来牯。

电询钱乙藜,能否从速来牯。徐叔谟起程返京。

**八月五日　星期三**

往海会寺午餐。见蒋,谈:(一)接见日本新闻记者;(二)函宋哲元,河北应办选举;(三)王叔鲁暂缓来牯。

**八月六日　星期四**

钱乙藜自南京来牯,同往见蒋,送德货分配约数:拟军器六千万元,重工业机器四千万元,变款三千五百万元。

**八月七日　星期五**

蒋令与德人商易货办法。蒋拟德货进口一万万元,中国出口每年一千五百万元,六年还清。

**八月八日　星期六**

与克兰谈:(一)德货一万万马克,第一年或第二年进口;

（二）第一年中国货一千五百万马克（后改为三千万元）往德，以后酌量规定，期能加多，但至少不下上列之数；（三）华货赴德若干，即德货运华应加相同价值。

**八月九日 星期日**

访孔，未遇。蒋允运德华货三千万元，不用变款方法，令告孔。

**八月十日 星期一**

访孔，谈中德易货事。孔言：八月八日结帐，库存二千一百万元，银行期票三千二百万元，公债票一万六千五百万元，欠中央银行三千余万元。华货运德三千万马克，其中一半用变款方法。

下午，蒋招集来谢劳、克兰、徐培根、齐焌、熊式辉及余会谈。蒋言：（一）法肯豪生仍暂留任，先来德顾问一人，为彼个人顾问，俟半年军事机关改组完成，即以彼为总顾问。人如不合，可请德国防部撤换。（二）请来谢劳与熊式辉商军事问题，克兰与余谈经济事。（三）华货运德事与中央信托局叶琢堂谈，第一年三千万元，以后或可加。（四）极愿互相提携，以德国人才及科学开发中国。

晚与叶琢堂同见蒋。蒋痛骂孔不顾国体，辞极严厉。

**八月十一日 星期二**

蒋今晨乘机赴南昌，转向广州。

行政院274次会议。（一）所得税施行细则，付审查；（二）修正进口关税案，付审查；（三）调剂粮食案；（四）刘瑞恒案，拟聘会计师查账，电询院长；（四）方策仍任县市讲习所案，电询院长；（五）沪市社会局合并案。

*New York Times & Daily Telegraphy* 记者 A. T. Steele、《大公报》记者曹冰谷来见。谢蘅窗来见。

对孔面谈：蒋愿年运华货往德三千万元，不变款，已面告叶琢堂。此款如无支付令,则由农民银行照拨。蒋、孔对德易货意见大相径庭,因孔实反对实行也,如实行,则愿从中取利也!

**八月十二日　星期三**

沈浚源来谈农业及仓库,谓浙江可种马铃薯。

鲍谦熙(Berislav Borcic)来谈经委会及刘瑞恒控案。钱宗泽来谈铁路事。

遇见梁敬錞及姚敏(季逊)。

函秦景阳,询经委会与国联技术合作办法。函吴景超,请查各省仓库办理情形。函孙越崎,询中原善后选举结果如何。

阅刘曼卿女士著《康藏征轺记》。

**八月十三日　星期四**

赵守钰今日启行赴京。任望南、李规庸来见。

冯焕章电蒋,转达褚慧僧电,并致李宗仁、白崇禧电。

晨见叶琢堂、周枕琴。又见克兰、徐培根、齐焌。访熊式辉,未遇。

**八月十四日　星期五**

上午见孔,会谈广东财政问题;徐堪、陈行、陈光甫、宋子良、贝淞生、顾季高。

下午见熊天翼,谈中德交涉经过。德人盼改组中国军政机关,使有人共为负责。

**八月十五日　星期六**

上午,往海会寺特别训练班(主任潘佑强,副主任杨文琏),讲《中国经济区域及其历史上之演变》,结论:民族应求出路,并应有必要的建设工程。下午游温泉、归宗寺(有王羲之洗墨池,黄庭坚、董其昌碑)、秀峰寺(有王守仁纪功碑、康熙碑、康熙时《金书心经》、聪明泉)。旁有蒋介石新建屋,屋旁有瀑布(旁多石刻,有米芾书"第一山",李宁斋书旁笑"啼岩旁")。又由五里牌乘轿,经观音桥(旁有第六泉,甚小。溪旁有蒋新建屋,溪流甚急。桥建于宋淳熙时)、栖贤寺、白鹤涧、含鄱口而归牯岭。

途中有李一平所办交庐精舍,学生张谈该校教育方法甚特殊,刻苦精学,但不识大体,今奉令解散,并言保守,办理不善。

熊天翼宅晚餐,有德人等。

金宝善来谈刘瑞恒案:蒋二手谕,已密呈地方法院。

**八月十六日 星期日**

接见毛□□①、余剑秋、蒋雨岩、卫挺生、楼企任。

杨畅卿请午宴。

游庐山植物园,秦仁昌陪导。

接见刘雪雅,谈:(一)曾蹇赴粤,拟调他人接充专员;(二)中福事盼为继续整理,中原股票可收归官股。

**八月十七日② 星期一**

**八月十八日 星期二**

庐山。行政院275次会议。通过所得税施行细则;讨论刘瑞恒事,由行政院派余与司法行政部长王用宾接洽。由院电王,并电蒋报告。

蒋廷黻至牯岭。

**八月十九日 星期三**

上午,偕克兰、齐焌上同和船返京。同船者有李规庸、杨灿三、

① 原文缺。

② 本日无记。

任望南。

途中与克兰谈:(一)德国对中国工业建筑应就指定事负责;(二)德专家薪由德支,由中国招待。

**八月二十日　星期四**

至南京。至行政院。

晚宴克兰、杜尔。

**八月二十一日[①]　星期五**

**八月二十二日　星期六**

夜车赴沪。

晚宴吴礼卿、赵玉廉、赵守钰、张锐、郑道儒。

**八月二十三日　星期日**

至沪。见克兰、齐焌,送交旅费1200元。叶琢堂请作三个购运货物计画。中国工业计画拟俟国防计画定后复加斧正。

见徐新六,托询陈聘丞能否任工业司长。见王克敏,谈华北交涉事:(一)日人对绥远不拟用兵;(二)九月初拟北上,并与关东军方面略周旋;(三)经济问题为沧石路、龙烟矿、棉花等,中国减低关税可稍俟。王君谈话态度合理,且颇明现实。

夜车返京。

**八月二十四日　星期一**

与钱乙藜谈话:中德协助拟集中钢、铁、铜等,化学及电工拟与英美接洽。

**八月二十五日　星期二**

访王太蕤(用宾),谈刘瑞恒案。又访叶楚伧,拟电请居觉

① 本日无记。

生归。

中央博物院建筑委员会开会，议决：江裕记不在限期内对于建筑□八月廿一日去函未有满意答复，应即依照建筑章程第56及57条，停止江裕记契约权，并另招他人承包。

**八月二十六日　星期三**

星期一日（即八月廿四日），成都人民殴击日人，伤二，死二。刘湘来电措辞闪烁，贺国光切实报告。用蒋名义电令：加派得力军警维持治安。另电令□保护日方之多地军警长官，言明电陈依法惩办。

接见□□筠（想做校长）、程觉民（介见周寄梅）、何□□（□帆）、盛枚（□□□马君武办求介见钱乙藜）、阮鸿仪（拟入钢铁厂）、马叔平（拟索钱百元）。

Thomas Reed参观【地质调查所】陈列馆，讨论中国用铁史。

**八月二十七日　星期四**

颜俊人、康多夫、翁联桂、钱乙藜、杜殿英等来谈。

矿冶工程学会理事会开会，推王宠佑、胡博渊、张翼后、□□□代表。杨公兆交来峨眉岭地段契据。往访蒋廷黻。

李善邦来谈地震研究，金开英谈□□。

**八月二十八日　星期五**

刘湘电言，前次敬□电不好，另发敬电备发表。余答言，外交部已派杨开甲、邵毓麟入川，请俟商定后再电京。电蒋、孔报告。

卢作孚来言，日人四人于廿三日到成都，廿四日下午肇事。日人一名在大川饭店被打死，余二人被警察救出，又一人为警察长范鉴实救活，但其中一人又为人民抢出打死。川省府怪军训人员办事不当，刘湘有函交彼带来。彼拟请邱甲往粤，但不携□□。

经委会审议会开会，讨论汽油代用品及与资源会合办航测队事。

**八月二十九日　星期六**

孔庸之、张岳军到院，谈成都案，内政部派刘复往查暴动真相。

国民政府重申明令敦睦邦交。蒋来二电。

T. T. Reed 讲演 *Great Problem in the Future*。

**八月三十日　星期日**

□□□来谈，请为心源结婚作媒。

燕、幼、婵三女来京。

函中行储蓄会北平分会：本利照寄南京，备明日离京之需。

任叔永来谈，彼拟明日飞往成都。

**八月三十一日　星期一**

蒋来电（卅），言应付成都案方针：（一）赔赎、道歉；（二）成都领馆□□□□一谈；（三）限制党部活动案应拒绝。

邓□□请郑达如赴平面谈。

在蒋廷黻宅晚餐，谈各使馆积习，用私人管财，大使公使□□等。

**九月一日　星期二**

行政院 277 次会议。（一）□□广东整理金融公债一万三千万元条例；（二）顾维钧、郭泰祺、金问泗出席国联第十七届大会。

**九月二日　星期三**

刘湘来电报告，日人调查结果与我方发表者大致相同。

□□内部改组国联办事处及添用专门委员会，抄送孔庸之。

诚允来见，旗人也。

资源会低温蒸馏拟停止，房屋改为植物炼油之用。

□□安阳专员任,嘱其协助中福及保护中研院考古。

【在】地质调查所中讲《治学的方法》。先讲 Galileo Galilei (1564—1642),Issac Newton(1643—1727),次言应有常识,有系统,及有一定的志愿与精神。

**九月三日　星期四**

□□□□宜合隶属江苏,否则连定海各岛皆直属中央。

**九月四日　星期五**

马超俊来谈:(一)自来水新工程,拟向中央信托局借款;(二)京市选举闹事,望不至完全推翻;(三)前市长私购公地甚广;(四)铁道部款盼勿减少。

行政院前曾发给训条于护送班禅专使,今拟酌为修正□□□。

(Dr. E. A. Relw)来谈所年费事。

《行政院公报》时刻长□四十余□无停出,售价每号三分,再拟设法努力,始销于中央及地方机关。

接何廉,由津来京。

**九月五日　星期六**

何廉至行政院,就政务处长职。

谢冠生来商共同发起编写□□□。

与谢冠生、宋希尚、徐象枢同至小洪[红]山,观国府主席官邸。

蒋自广州来电,言居正、程潜、朱培德至南宁协商,彼专心服从中央,可以和平了结,但暂勿发表。蒋又电孔:在此丰年,须准各省发行新辅币三四百万元。

**九月六日　星期日**

参观峨眉岭新宅。

蒋山铎(微达)来谈,戴季陶宅已允余宅旁修路,给一字据如下:

兹得新安裕宁堂之同意,在该堂在峨眉岭土地内修路通行。如裕宁堂须自行使用该地土地时,自当随时归还。中华民国廿五年九月六日　翁文灏

访竺藕舫,谈中国地理学会事。□□预定可行办法□□征求会员意见。胡焕庸、□□□赞成。又闻王益崖、张印堂、□□□下午往访竺君。

晚宴蒋廷黻、何淬廉、张岳军、张□青、高宗武、秦景阳等。

**九月七日　星期一**

高宗武来谈,日人曾云:中国军备皆为对日,但日本欲知日俄开战时,中国态度究竟如何。

黄汲清自湘回。钱乙藜来谈。

□□电王曰伦等,令知工作方针。

**九月八日　星期二**

与顾湛然、钱乙藜、程中石商谈筹办钢铁厂方法。

罗志希来访,中央大学地理学系事。

电令王曰伦等往贵州省之东南部,并入湘境。

**九月九日　星期三**

与顾湛然谈钢铁厂事,拟分为会计、运输、营业三部,钢铁厂、焦厂、铁矿、煤矿各矿。主任、总经理及委员会,拟任郭恩承(伯良)或李承干(金陵兵工厂厂长)为钢铁厂长。

冯德培偕杨恒□□□。

张晓峰来谈地理学会事。

电蒋,拟□□由京随往者目前□□请勿交德人携回。

**九月十日　星期四**

张岳军报告日人要求七款。

□□电翁照垣，言日人往北海调查，日人中野被杀事，彼不负安全之责，如有日本军舰参战□□□□。

□□□至行政院面谈，□□允派陈诚为□统一军令。

**九月十一日[①]　星期五**

**九月十二日　星期六**

赴沪。

**九月十三日　星期日**

在沪。见周作民、徐新六、陈聘丞、胡雪琴、叶琢堂、张悦联、竹垚生。

夜车返京，家人同车去京。

**九月十四日　星期一**

往外交部，讲《矿业与国际关系》。

夜送 Reichnau 将军起身往沪，返德。Reichnau 上将于六月二十四日来京，其主要目的在：（一）要求中国聘用军事各部门大批德国现役军人为顾问，统归德顾问指挥。在此条件下，（二）帮助改良军事机关□□职责。（三）供给军装及助建防守工程。第一条件未能达到，其任务实未能成功也。

**九月十五日　星期二**

行政院第279次会议。一、外交；二、施行条例。

**九月十六日　星期三**

孔宅，孔、张、蒋、吴、王、何各部长，会谈昨日张岳军与日使川

---

① 本日无记。

越会谈中日交涉事。岳军已有铣子、铣午二电报告蒋院长。蒋会有详文或今日寄到,总述言:中国政府自身立场不能不顾民意,日本政府要求在意从中利用机会之共党或他人(例如王亚樵)之“故意为难”,而徒伤二邦交谊;次言应行办法:(甲)调整东四省关系,使为永久中立地,中国领土……(乙)订立“防共协定”,□□塘沽、上海协定,山海关至多伦以东由日本负责,多伦以西察省境□□□□□□多伦等以西皆由中国负责,期限五年。(丙)□□□。

电蒋:可否先允沪福通航□□减轻关税,俾外交部藉此妥商华北问题。

**九月十七日　星期四**

甘肃财政厅长陈端来见。又接见胡鸿猷(征星),请其为本院参事。

至中央大学,讲《科学家的立身与治学》(有工作的无私,远大的眼光,精明的工作)。

□□□谈钢铁厂筹委会事。

**九月十八日　星期五**

孔庸之电话谈:(一)勋章等级;(二)有事□□;(三)□□贸易应移归中央信托局管理。

函克兰,又抄交杜尔。

Robert Durrer, Beru Kerr 来谈。

**九月十九日[①]　星期六**

**九月二十日　星期日**

父亲及妻迁入峨眉岭新宅。

---

① 字迹不清,无法辨认。

外交部张群召集叶楚伧、朱培德、何应钦、吴达诠及余，面谈近日中日交涉事。吴建议请张群自往广州见蒋，面商方针。

顾季高返京，即晚起程返沪。

钱乙藜、程中石、严冶之、刘兴亚来谈钢铁厂事：（一）定厂址购地事，三十亩，共约二十万人。（二）填土长□□公尺，宽□□公尺，高七公尺。（三）及办公一百五十间，以五百四以上，总共五十万元。铁砂□□。共成本二元二角，运费三元二角，至厂共值五元四角。

**九月二十一日　星期一**

高坑开办费廿万元，第一年□□费十一万元。与钱乙藜函商钢铁厂筹委会用人。

□□□事已告至最高法院。

张岳军外交孔庸之……

函张咏霓，请为心源证婚人。函福年，询来京何时来，住何处。

**九月二十二日　星期二**

行政院第 280 次会，孔来京主席，讨论对日外交问题。全体电蒋，请从早返京。余另电蒋言：日人欲知中国是否接受，而不愿为相互对论。

谭延闿逝世纪念日。

余迁入广州路峨眉岭新屋。

**九月二十三日　星期三**

川越见张岳军，谈话不洽。

外交部宴请英大使许介生。

上海日水兵被人枪击，一死二伤，死者名田港朝光。

**九月二十四日　星期四**

吴达诠、王雪艇、高宗武等飞粤谒蒋。

陈绍宽午宴英大使。孔庸之茶会。

卫挺生晚宴。

与马廷英谈印刷事。

地质调查所自仙鹤观取回陨铁一巨块，运至所中。

傅孟真、孙越崎来谈。

**九月二十五日　星期五**

请贝安澜、樊眷甫、孙越崎午餐，来谈。

故宫理事会开会。

请张翼后、宋希尚等晚宴。

《中央日报》发表余之谈话（内政与外交）。

**九月二十六日　星期六**

在陆军军官学校高等教育班讲《国命》，述历代向外发展及今日方针。

故宫博物院在京保存库参观。

经济委员会审议委员会开会。

在外交部听吴达诠、王雪艇、高宗武报告赴粤接洽经过。由吴、王电蒋，赞成移节南昌，并主一面拖延时日，一面赶紧准备。

小学学生每年用3.5至4元，大学【生】300至400元，比例为1∶100。欧洲各国则为1∶8至1∶10。小学教师每月得10至15元，大学教师300—400元，比例约1∶25。欧洲各国未有超过1/3或1∶4者。每一小学教师平均教学生20人，实应增加三倍。

**九月二十七日　星期日**

访李正卿、张翼后、程中石。

何淬廉、胡肖堂来访。

**九月二十八日　星期一**

【至】教育部义务教育训练班讲话，言：每一教员应多教学生，并利用本地教材，提起民族意识。

专科以上毕业生训练班常委开会，议定十月一日成立，十二日开学。

孔宅会谈，拟由张岳军明日乘机飞南昌见蒋（今日由粤抵此），面商外交办法。

高宗武往见川越。川越言：百分之八十悲观，百分之二十希望，但仍愿努力，并盼见蒋，并盼中国勿提五点，但日本亦不坚持华北六项目。

日本驱逐舰昨日到沪，现泊沪共有九艘。又闻，第八战队已自佐世保开华，第三驱逐舰【队】三艘将往汉口。

**九月二十九日　星期二**

行政院第281次会议。

心源与其妻结婚，在德奥瑞同学会行礼，张咏霓证婚，张翼后、钱乙藜介绍。

**九月三十日　星期三**

宴请李宅诸人。

工程师学会南京分会晚宴，余讲《工程师的责任》。

**十月一日　星期四**

往访琅琊路十一号杜尔（R. Durrer），谈：（一）对于严冶之、王翼谋、刘兴亚之意见；（二）厂址在湘潭下摄司；（三）工业建设需有步骤；（四）嘱其货物价目先行函示。在新闻学会晚宴。

康道夫来谈。

十月二日　星期五

何敬之、高宗武自牯岭见蒋归来。蒋拟于下星期内来京。

蒋电令:刘瑞恒勿外行。

杜尔来见,示以中德二次合同,其中并未明文规定德货皆照国内价格。余电顾湛然:如何应付为是。

电胡适之,盼早返国。

规定各省市建设中心工作,通令照办。

十月三日　星期六

电蒋,陈对日应付方针:应保持中央政权独立自存之地,此后整军经武及经济建设,仍有自卫御外之完全自由,不受外力干涉,并注意欧美外交及速作军事防御布置。

卢作孚亦致电,请坚持。

见李书华、张铁欧、任鸿隽。

十月四日　星期日

南京主教于斌(野声)就职。震旦同学会晚餐。

十月五日　星期一

至交通部,讲《我们应如何支配我们的时间与钱财》。

至金陵大学,讲《青年的责任与事业》。先谈历史是进化的,后来者居上;次讲择业立身,建设护国。

蒋返京。往见,面谈:(一)对日交涉;(二)胡鸿猷为秘书,张彭春为参事,何廉可为经委会审议委员;(三)中德货物交换,现分军政部、资源会及中央信托局,三面办理,各不相谋,应有一人总知其事。蒋命余任此事。

十月六日　星期二

行政院第282次会议,孔代主席。(一)树立广告办法,首都植树经费追加预算,补助绥新汽车。(二)中日实业公司汉口造纸厂债务整理。

贝安澜请晚餐。

**十月七日　星期三**

陪李国钦见蒋。与钱乙藜谈与克兰交涉事。

请贝安澜、多基野、樊眷甫茶会,并参观【地质调查所】化学试验室。

蒋宅晚宴,并闻日本兵舰向镇江要塞附近开放机关枪。

**十月八日　星期四**

蒋于上午接见日本大使川越,下午接见英国大使。

审查《省政府合署办公暂行规程》,规定:主管各厅、处主稿,呈省政府主席判行,中央各部会署,得令厅处直接呈复……

电周作民,推萧蘧办六河沟煤矿。

与齐焌谈中德货物定价办法。

**十月九日　星期五**

七日,日领事须磨之"最低要求":(一)党部通告,禁排日;(二)蒋谈话劝说。此外条件为:(一)对于中国五项意见(取消《塘沽协定》,取消冀东,停止走私……),愿为绅士协定,日后考虑。(二)对于中国所提对于减轻关税,取缔朝鲜人及日本顾问之意见,认为满意。(三)"防共"商具体办法。(四)冀察绥先联合"防共",由中央训令鲁晋绥,经济开发尽量与日本合作。

刘□□来谈华北事,盼有妥善方法,早为解决。

**十月十日　星期六**

全国童子军大检阅。外交部国庆晚宴。

游采石矶。张悦联来京。

李赞侯飞往北平。

**十月十一日　星期日**

接见谢蘅窗、顾湛然、程中石、梁其钰、梁黄舟、李宝堂、曾世英、方俊、叶揆初、竹垚生。

蒋飞往杭州。

**十月十二日　星期一**

任叔永请午宴,商四川开标事。

接见克兰,谈:(一)华货运德事;(二)计价方法;(三)信托函德……

何淬廉、张彭春、蒋廷黻来谈。

与顾湛然商德货定价方法及钨铁。

**十月十三日　星期二**

行政院第283次会议。(一)《省政府合署办公规程》;(二)龙华飞行场为航委会所有,由航委会规定办法,交沪市府代为管理;(三)乌拉特前旗之公庙,系为绥蒙会会址;(四)顾维钧、郭泰祺为出席国联代表,但只能有一人出席。

面嘱南延宗编辑《中国矿业纪要》;与练习员边兆祥谈话;嘱马廷英设法辞中央大学职,并拟海洋学采集计画。

实业部合作基金保管委员会开会。

蒋令行政院各部,速拟疏散及迁移(衡阳)办法。

苏俄大使鲍格莫洛夫晚宴。

吴达诠交阅美国出口联合公司致王儒堂函(桐油各事)。

**十月十四日　星期三**

接见Ado Nolte(delegate of Fa Krupp G. Essen, Vice-President China Msocinlim Hamburg)、项雄霄、张静愚、阮鸿仪、顾振、杨能深

（重庆钢铁筹委）。

晚宴蒋廷黻、郑天锡、戴季陶、谭绍华。

电汇五百元交徐近之。

电蒋：（一）告李思浩应宋召北上；（二）询蒋廷黻应否赴杭谒见。

**十月十五日　星期四**

专科以上学校毕业生受业训导班开学礼，并参观朝天宫。

报纸发表中英信托借款三百至五百万镑。

**十月十六日　星期五**

Peak 来院，谈时局消息。

**十月十七日　星期六**

【至】专科以上毕业生受业训导班，讲《事与文，事与人，事与时，事与财》。

蒋志澄谈四川省政府办事情形，用人之权全在主席。

电告蒋：田已签订对日经济协定，另有航空协定未签字；周作民今日由平返沪，似可电约赴杭面陈。

今日为阴历九月初三，为余妻五十生日。文渊今夜起身往广州。

克兰来谈，已赠装甲六轮汽车一辆于蒋，由钱大钧真义往接收。

**十月十八日　星期日**

走游虎踞关、收兵桥及经委会方在建筑之水工试验所。

程中石、严冶之、刘兴亚来谈钢铁厂职员名目及待遇等级，顾湛然亦来。

与顾湛然、钱乙藜游紫金山前之音乐堂及玄武湖。

孔庸之因病请假两星期。

十月十九日　星期一

【至】直接税人员训练班，讲《中国的经济区域》。

美国现有黄金一百十万万金元（即 U.S. $11,000,000,000）。

十月二十日　星期二

行政院284次会议。（一）经委会每月补助绥新汽车公司二万元；（二）铁道部则补助南京市政府；（三）李思浩为冀察政委。蒋自主席。会后讨论外交问题。

十月二十一日　星期三

张群第五次接见川越茂。

十月二十二日　星期四

萧之谦来【地质调查】所谈话，请彼晚餐。

蒋飞西安。告蒋：派员往湖南筹备迁移地点；中福董事长派余；教授来京会议；行政院参事。

蒋电莱谢劳，并贺升任上将。

见余主甫。

十月二十三日①　星期五

十月二十四日　星期六

接见 A. D. Blackburn, T. P. Colclough (H. A. Brassert & Co. Rook Horce Walbrook London, E. C. 4)。

蒋来梗巳机电，言日要求“防共”条件。

十月二十五日　星期日

到上海。见徐新六、陈陶遗、张悦联、马荫良、叶琢堂、刘厚生。

送蒋廷黻，并告以事。

---

① 本日无记。

**十月二十六日　星期一**

返京，接见胡肖堂、唐宗汉、许逸超、虞自畏、梁其钰。

下午，往游龙潭中国水泥厂，同游者范旭东、周寄梅、胡博渊、张铁欧、吕苍严……招待者姚锡舟、荣宗敬、黄旭东、徐美峰（鼓楼车站十四号，电话三一〇六〇）。

电复蒋：已将梗巳机电往申面告廷黻。

**十月二十七日　星期二**

接见刘镇华（请购飞机，价十万元，并请察红卍字会及用毒品者）、郭更生、哲夫丹增、王福元、孔庸华。

至汇文女子中学，讲《过去中国外交形势》。

接见 Colclough。

**十月二十八日　星期三**

宋哲元感电，与田代面商四原则：（一）共存共荣，中日均等利益；（二）中日经济提携，平等立场，规律一切；（三）日本军愿招致莫大资本，优秀技术；（四）使民众安居乐业。八要项：（一）经营定期航空；（二）铁路敷设先设津石路；（三）开发优良炭矿，先促进正陉、正丰增产；（四）开发龙烟铁矿；（五）塘沽附近筑港；（六）电力扩充，水力资源开发；（七）促进棉、盐、羊毛之对日输出，举行水利事业；（八）通信改善，利用日本资本、技术人员之助力。

蒋前曾以湖北民政厅长孟广澎代主席，续又电由卢铸代理。

蒋公寿辰献机典礼委员会开会。

何淬廉由津返京。

以吴达诠西蒙报告及叶琢堂购货运德函寄蒋。

**十月二十九日　星期四**

请 Colclough、吴达诠、顾湛然等晚餐，谈宜拟定意见，请蒋核定。

**十月三十日　星期五**

钱大钧电嘱:转复各要人,勿赴陕庆寿。

何廉今日赴陕。

**十月三十一日　星期六**

蒋公寿辰献机典礼,吴铁城主席,何应钦代表,到者十五万人以上。捐款已收到六百五十余万元,未收到者五百七十余万元。

励志社午宴。

【至】中央党部广播:《全国应在蒋院长领导之下努力》。

夜车赴沪。

**十一月一日　星期日**

广东乐昌县塘村乐嘉湾昌海锑矿公司五公顷十六公亩。

在沪。至哈同路史宅,参加量才奖学基金团董事会,到者沈信卿、陈陶遗、马萨良、张耀曾、黄炎培、徐静仁、钱新之、史咏赓、汪伯奇等。议定本届录取补助名额为:卢玉川(化学)、陈世昌(电机)、党刚(矿冶)、黄席棠(物理)、王大珩(物理)、李瑞轩(生物)等六人。陈、马托觅《申报》编辑。

李思浩面谈:宋已先订航空经济协定,拟:(一)组织惠通公司,钮传善、李思浩、张允荣等为发起人;(二)整理河北省银行,拟以关税收入、统制出口所得为资本;(三)重开汇业银行,西原借款除外,其余借款当清理。日本股东为朝鲜、兴业……等三家。

**十一月二日　星期一**

自上海归京。电蒋,告李赞侯所言意,并询接见时、地。

段芝泉于本日下午八时半逝世。

**十一月三日　星期二**

行政院第286次会议,蒋作宾主席。(一)段祺瑞褒恤办法;

（二）拟电宋，询航空及经济合作详细办法，应全部呈核；（三）中央地方购储汽油办法；（四）会计年度改为历年制。

徐新六来谈。

自兼机要组主任，黄浚仍为文牍组主任。

撰《丁文江小传》。

用蒋名函复 Blomberg。

**十一月四日　星期三**

Dr. H. Sternberg（Deutsche Stickstoff-Handels Gesellschaft Kranch & Co. 261 四川路，上海）来谈，拟与广东建设厅合办錏硫酸厂，每日出 $NH_3$ 三万五千吨，资本中 51%，德 49%，问中央允许否。又询谢树英事。

高宗武来谈，自杨畅卿案发后，张岳军消极，日本人谓彼无力得结论，盼能赴洛见蒋。余允电何廉陈询。

电蒋，告西藏抗班禅带内地兵入藏，意极坚决。

电蒋，告刘镇华神经大受影响，急须有得力人员接代。

**十一月五日　星期四**

决于呈文内称"前临时执政段祺瑞"。

与叶楚伧面商，拟于星期日在沪见林主席，面商发勋章事。

接见广东钢铁厂筹委陈壁［仲璧］及建厅技正何致虔，谈广东钢铁厂事。

晚宴阿王明珠及刘恢先。

刘瑞恒案拟由司法院派人研究及保留给勋章，电呈蒋。

**十一月六日　星期五**

至飞机场，送李赞侯、钱乙藜赴洛阳。

须磨弥吉郎、清水董三来见，谈中日外交，盼中国外交当局有勇气解决。

至金陵大学农学经济系,讲《事实的认识》。

行政院电宋哲元,令将航空及经济全部文件呈院。

马叔平言,冀察政委会非正式之常委会为宋明轩、李思浩、章士钊、贾德耀、秦德纯。

**十一月七日　星期六**

苏俄国庆纪念,往苏俄大使馆。

请任叔永、吴景超夫妇来家晚餐。

商震电告:拟派刘燧昌、徐继庄、杜扶东为中原煤矿公司官股董事,王幼侨、邓荣光为监察。电复赞成,并电告孙越崎。

**十一月八日　星期日**

马受之夫妇来家。

李赞侯到京,住安乐酒店,见余及张外长。

程中石来谈,拟复电致 Durrer。

李赞侯言:在洛阳蒋面告宋明轩,对日态度宜和婉,但关于主权、国土,务必秉承中央,不可放弃,万一必须作战,不论有无协定,中央决不放弃责任,使宋独当其冲!

**十一月九日　星期一**

李赞侯、吴达诠来我家谈话。又陪李赞侯见张岳军。

T. P. Colclough 送阅 *Memorandum on Manufacture of Steel in China*。

见林主席,面商授给勋章事。

广东钢铁厂合约订立于廿五年四月廿八日,广东省政府代表钢铁厂筹委何启澧、区芳浦、胡继贤、李禄超、陈树人,英国百利实公司代表 K. Lund 签名,英国总领事及市立银行行长陈仲璧见证。

**十一月十日　星期二**

行政院第 287 次会议。(一)议定勋章案;(二)建仓储谷;(三)顾问林百克解职。

**十一月十一日　星期三**

姚琮(味辛)来谈段祺瑞国葬委员之人选,电蒋请示。

律鸿起来谈时局。

电蒋,请派大员筹洽广西经济。

电蒋,请许中央及广东钢铁厂二者并存,但(一)设一全国钢铁厂监督委员会;(二)各厂出品不同,不许跌价摧残。

函胡肖堂、黄海平,辞地理学会会长,并言会章修正应征求全体会员之意见。

**十一月十二日　星期四**

接见克兰、齐焌。

**十一月十三日　星期五**

接见 K. Lund、Colclough、韩大载(诺那秘书长)、王履堦(刘镇华)、林君立、周作民、成济安、秦景阳。

晚宴陈仲璧(广东实业银行行长)、何致虔(广东建设厅技正)。

科学社理事会开会。

**十一月十四日　星期六**

蒋交行政院临时办公组织。电蒋,拟编二十五年行政总报告。

外交部会谈对日会谈记录:(一)"防共"问题因双方意见未能一致,从长计议;(二)冀察我方求行政完整,务希日方注意考虑;(三)北方中日经济合作之原则,在冀察二省试办,有必要时中央政府酌量令行邻省之主管机关,妥商办理;(四)中国自动调整关税。(五)三月后雇用日本技术专员;(六)中国交通部与日本递信省订立通航合同,签字后六个月实行。中国外交部函日本大使,答以在此时期须有关航空问题解决后□可实行。

本年全国棉产估计(中华棉业统计会)

| | | |
|---|---|---|
| 棉田 | 345,862,422 公亩 | 即 51,879,000 市亩 |
| | | 56,292,712 旧亩 |
| 皮棉 | 18,468,644 公担 | 即 16,937,000 市担 |
| | | 14,439,291 旧担 |
| 废田 | 542,130 公亩 | 即 81000 市亩 |

南洋华侨人数:菲列宾 110,000 人,马来亚 1,709,000 人,东印度 1,232,000 人,暹罗 2,500,000 人,北婆罗洲 75,000 人,越南 381,000 人,缅甸 193,000 人,共计 6,200,000 人。

**十一月十五日　星期日**

教育部晚餐。王雪艇劝招请蔡孑民、叶楚伧等午餐,报告中日交涉拟有正式纪录之情形。余以为应对张岳军忠告,如有必要,请彼向党部诸人报告。

本日高宗武飞往洛阳。

**十一月十六日　星期一**

余与王雪艇同往外交部,见张岳军。余告以:所拟纪录如果发表,必使华北各省认为中央放弃,更为独立,而一般人心大失所望,使中央极端为难。如不妥协,日本亦未必有何更坏举动。岳军言:实因前日何应钦提出华北五省六项目在先,彼已改善许多云云。

余于下午电蒋,切劝华北问题最为重要,不可匆遽议定。

电上海徐新六转胡适之:返国后极盼面谈。

十一月十七日 星期二

行政院288次会议。(一)电宋哲元,派人来京,说明经济协定;(二)交内、财、实、赈审查各省赈案;(三)段芝泉国葬委员送中执会,并请定费数;(四)汇编法规。

中央博物院建委会开会,审定电气、卫生等工程标字。

蒋往太原。

何淬廉返京。

十一月十八日 星期三

与钱乙藜面洽:(一)钢铁厂筹委会办事及接洽方法;(二)德国专家津贴及旅费办法;(三)与克兰面洽各事,并交彭县铜矿报告及德货来华提单。

在资源委员会议定合资开发禹县煤矿办法大纲,许禹路线及处置旧矿权办法。

赵允义、李正乐、祁志厚来询政府应付绥远事变办法。

十一月十九日 星期四

蒋返洛阳。曾往济南一行,当日返洛。

德王通电讨伐绥远。

宴请各部长,面谈行政院后方临时联合办公处组织纲要。

见陈仲璧、何致虔,谈广东钢铁厂事。

接见Mr. Hall Patch(英大使馆财政顾问,霍伯器),言农民银行钞纸过额,甚为危险。

通令各部会、各省市编选廿五年度行政总报告。

十一月二十日 星期五

接见张圣奘(拟修清史)、黄伯度(驻日大使馆参赞)。

外交部茶会。晚餐见瑞典公使Hultor[Hultman]。

十一月二十一日　星期六

与张锐商编印行政法规办法。

Blackburn 偕同 McMirlan 代表来谈,市政府自来水建设招标不取最低格,而取大中。评价委员会主席张剑鸣有多事,可询 Paul Low。

晚餐宴请张翼后全家、金公弢、宾质夫。

王克敏(叔鲁):十一月九日和知、青田皆反对彼,但近又恭维。航空:(一)天津、锦州、承德;(二)天津、大连、长春、哈尔滨;(三)北平、包头;(四)北平、石庄、太原;(五)天津、洛南、青岛。殷汝耕已与宋哲元联合。

十一月二十二日　星期日

张星联来谈胡徵若事。余告以:徵若初函允辞去稽核总所会计科长职,至命令发表,始言停薪留职。余请示于孔,孔复函:应专任院职,辞去所事。故此时并非余故意为难,实以彼所言先后不符耳。彼应即辞去所职,专任院事,或正式呈院,说明暂任三个月,否则余甚为难矣。

十一月二十三日　星期一

请克兰至院,切询日德协约事,嘱其电问。电陈蒋。

蒋廷黻电:外交部李维诺夫言,德日协约确有其事。

十一月二十四日　星期二

行政院第 289 次会议。(一)各省不放其粮出境;(二)京赣铁路公债一千五百万元;(三)对于冀察所订航空及经济协定,要将各部审查意见电告。

蒋电:适当办法挽救德日协定。

蒋电:日派兵占吴淞。外交照会,责其占吴淞,与上海停战协定不符，恐引起二国正式战争。

蒋电令研究□□及经济三年计划。

**十一月二十五日　星期三**

接见 *Christian Science Moniter* 记者 William H. Chamberlin，谈中日关系，告以中国一部份人鉴于□□□前车之覆，美人只表同情，实无法实行□，徒以亡国，故极审慎考虑，意欲使其□□□。

蒋电张岳军：准备对日宣言。在外交部议定，呈请国府□命各省对外协商及合资条款。

克兰抵柏林□□电：日、德、义协商思想及文化合作，“抵抗共产”，不涉及政治及军事。电报蒋、孔。

电蒋：宜在欧美各国努力。又电话催朱骝先往德，张彭春往英，胡适之联络英美。

国军攻下百灵庙。

**十一月二十六日　星期四**

接见阎锡山代表李鸿文，言阎要款：（一）国防公债一千万元，每月军费二百万元；另加一百二十万元，又加临时费六百万元。电蒋，请设法。

至惠龙饭店，与 Audinet 午餐。

王雪艇来谈时局问题。

廿五日《德日防共协定》：（一）对于共产之活动互通报，及必要“防卫措置”且紧密协力；（二）对于第三国防御，并劝请加入本协定；（三）有效期五年。日本大使武者小路、德国大使里宾特罗夫。《附属议定书》：甲，情报□发“防御之措置”应紧密协力。乙，对服务共产之官宪，在现行法内采严格之措置。丙，常设委员会为

"防遏"共产必要之"防御措置"□□及协议。日外务省□□五日末言,防卫第三国际务希多数国家协办,背后当然无何特殊协定,并无其外目的形成何项特殊国际集团或参加之意图,并不以苏联或其他特定国为目标。

**十一月二十七日　星期五**

日本关东军及"满洲国"宣言,中国因绥远事如侵及"满洲"权益时,必当抵抗。蒙古同时与日"满"利益相符,中国军队见有转助共产之嫌。

**十一月二十八日　星期六**

中国外交部发言人:绥远事因侵及中国领土,中国自当尽力防守。中国自力"剿共",定能成功,不必加入他国。

克兰送阅 Blomberg 来电:德日协约并不侵实他国,中德友谊及互信互助之事始终如一,不受影响。

**十一月二十九日　星期日**

将柏龙白来电报告蒋、孔。

**十一月三十日　星期一**

蒋寄来《非常时期之政治工作及民众训练组织》。

蒋电复:应有人在国外联络工作。

县市行政讲习所开学,代蒋训话。

电复叶琢堂:明年一、二、三三月,资源会每月能交钨砂二百吨、锑二百吨、锡五十吨,亦可按月续交如各数。

**十二月一日　星期二**

行政院第290次会议。(一)军政部发给废金属转运许可证规则;(二)财政部设立惠民、乐陵、德县三卡,并准用武力缉私;(三)福建省会自来水公债九十万元;(四)朱家骅为浙省主席,黄绍竑为鄂省主席，陈诚为军政部常务次长。

**十二月二日　星期三**

夜车【赴】沪。见□□□、□□□、胡适之、张菊生、李□可、王云山、沈昆三、徐新六、蒋而坚、蒋□芝、张咏霓、贝安澜、樊泽涪。

**十二月三日　星期四**

返京。

李仪祉来谈：（一）西北经济开发，拟修铁路自咸阳经庆阳，至金积，过黄河；一支经宁夏至包头，一支向西，往凉、甘、肃州。（二）经济委员会无人负责。

导淮委员会骆美奂来谈，导淮所得可耕之田，旧黄河约百万亩，高邮宝应湖约百万亩，洪泽湖约百万亩，射阳湖约五十万亩，旧黄河口至射阳河沿海约五十万亩。□□□□江苏省政府拟垦。

黄郛病危，至上海。

张群会见川越。

报载《独立评论》被禁出版。

**十二月四日　星期五**

王檄（调甫）来谈川康探油事，明年四月开工。

实业【部】国货联合营业公司筹委会成立会。

贺耀组（贵岩）来谈与宋哲元接洽：（一）请其指导故宫博物院；（二）各部在平房屋拨归冀察政委会。

**十二月五日　星期六**

行政院电令冀察政务委员会：（一）转饬遵照国府训令，各省市与外人协商及合资规条，非得中央核准不能生效。（二）中外合资要义八项，仰切实遵照。（三）惠通公司章程交通部正在详核。

据报尚有协定,如属实,祈陈报。

胡适之来谈。魏伯桢、贺耀组来谈。贺谈,拟允宋哲元指导故宫博物院及接收各部在平房屋。

经委会审议委员会开会,议决水利机关查有支出款项为数过巨,过时甚久不报者,应由会限期陈报,如再迟延,应停发应支经费。工程如有影响,由该机关自行负责。并说明审议会议决案,请呈报常务委员会。

**十二月六日**[①] **星期日**

**十二月七日　星期一**

胡适之面谈:1921年前日本在远东事实上独霸。1921—1931【年】间,华会条约公认日本独霸,但日本遵守公约,并不为害。1931【年】九一八以后,日本又为事实上独霸,因而各国皆惊。新加坡建军港,美海军调太平洋之正在相持不下之中。如英美各国外交态度不坚决,则势必一战,如外交态度坚,尚可纳于轨物,重建和平。

**十二月八日　星期二**

行政院第291次会议。(一)导淮船舶[闸]使用费规则;(二)□河、额二旗专员规则;(三)宝道解聘;(四)整理江湖沿岸农田水利办法;(五)各部平津房屋空废无用者,可借予冀察政委会使用;(六)请国府下令褒恤黄郛。

陈延炯、李光启来谈六河沟煤矿事。

党政军体育促进会在中央大学开会。

① 本日无记。

**十二月九日[1] 星期三**

**十二月十日 星期四**

电蒋,陈商明年各省行政要纲:(一)维持治安;(二)财务行政;(三)土地行政;(四)建设工作;(五)粮食仓库。

电蒋,报告行政专员审查办法。

徐堪、邹琳、曾养甫、孙绳武来见。

**十二月十一日 星期五**

电蒋,为行政院简任人员考绩事。

电蒋、孔,询问积存汽油财政部保税办法,请令经委会与财政部速为商定。

蒋电:实业次长程天固或徐青甫、曾养甫,铁部次长可派袁□□。

接见杨孝伟(甘肃代表)、梁次楣(山西代表)、杨公兆、王调甫、安特生等。

**十二月十二日 星期六**

张学良劫蒋扣留,并通电全国,主张不分党派联合救国。

半夜,中常委及政委会联席会议决定:(一)行政院副院长代理院长;(二)军委会议副委员长与常委相合作,新举程潜、何应钦、陈绍宽、李烈钧、唐生智为常委,原有一人为白崇禧。

**十二月十三日 星期日**

孔庸之偕蒋夫人到京。行政院开特别会议。

**十二月十四日 星期一**

黄绍竑辞鄂省政府主席,予往慰留。

---

① 本日无记。

樊崧甫电:中央军进至华阴,冯钦哉允不出动。商震电请由陇海路及紫荆关、龙驹寨二路进兵。

端纳抵西安。

孔电全国:政务照常进行,全国务须一致。

**十二月十五日 星期二**

行政院第292次会议。(一)成都案解决办法;(二)全国钢铁厂监督委员会组织大纲;(三)驻波兰公使张歆海免职,并议决浙省政府委员及厅长各职。又议决:A.外交本既定方针继续办理;B.绥远及其他各处"剿匪"工作仍切实进行。接见王印川、王[黄]绍竑、孙绳武。

张群、王[黄]绍竑皆谈中央意见分裂甚深。昨日,戴季陶至对孔下跪叩首,表示责备之意。

院会又定:除星期二外,每日下午四时,各部长皆往孔公馆会谈。又拟请林主席召集院长及常委会议。

傅孟真谈,苏俄决不愿死蒋,俾中国不糜烂,英美亦可协助。

**十二月十六日 星期三**

中央党部开会决定,国府下令讨伐张学良,何应钦为总司令。

端纳昨日返洛,今日复入陕陪蒋。Elder拟来京。

派周□□往陇海路□情报。

蒋廷黻电外部:李维诺夫称赞中国对日不屈及绥远作战能力,但对小张捉蒋事爱莫能助。

孔电阎,说张释蒋。

□□□国府下令讨伐。沧桑之变,其速如此。

行政院各部长不必每日见面,但星期五下午谈话会照常举行。

**十二月十七日　星期四**

《中央日报》社论《论我们的十字军》内有：一路言，西路。

苏大使见孔。

津浦路电报告，蒋鼎文已自西安出至潼关。

刘□□来谈，广州钢铁厂拟商十年付款，委员为刘、何致虔。又于宋子良或顾翊群中选用一人，□□管理事宜，防内地走私。

**十二月十八日　星期五**

孔至行政院，接见美国大使及英国大使。英大使言，英愿收留张学良，使西安事件可以妥速解决。

何应钦函请交通部定西安电报取得办法。凡□□何部长及阎主任者，皆不准转送孔。往见何，认为不合。

蒋鼎文携蒋手函致何（□□□□）、张学良函致宋子文来京。

蒋廷黻来电：苏俄是否暗与张学良接洽不能无疑。即将来电送孔。

阎锡山派赵戴文、徐永昌往西安，见蒋、张。

广西李、白、黄等通电反对张学良，主张抗日。

**十二月十九日　星期六**

宋子文往洛阳，黄季宽往太原。

苏俄大使馆送备忘录于外交部，说明苏俄政府与张学良并无任何关系。电告蒋廷黻。

Blomberg 电慰蒋夫人，由孔代电复，并言中德关系不受其他事实影响，中国重视。

令发各省市购用飞机办法（与军委会会令）。

十九日张学良、杨虎城电：组织抗日援绥军第一军团，委孙蔚如为军团长，王以哲为副军团长，马占山为骑兵集团军总指挥，郭希鹏为第一军团骑兵指挥官，何宏远为炮兵指挥官。

十二月二十日　星期日

往童家巷十七号邵元冲(翼如)宅吊丧。据报,邵于本月十三日在西安因伤而死。

郑天锡、李济之起身赴欧。燕娟返沪。

焦易堂、周望英(俊卿)往陕西游说军人返正。周偕李荫山来谈,嘱徐景薇访焦易堂面谈。

张学良顾问美国人 James Elder 来京,后闻住惠龙饭店,但不知所言为何。

宋子文自洛阳至西安。

十二月二十一日　星期一

孔到院,行政工作应照常进行。派金华、宓贤弼参加电报检查工作,陈克文、罗理每日往孔宅接洽公务。

蒋卓超(定远)来谈:宋哲元请裴怀梦在西安接洽,万福麟部下黄显声见张学良。高怀冰来谈:张学良部下孙铭久、宋梨[黎]等有力。

闻宋子文曾与蒋单独谈话。

发周望英(俊卿)往陕旅费八百元,孙绳武往宁夏旅费一千元。

访徐荷君于中央饭店。

派徐象枢、端木恺、岑德彰、吴景超、郑道儒组织考绩委员会。

十二月二十二日　星期二

行政院第293次会议。(一)友邦人员勋章;(二)修正印花税法,招商局亦出税;(三)农征工服役成绩考核办法;(四)工商同业公会原则及草案;(五)陕西各区在事变期间由行政专员径行秉承本院办理。

沙赫脱电孔慰蒋,孔电复谢。

□□□□张学良或可谈，杨虎城极不可信。

宋子文偕蒋夫人往西安。又闻蒋鼎文□□。

晚宴易铭□、周子竞、徐在君、林志可、竹垚生等。

令各部会署依法办理考绩。

**十二月二十三日　星期三**

孔在院接见英、意、日、德大使。见日大使时，由周隆庠任翻译。孔电张学良请近往人返京。

接见 Leihung（美孚远东公司工程顾问，上海虹口路170号）、翁德銮（汉冶萍公司大冶工程股长）、徐韦曼、唐□□。

至中央广播电台，讲《□□国家与保护国家》。

宋哲元、韩复榘通电，应开会议解决政局（漾电），闻出【自】日本人要求。

**十二月二十四日　星期四**

孔请午宴。王伯群言，政治解决宜与讨逆分为二事；张季鸾言，西安所定办法不能有效，中央讨逆兵宜早进；吴稚晖言，党之组织宜紧。

戴笠曾于廿二日随宋子文往西安，今日来电，谓事有成望。

黄绍竑电：张学良、杨虎城电阎锡山，言宋子文、蒋铭三到陕，谈改组政府问题。阎感不易答复。傅宜生明日可往西安。

傅孟真言，如中央当局再无办法□□或有相应改组。

孔在院接见□□大使求□装。

周寄梅言，美国人拟以 Houghton 为 P. U. M. C. 院长三年。

蒋鼎文自西安至洛阳，请中央军停止攻击。

**十二月二十五日　星期五**

孔在院接见何成浚、朱经农。

朱玉屏谈工作计划。

下午,蒋偕宋子文等,自西安还至洛阳。闻张学良亦同出来。

谢蘅窗偕徐同龢来谈中福矿与淮南矿合作事。

**十二月二十六日　星期六**

须磨清水至行政院庆贺蒋安返京。须磨言,蒋不宜辞职,中国政府不必改组,行政院人选不必更改。

蒋于十二时到京。张学良于二时半到京,闻与宋子文偕来。

蒋于下午五时召孙、居、戴院长、冯副委员长及各部长二十余人谈话,言:(一)张学良等要求四条应由中央开全会议定;(二)彼请辞职;(三)张、杨部下无罪。张、杨为长官,应负责,但蒋为长官,教导不良,尤应负责。冯、孙主对张须依法严办。张学良有亲笔函认罪,请处分。

张翼后宅,与陈果夫、徐同龢讨论淮南、大通二矿运销合作方法。

**十二月二十七日　星期日**

游汤山森林公园。

周孝伯自潼关归来,面谈:(一)东北军中王以哲最激烈;(二)毛泽东有于廿六日至西安之说;(三)杨虎城仍不可靠,何钦哉坚守原防,不肯攻潼;(四)张钫颇活动。

孔派鲁白纯(佩璋)秘书及李青选(毓万)参事来商,拟辞代理行政院长名义。

**十二月二十八日　星期一**

孔辞代理行政院长职,自本日起院发公文用蒋名义。

见萧振瀛(仙阁)。彼言,彼为抗日之大将,亦曾为著名之汉奸!

须磨来谈，询中国抗日方针是否变更，行政院人是否更动，英、意等是否愿保张学良安全。

克兰：中国货物（尤其是钨砂）定价太贵。

**十二月二十九日　星期二**

行政院第294次会议。（一）勋章【章】程；（二）财政部维持中国通商、中国实业及四明三行办法；（三）铁道部整理津浦债务。

单独见蒋。（一）蒋言，行政院人选并不更动；（二）黄季宽应速赴鄂任；（三）实次应以程天固为宜；（四）钢铁厂事进行甚好；（五）谈及张伯苓及胡适之；（六）易书竹可接见，何键数日后可来见。

孔接见川越。

徐美峰代表姚锡舟、袁克桓送来礼物四种。

中央党部开会。（一）对蒋辞行政院长及军委会委员长职，一致慰留；（二）张学良交军委会依法办理。

**十二月三十日　星期三**

国民政府授勋典礼。

孔面定：在蒋请假期内，行政院发文用“行政院长蒋中正假，孔祥熙代”。

见蒋，言：吴达诠北行时可顺道访宋明轩、韩向方，谢慰问。

钱乙藜来谈建设重工业经费分配事。

**十二月三十一日　星期四**

蒋方震（百里）来谈：俄国共产党原取（一）阶级斗争，（二）国际主义；法西斯则以合作方法为经济基础，全国一致以对外；今中国共产党乃先倡全国一致对外（抗日），实易取得人心。

办理发勋章公文。

代孔宴请西安事变蒙难及各省来京代表。

# 民国二十六年　1937年

**一月一日　星期五**

国民政府民国纪念日大会，主席林子超讲勤俭。行政院团拜，余讲一年之计在于春，国民政府之工作，亦正在此数年格外努力。

高曙青、郑阆昭来谈福建教育厅长事，盼仍用林主席所荐之李贻燕，而不用陈公洽所举之郑通和。

军事委员会审判官李烈钧、朱培德、鹿钟麟，判决张学良徒刑十年、褫夺公权五年。蒋介石呈请国民政府主席特赦。

刘文岛艳电蒋：(一)英意协定将发表；(二)齐亚诺盼中国与日本和解，俾中国能专力内政；(三)请蒋径电墨索里尼及齐亚诺，谢年并致谢。余电发刘，请代蒋贺新年，并祝两国交谊更进。作函交外交部张岳军部长。

京沪特快开始实行，上午八时自沪开，午十二时四十八时[分]到京。从前须七小时，兹则缩短为四小时四十八分。

**一月二日　星期六**

接见吴翔甫、林子琴、周勤百、竺藕舫、胡刚复、周其勋、岑有常、吴景超、马受之等。孙恭度来，未遇。林和成来，亦未遇。林赠《实用工商统计》、《战时财政金融讨论大纲》。

与吴景超夫妇同游燕子矶。自家至矶，汽车行半小时。在矶附近不准照相，如携有镜者，须预交警察暂存。与景超谈经济计画。

为工程师学会广西考察团报告作序，内申二义：（一）应以国家为本位；（二）应勿浪费钱财，勤俭并进。

蒋往奉化溪口。英、意成立地中海君子协定。

**一月三日　星期日**

中福煤矿惠炳镐来谈。

地质调查所公务员考绩。

**一月四日　星期一**

闻军委会讯问张学良时，张言：（一）不知蒋将彼信公布，如先知则不如此写；（二）赞佩蒋，但反对南京政府；（三）并指明何应钦、张群、吴达诠、张公权、杨永泰、陈仪、熊式辉七人为亲日份子。

**一月五日　星期二**

行政院第295次会，蒋作宾作主席。（一）顾祝同为西安行营主任，管陕、甘、宁、青四省军务，杨虎城（西安绥靖主任）、于学忠（甘肃省主席、第五十一军长）撤职留任，邵力子辞陕主席照准，孙蔚如继，朱绍良辞驻甘绥靖主任，王树常继。又，何应钦报告，张学良交军委会严加管束，拟绝其会客及通讯之自由，冯钦哉为第十七路军总指挥，中央军驻沿陇海路，东北军回驻西安事变前之原驻地。军政部分设机关，分给西北各军军饷。

地质调查所举行在君逝世纪念会，余讲丁之史略，尹赞勋讲整理遗著情形。

在端木恺家，与刘静远谈陕西及东北军近时情形。杨虎城及王以哲为左倾领袖，缪剑秋能对少张说话。余主不分左右，共同拥护统一。

**一月六日　星期三**

接见克兰、谢树英、刘哲。英大使馆参事贺武谈京市府自来水招标办理不公；又谈中国应付日本近状甚佳；英大使拟将赴粤一行。

函宋明轩、秦绍文，介绍高惜冰往谈整理东北大学，以臧启芳代行校长。

何敬之31/12日来函：已收到德国运来二公分高射炮十二门，二公分战车炮六十门，三七高射机关枪六门，七九重机关枪弹五百万粒，七九钢心弹二千三百万粒，三七平射炮弹十四万二千颗，二公分高射炮弹三万六千颗，探照灯九架，听音机六架，钢盔九万五千顶。又称，按照顾振等所订条件，对于付款有下列三条：（一）订货时付货价百分之三十；（二）装船时付货价百分之四十；（三）上海交货后付货价百分之三十。

**一月七日　星期四**

专科以上学校毕业生受业训导班常委会会议。

孙越崎来谈，元旦修武县人受办理军训者吴姓之鼓动，聚集多人，拟至李河矿厂强硬呼吁，即有无理攻击中福煤矿之口号，幸赶紧布置，并得第四十军庞军长协助，将吴姓押离焦作，始得无事。

**一月八日　星期五**

熊天翼来谈，经济建设应急进行，约定邀集数人共同计画。

德使陶德曼来，托用飞机运西安德侨南来，何应钦允照办。

王芃生谈，如西北有战事，恐华北五省组织"防共政府"。余以为，中央必须力求统一，不可有非必要之顾虑。

行政院电催孙蔚如：速就陕省政府主席职。

**一月九日　星期六**

顾湛然函送杨毅函，愿办钢铁厂事，函送钱乙藜。

电请李仪祉同意为行政院参事。

将宋哲元电请杨虎城、于学忠遵照中央命令、办理陕省善后事发表新闻。

派黎琬、周孝伯探访消息。

**一月十日　星期日**

何应钦鱼亥电于学忠:东北军第一步开驻甘肃境内,第二步再酌调他处亦可。

于学忠庚甲复何应钦:感谢优容,张学良尚留首都,不无疑虑,潼关、华县军队(中央军)请停止西进,俾便劝告。

何应钦佳午致于学忠:请各袍泽即日通电,绝对服从中央。张汉卿在京甚安。今日作手函交王化一、吴瀚涛飞西安,宣示中央意旨,并盼柱国、宪章、芳波有一人能来京面商。

**行政院预算**

| | 廿五年度(元) | 廿六年度(元) |
|---|---|---|
| 俸给 | 823140 | 825240 |
| 办公费 | 119560 | 132160 |
| 购置费 | 15600 | 15600 |
| 特别费 | 102000 | 89400 |
| 共计 | 1060300 | 1062400(略多升,因有蒙古顾问由国务预算支) |
| 机密费 | 120000 | 120000 |

**一月十一日　星期一**

电蒋:行政官吏惰废因循,经济机关浪费散漫,缺乏系统,为知识分子所不满,即是政治危机,应从速彻底整理,宜于休假之时预为实行之计,拟于十四日至甬晋谒,面陈所见。

在经委会见荷兰测量顾问施慕豪(W. Schermerhorn)。此君为航空测量专家,中国聘用一月。

至卫生署,讲《我们在职业上的义务》:(一)负责的精神;(二)纯正的态度;(三)求进步的思想;(四)对于国家的贡献。

接见靳树梁、王之玺(钢铁厂)、杜殿英、汤元吉、张桂耕(钨铁厂)、寿景伟(中央银行)、孙越崎。

**一月十二日　星期二**

行政院第 296 次会议,孔主席。(一)陕西各区在省政未复常态及经本院令知前,仍归本院直辖,更动县长应由内政部核准;(二)再由院电青岛沈鸿烈嘉奖(因对日交涉及保护党部);(三)修正【取缔】棉花搀水章程。

接见韩英、钟相毓。

晚,与何淬廉会宴张公权、吴达诠、钱乙藜、熊天翼、吴景超,会谈经济建设之必要。

**一月十三日　星期三**

早车至沪,见张咏霓、徐新六。乘宁绍轮赴甬。

徐新六言,张学良今晨往甬见蒋。又闻宋子文昨日亦往。

**一月十四日　星期四**

至甬,见陈。嗣见蒋,谈:(一)政府应宣布重要方针;(二)应扩大经济建设,并有一定组织;(三)行政整理方法,设立行政整理委员会及专员训练所。又谈及:(一)国民经建委会一百万元应照发,但先有计画后支款;(二)中福合办福公司赠股等,中央又盼福公司借款,监修清孟铁路。蒋言:对专科以上受业训练班,应使明知:(一)政事;(二)对人勿卑鄙,勿傲慢;(三)对物又应知组织整理、修理。

见刘茂恩,豫皖边区"剿匪"司令(字书霖,河南人)。

闻张学良至溪口后尚未得见蒋。蒋曾函杨虎城,提东北军处置甲乙二案,其中皆主中央军应进至宝鸡。

**一月十五日　星期五**

至石塘,视察坟墓。

夏宗汉来谈,新任鄞奉烟酒税局长。

起草《国事研究会组织规程》及《研究员待遇纲要》。

**一月十六日　星期六**

至溪口见蒋,谈:(一)钢铁厂主持人选;(二)行政院考绩;(三)国事研究会规程草案。蒋言:此会由行政院组织,在三全会前进【行】。又言与公权、达诠等商拟经济计画。又言,对专科以上受业学生训言中,应加服务,庶以利人为目的。青年人应做实事,不宜骤作大官。

乘新宁绍轮赴沪,船中遇驻日武官章鸿春(伯东)、冀察政委会驻沪处长李光汉(广安)。

**一月十七日　星期日**

至沪,住沧州【饭店】。见徐新六、竹垚生、杨琦山、陈陶遗、汪精卫、蒋百里、曾仲鸣。

**一月十八日　星期一**

回京。

与孙越崎商谈中福董事部开会事。

**一月十九日　星期二**

行政院第297次会议。(一)应设权限争执评定委员会;(二)粤湘鄂赣特产展览减免税运各费办法;(三)国货联合营业公司章程;(四)西康卫生院计画大纲。

接见须磨清水、沈鸿烈、何熙曾、周树声、钱乙藜、薛岫青(冯钦哉代表)。

电蒋:(一)询杨、于、孙铣电遵令就职电应否发表;(二)刘湘、李宗仁、白崇禧删电,请中央军队退出陕西;(三)须磨谈话情形。

**一月二十日[①] 星期三**

**一月二十一日 星期四**

本日,苏联国会(Congress of Soviet Union)全体通过新宪法,各尽所能,各取其工作所得,不做工不得食。每一民国添设粮食、轻工业、木业等委员会。最高机关为 Supreme Council。

**一月二十二日 星期五**

中福董事会议,出席:中原公司董事胡石青、杜扶东,福公司董事贝安澜、毕司克;列席:孙越崎、周树声、樊泽培、孟信之。议决:(一)《联合办事处组织章程》;(二)《职员待遇章程》;(三)《储蓄会章程》;(四)董事会预算每年六万六千元;(五)报告派孙越崎为总经理,贝安澜为总代表;(六)孙越崎报告上年营业及本年工作计画;(七)红利分配原则,提存工程准备款二十万元,追认已付修、博二县公益十万元。又,职员分红十万元,专员在内。

宋哲元请假一月,绥靖主任由秦德纯代拆代行,廿九军由张自忠代拆代行,冯治安助理之。电蒋请示。

**一月二十三日 星期六**

行政院及各部会署在国际联欢社茶会欢迎汪精卫。

余晚宴军委会(朱益之、吴立凡)、铁道部(张公权、陈文清)、实业部(吴达诠、周寄梅)诸仝人,说明中福事业大概情形。

孔庸之谈话,表示行政院主官或须全体辞职。又,彼拟辞财政

① 本日无记。

部长。

张岳军说明对日方针,拟取消冀东、察北非常态状,停止日本在华自由航空等事,但各经济合作等能否答允,颇费考虑。

行政院电复宋哲元:养电诵悉,至深系念,惟盼早日康复,照常任事,共济时艰。

**一月二十四日 星期日**

技术合作委员会开会。

在[与]何淬廉宴请熊天翼、吴达诠、张公权、卢作孚等,讨论经济事业之组织。吴拟于军委会内设经济署,连系其他各部会。

**一月二十五日 星期一**

呈军委会,报告中福董事部开会情形(即廿二日之会)。

函中福经理部,告知派孙越崎为总经理,贝安澜为总代表,各给薪水八百元、公费一千二百元(后改为月薪一千元,公费孙一千元,贝一千六百元)。

**一月二十六日 星期二**

行政院第298次会议。(一)广东洋米进口税半价,记帐一百万市担,粤汉路每日一列车运湘米,招商局拨专船运皖米,财、实二部派员查察;(二)浙赣路换重轨借款合同;(三)京滇公路周览会四月五日起身;(四)通过行政院秘书温良、张元群,科长谭文启免职及工作,改任朱大昌、徐家齐为科长,孙希文、关德懋为秘书;(五)《中央医院章程》。

张岳军谈,宇垣闻蒋西安脱险,曾亲至中国大使馆道贺。又,张就外长职时,彼曾电贺,故宇卫[垣]组阁不至对我太凶。孔长谈彼之政治见解。蒋廷黻派耿秘书携函来。

沈昌来见。

**一月二十七日　星期三**

耿济之(匡)来见,函介往见陈布雷,携蒋廷黻函送蒋介石。

接见胡石青、杜扶东,谈王孝绪请复得中原股份,军委会不能照准。

拟令复河南省政府,中原董事会预算大致尚适当,但兼任中福董事者可不另支公费(原拟董事每月一百元),董事长、副董事长、常任董事每月加支一佰元(原拟加支三百元及二百六十元),余照准。

汪精卫嘱邀张公权、吴达诠、何淬廉、彭浩徐及余于星期五上午共谈经济计画。蒋亲笔函嘱:速拟办法,三中全会后颁发。

沈鸿烈来见。

克兰偕列蒲山(Lebsanft)上校来谈。列为德国军官之精于国防经济设计者。电告蒋。

**一月二十八日　星期四**

孙越崎赴汉口。

谢家荣,与谈组织矿产测勘室,拟具组织大纲。

函杜扶东,请代核中福董事部平常文件,派韩……为办事员,并送董密电码。

与程中石面谈马鞍山钢铁厂问题。

傅沐波(汝霖)来谈,扬子江水利委员会应增加经费。

德大使晚宴Emder军舰人员。

**一月二十九日　星期五**

汪精卫宅(颐和路34),商谈经济计画,到者:何淬廉、彭浩徐、吴达诠、张公权,推何君重为起草。

专科以上学校毕业生就业训导班常委开会,乘便与王雪艇谈中国学院及日庚款事。

胡石青、王幼侨来谈。函朱骝先,介王往见,商英庚款事。

见颜俊人。颜怪塘沽协定、何梅协定不好,且未公布,北方以为中央不要华北。言之未免过份。

**一月三十日 星期六**

专科以上毕业学生训导班受训期满典礼,余代蒋致训词,蒋、何、王三部长致词。何颇訾评陕甘二省之扰乱国防。

偕谢季骅、黄汲清见钱乙藜,商定矿产测勘室办法,经费每年十万元。

夜车赴沪。

**一月三十一日 星期日**

在沪,见张咏霓、叶琢堂、范旭东、孙颖川、谢蘅窗、徐新六、Kirkpatrick 等。

夜车返京。

**二月一日 星期一**

返京。

令黄浚无庸在第五组办事,关德懋在第六组办事。

接见专科以上毕业生到院办事者六人。

接见水梓、高文蔚。

请谢季华、黄汲清、侯光炯、周赞衡、金公弢、尹建猷、计晓清在家晚餐。

**二月二日 星期二**

行政院第299次会议。(一)《首都警察厅章程》;(二)永利公司债用途;(三)《行政司法权限争议评定委员会规程》。

往历史语言研究所看商周青铜器,内有文字,又秦始皇铜衡。

与傅孟真谈话,议定请傅孟真、陶孟和、胡适之、赵元任、何淬廉、周更[鲠]生暂任杨铨纪念奖金论文审查委员。

请 Klein、Lebsanft、Preu、程中石、齐焌在家晚餐。

**二月三日　星期三**

陕西张、杨军队开始撤退。

起草致资委会函,设立矿产测勘室,预算每年十万三千元,谢家荣为主任。起草告中福经理部同人书,派樊泽培为中福董事部秘书。

柳州南坡度□%,平汉南段坡度□%,平绥关沟3%;粤汉现有机车108辆,其中85辆在修理中。

Dr. H. Sternberg(Deutsche Stickstoff-Handels Gesellschaft Krauch & Co. 261,四川路,上海爱礼司洋行史腾博)来谈,广东拟设硫酸铔厂。又言,可商合办从煤取油工厂,并先招友来商技术问题。

**二月四日　星期四**

至颐和路34号,与汪精卫、何淬廉、张公权、彭浩徐商讨经济建设方案,讨论银行业务原则、厘正预算(分为经常费及事业费二部分)、筹集款项及机关组织等要项。汪谓,应设经济委员会,以蒋为委员长,改原会为水利委员会,建设委员会为电力事业委员会,资源委员会为重工业委员会。

中央准蒋展假二星期,但盼其早为返京。

二日,西安孙铭久等主张攻击中央军并枪毙王以哲,是为"二二"事变。

**二月五日　星期五**

劳杰士(Cyril Rogers)、席德懋来谈,中央银行改组会议,徐可亭坚持大减准备(39%),提高政府借款(二年收入三分之一),殊失中国信用。余劝其向孔直言。余并电蒋:此事须规定步骤,勿操之太急,并与孔商定方针。

在地质调查所,与金公弢等商定试验室建筑图案,并与黄汲清谈:(一)请有一人详定调查地点;(二)主持出版次序;(三)往川速回,望所长务□。

在 Lossing Buck 家晚餐。

杨虎城、于学忠等八人通电,宣言西安事变以后经过。

Paul E. Buck(Otto Wolff 代表)、谢树英业来,谈设去[立]制油厂事。

**二月六日　星期六**

青岛,去年六月二十日海关在日船茂益丸缉私,取下日旗;本年一月卅日日船大黑丸运私货,为关员查出,船员滨崎口二受枪伤。

嘱周柱臣寄六百元交裴文中为旅费;又汇三百元交乐森玥作两广所旅费。

函孙越崎、贝安澜,商去年奖金对专员及总工程师分配方法。

**二月七日　星期日**

满铁事业:①

**二月八日　星期一**

杨华臣(毅)来谈,愿任钢铁厂长。

与杨东华、钱乙藜会谈。

与竹垚生会谈,闻宋哲元拟拿办胡适之、张熙[奚]若。

---

① 以下字迹不清,无法辨认。

二月九日 星期二

行政院第300次会,孔主席。(一)粤米禁出口,洋米谷进口税半数记账,在原定限制内,粤汉路全数运米赴粤,收半数运费;(二)一日所得已出者□□。

往陕办事□于一月十九日派杨虎城接管,中央办法否则不必派人接洽。后又托李志刚,至廿四日应有□□表示。是日米春霖、谢珂至潼关见顾祝同,商定实行□□□□办法。西安六日起杨及东北军队开始移退,但孙铭九等不服,戕毙王以哲,次日即解决,孙逃。同时驻蒲城骑北[兵]第十师檀自新,驻凤翔第一〇六师沈克均通电服从中央。嗣是中央军迅速西进,今日顾祝同至西安。

电顾祝同,询西安、兰州行政情形如何。

二月十日 星期三

与张公权商调用杨毅为中央钢铁厂长。

中法庚款委员会开会,罗志希遇事挑扬,又不甚得要领。李石曾、李润章坚主留学考试须在北平而不在南京,皆甚不可解也。

中法友谊会晚宴法大使邹文雅。

徐新六言:孔庸之因高□大案与余谈中央银行事,而余电告蒋,致对高颇为不满,其无法子。

孔来院,以前次致蒋函,请于赴英期内派人代理财长案见示。

《字林西报》登载,日商百福洋行函内言,大连至冀东进口,可较天津进口减少进口税四分之三,末言中国将再提抗议。

二月十一日 星期四

阴历元旦。林主席七十寿诞,至主席寓所祝寿,未见。

喜望机器铁工厂、孟阿恩桥梁机器公司总代表叶禄高(F. J. JOERGRR)及金川(忆初)来谈马鞍山钢铁厂□□,告以中国政府

□□□,故不应有任何贿赂礼物在内,(二)现在应速拟草案□□再拟新案,余□中国政府愿为考虑。

函复 Browork,言黄汲清愿著《中国构造地质》。

以电蒋电(言中央银行事)抄送徐新六君。

专科以上学校毕业生就业训导班常委开会。

今日为日本第一任天皇就任之第 2597 年纪念日。

以经济建设方案及行政院报告邮寄沪蒋。

**二月十二日　星期五**

史腾博(H. STERNBERG, Deutsche Stickstoff-Handels Gesellschaft Krauch & Co. 261,四川路,上海)来谈合办从煤取油事。

赵升雍(尊岳)来谈《申报》馆编辑事。

函王显廷,提中研院评议会议案二件,请辞秘书职函一件。傅孟真、陶孟和来谈,退还辞函及关于评议会事务提案各一件。余答,提案愿取消,但辞职在开会时仍须提出。

英国大使许阁孙晚餐后谈,中央膨胀货币极为危险。

**二月十三日　星期六**

田尻爱义、清水董三来谈。尻吉考。

实业部限定本年铁砂出口最高额如下:汉冶萍 514710 吨;福利民 190642;祐乐 150230;宝兴 159823;益华 50000。共计 1045405。①

何键来谈。

律鸿起来谈。

① 原文如此。依据前列数字,应为 1065415。

**二月十四日　星期日**

张骥先(翼枢)来谈。卢志学来。

蒋自沪至京。

**二月十五日　星期一**

见蒋。蒋言国民代表大会不宜开会,经济机关可暂不改组。

接见鲁若衡、尹任先、樊春甫、唐有梁、周柱臣。

送孔行政报告材料及最近修正之经济建设方案。

**二月十六日　星期二**

行政院因三中会期未开会。

林主席请晚宴。

**二月十七日　星期三**

见蒋,商陕西省委、厅长人选,及面陈德人关于政府组织意见。

克兰来见,与言 Otto Wolff 及喜望公司事。彼言,德政府电令,中德交换货物事不容商人破坏。

秦德纯来见。

晚宴陈果夫、黄旭初、陈公洽、朱骝先、沈成章、秦绍文、徐次辰、黄季宽、刘经扶等。

丁在君夫人今日 49 年寿辰。

**二月十八日　星期四**

沈鸿烈来谈,招远玲珑金矿德公司移设青岛,与日人合办。青岛市社会局长奉实业部□□□□。

昨日,国府令张学良著予复权。昨晚朱益之(培德)逝世。

晚宴□□□等于□□。

蒋赠《西安半月记》。

**二月十九日　星期五**

至仁孝殡仪馆吊朱益之(培德),遗体尚未入殓。

访张铁欧,谈招远金矿公司招收日股事。闻此事五月间已核准。

章行严来谈,为言:宋签航空协定兼及他省,最好凡事尽告中央。

见□□□商谈经济建设方案。

蒋辞本兼各职,决议慰留。

**二月二十日　星期六**

徐荷君、叶家兴来家谈话。

朱培德大殓,蒋等致祭。

沈昌、余籍传、齐焌来院谈话。闻克兰往沪见 Otto Wolff。

叶叔衡自北平来,冀东二十二县联合会拟去殷汝耕,求政府协助。闻首领为□□□,秦德纯要求。

科学社等五学会在沪开联谊会,余皆致电。

**二月二十一日　星期日**

昨,章士钊来谈,愿为中央与宋哲元间之媒介,谋共合作,外传日劝宋脱离中央决非事实,极愿见蒋面谈。

王雪艇来谈,蒋拟请王亮畴为外交部长。

**二月二十二日　星期一**

何芸樵呈请以尹任先为财政厅长。

商震请勿增黄河工费,请加发公路费,愿以中福报效金扣抵还福公司欠款。

在中央大学讲《地质学与近代文化》。罗家伦托物色地质教授。

蔡增基请介绍见蒋。李志刚来谈陕西省政府，并言孙蔚如拟来。

**二月二十三日　星期二**

行政院第 301 次会议。（一）改组陕西省政府；（二）农产奖励章程；（三）特种工业保息章程；（四）尹任先调任湖南财政厅长，何浩若调任河南财政厅长。

**二月二十四日　星期三**

见 Teilhard。请刘厚生、竹垚生午餐。

接见李韫珩、熊式辉、商震、张新吾、胡焕庸、徐近之。

与何淬廉谈国事讨论会人名，并拟组织行政效率促进会及经济事业审核委员会。

**二月二十五日　星期四**

访 Buck。接见 Hermann Kriebel、L. G. A. Bataille、余功棠。

黄季宽来谈汉冶萍复兴事。

访陈果夫，谈社会军事训练事应归省政府指挥监督。

访傅孟真，谈中研院评议会事。

**二月二十六日　星期五**

见蒋：（一）国民军训签注意见；（二）关于中德换货事克兰意见；（三）蒙藏委员会对西藏代表谈话。

**二月二十七日　星期六**

陕省主席孙蔚如来见。函何敬之、钱乙藜，言中德换货宜有详明手续。

陈绍宽、克兰来院，会谈购潜水艇事。

与何廉同见蒋，言讨论国事人选；行政院效率促进会及行政纲领；经济事业审核委员会规程；湘桂铁路公债；国民军训纲要应修改。

伍廷飏来谈,□□取消化铁炉外,宜另有销路。

行政院全月薪俸总数:一月份58378元,二月份55384元(预算每月68000元)。

**二月二十八日**[①] **星期日**

**三月一日 星期一**

中央大学讲演,并商地质教授事。

**三月二日 星期二**

行政院第302次会议。(一)蒋提朱培德公葬;(二)蒋提行政效率促进会及经济事业审查委员会规程,由各部签注意见,于三月十五日前送院。

**三月三日 星期三**

资源会与清华大学及中研院化学研究所商合作办法。

【至】县市讲习所讲演。

**三月四日 星期四**

函蒋,送国事研讨会章及人名,询潜水艇能否订五艘(500吨者一,250吨者四),并询预算案。又询交通次长事。

傅宅,商购李盛铎遗书。

**三月五日 星期五**

蒋召集各部长(孔、张、王、吴、王、张、翁、何),商下年度预算,并函招待日本经济考察团之日程。

与吴达诠、徐新六晚餐。

吴拟派王志莘为农本局副经理。

---

① 本日无记。

作《剖面的剖面》序。

**三月六日 星期六**

接见彭昭贤。

克兰函告电询柏林意加入德日协定事,复电言:白龙白并不闻知,查后再告。

至颐和路25号陈辞修宅晚餐,陈述西安事变及绥远战事。

**三月七日 星期日**

接见盛泽承、谢蘅窗、刘敬宜、杨莘臣、丁文浩、张天方、任叔永。

起草地质调查所请补助书、表。

**三月八日 星期一**

行政院纪念周,邵力子讲演。

**三月九日 星期二**

行政院第303次会议。《国葬法》及《国葬墓园条例》。王亮畴初到院出席。

孔谈,拟偕陈绍宽、陈诚,同参加英王乔治第六加冕典礼。

Bell来见。晚,访陈聘丞、孙越崎。

**三月十日 星期三**

周寄梅来谈,基金会补助费内可以二三千元发薪。

Dr. Robert Durrer (Technischer Hochschule Berlin)、Bernad Krupp来见。

陶孟和来谈某君事,可叹!

陈绍宽、Klein来谈。

**三月十一日 星期四**

电蒋,询是否派孔祥熙、陈绍宽、陈诚三人为参加英王乔治第六加冕特使。

**三月十二日　星期五**

往明陵观梅花，蒋孟邻、任叔永、赵元任同往。陶孟和言，曾与钱详谈。

与傅孟真、蒋梦麟、段锡朋午餐。

**三月十三日[①]　星期六**

**三月十四日　星期日**

蒋自牯岭返京，(一)面谈接见日本经济考察团事；(二)拟决定各机关预算；(三)孔祥熙、陈绍宽往英，余一人为陈诚或钱大钧，未定。明日上午见许世英、喜多，下午见秦汾。

请 Bataille、Creije、Wollard 午餐。

电傅作义，十五日绥远抵[抗]战将士追悼，专电致敬。

**三月十五日　星期一**

纪念周，吴达诠讲演。

严冶之来谈，自德国归来。

日大使川越邀午宴，介绍日本来华之经济考察团儿玉谦次、大谷登(制船会社社长)、加藤敬三郎(朝鲜银行总裁)、三宅川百太郎(三菱董事长)、宫岛清次郎(日清人造丝社社长)、石田礼助(三井纽约分社社长)、藤山爱一郎、□□□□□□□□□。

在蒋处见秦景阳、□□□。

接见甘肃卓尼土司代表。

钱乙藜宅晚餐，商资源会 26 年度预算。

---

① 本日无记。

**三月十六日　星期二**

行政院第304次会议，财政部提议增加水泥、棉纱、火柴等税，及加盐税五年。

蒋招待日本经济考察团茶会。先见团长儿玉谦吉[次]（Kodama），后茶会。蒋言：涩泽好读《论语》，并以“己所不欲勿施于人”教后辈。孔邀晚宴，在交通部。

**三月十七日**①　**星期三**

**三月十八日　星期四**

**三月十九日　星期五**

蒋面命参加赴英加冕，并命特别接洽经济事业。

**三月二十日　星期六**

蒋面命参加英王乔治六世加冕典礼，孔为特使，陈绍宽为副使，余为秘书长。

**三月二十一日　星期日**

与孔面谈赴英事。

**三月二十二日**②　**星期一**

**三月二十三日　星期二**

面陈蒋，赴英后拟往德，并转往美国，经济事当多接洽，但不订协定。孔续来谈，亦言拟转美，并或经日本。

行政院第305次会议。（一）海关起沉船费用；（二）《警长、警士逃亡惩治条例》；（三）中美无线电话合同；（四）各省军训委【员】会章程，准试办一年；（五）吴铁城为广东省政府主席，俞鸿钧

① 本日及次日无记。

② 本日无记。

代理上海市长。

蒋飞往杭州。

**三月二十四日　星期三**

孔定赴英参赞、秘书、随员、武官名单，又发勋章。

**三月二十五日　星期四**

至沪，定赴英礼服。晚车返京。

**三月二十六日　星期五**

中央党部经济方案审查委员会开会，电告蒋、孔。

**三月二十七日　星期六**

函告蒋，直接购油原则及办法。

**三月二十八日　星期日**

电孔，问应否给德财政部长史维林克极勋章。

**三月二十九日　星期一**

电蒋，拟于卅一日下午赴杭。

**三月三十日　星期二**

行政院第306次会议，余未列席，议决行政效率促进会、建设事业审核委员会规程。

蒋复：在沪晤见，并约何淬廉、钱昌照同往。

下午赴沪，住沧洲饭店。

与Kirkpatrick、徐新六、钱乙藜、Rogers等谈英国材料担保，假定第一步千万镑，与中国政府少数职员订定协约，负责与其他各部份接洽。K示同意，允向其长官接洽，俾在伦敦商谈。

**三月三十一日　星期三**

试衣。见孔。

孔派吴健、徐善祥、刘荫弗、王家鹏径赴德，由资源会付款。

**四月一日　星期四**

蒋到沪,住贾尔业奇路九号,接见特使团,致辞。

蒋面见,资源会事交代秘书长何廉管理,钱不应管款,并须报账。又另下手条,徐新六、顾湛然知其事。余于次晨见蒋,说明彼意当实行,但不发表。蒋对钱昌照忽极震怒,认为极不可靠,不知何故。余虽名任资委会秘【书】长,但已屡请辞,但事实上不看公文,不用人,不用钱,故实无责可负。兹蒋责何淬廉代管,恐亦不易实行也。

**四月二日　星期五**

乘意船 Lloyd Triestino 公司之 Victoria 离沪,十二时半开行,住 153 号房,与曾镕甫同房。快率闻为二十三浬。

**四月三日　星期六**

赴英特使孔祥熙,副使陈绍宽、郭泰祺,秘书长翁文灏,参赞曾镕浦、诸昌年、张福运、郭秉文,秘书张平群、吴景超、杨光泩、陈炳章、陈立廷、胡贻榖,随员唐海安、乔晋梁、李遹骏、郭泰祯,武官桂永清、温应星、胡献群,海军林献沂、周应窗[①]、林遵,空军王承黻、沈德彝,医官陈祀邦,译电员原顺伯、吴显照。

**四月四日　星期日**

晨八时至九龙,渡海至香港何东家午餐,并赴华侨团体及华商总会之欢迎会。见顾季高、曾养甫、李煦寰、黄渊。

桐书、素英、凤书等来见。

函杜扶东、孙越崎:中福□余由经理部依照合同分送。

---

① 即周应聪。

**四月五日**[①] **星期一**

**四月六日 星期二**

到岷里剌 Manila。商会会长李清泉、国民党支部王泉笙、入口商会桂华山、总领事李浩驹等来见。至党部茶叙,总督府(即大总统府)茶叙。岷里剌饭店午餐。岷尼剌华人三万二千余人。

George J. Vargas, Secretary to the President.

招商局船海亨三千余吨,走厦门、岷尼剌,昨日始到,速率十三。

函何淬廉、钱乙藜。又电何淬廉。

函告张秉勋、吴景超,应襄助公务,多守秩序。

岷里剌午餐,由斐列宾各部长招待。孔发言,末段颇怪斐政府虐待华侨,返船后,已悔之,禁不发表。

**四月七日 星期三**

孔允助梅兰芳赴英费五万元。

时间改迟二十五分钟。

**四月八日 星期四**

孔电郭泰祺:可否途中先至意、法二国接受勋章。

复克兰:愿赴德,并提:(一)邦交,(二)货价,(三)借款加多,(四)洽商航运。

**四月九日 星期五**

至新加坡,游晚晴园。总商会讲演。游植物园、听涛别墅、虎豹别墅。总督署午餐。访美国领事。

时间改先(提早)四十分。

---

① 本日无记。

**四月十日　星期六**

电魏伯聪,问王亮畴代理院长用何名义。(十二日电复。文灏。)

**四月十一日　星期日**

拟丁文江英文略传。

**四月十二日　星期一**

晚,至哥伦波。时间改早三十一分。寄丁文江略传于黄汲清、尹建猷。

**四月十三日　星期二**

离哥伦波。电蒋,唁介青葬期。

**四月十四日　星期三**

函李石曾,言出国事。函李润章,托代量才基金常务委员。

京电言:教育次长钱昌照免,周炳琳继。

**四月十五日　星期四**

晨至孟买(Bombay),有印度门户之称。领事丁振武及英督代表来船。先至领事馆,后参观 Hanging Garden, Hindu Temple, Taj Mahal Hotel……又至 Governor Lord Brabourne 署中午餐。下午三时半开船。

**四月十六日　星期五**

时间改早一时三分。

阅煤中提油方法讨论。

函燕娟,及三小孩。

**四月十七日　星期六**

时间改早三十一分。阅钢铁厂各件。

函胡适之。电何淬廉,请催严冶之速赴德。

Klein面告：京Schacht电告，叶琢堂言无款购货运德，请转商孔，电令续办。

船中Philippine night内有Little Girl Medina，年六岁，弹钢琴甚佳。

**四月十八日　星期日**

时间改早二十九分。

**四月十九日　星期一**

至Aden，六年未雨，火山融岩。飞机场，盐场，植物园，Fork，Tank，Crates。

时间提早二十二分。

运德购货款三千万元已完，故购货停止，孔允加拨五百万元（克兰言），但电并未发！（次日发出。）

何淬廉电复，严冶之定廿三日起身往德。

函刘东生：如百利实公司愿谈，但非负责代表，粤厂所出钢品种□□中央补助五百万元，以前陈仲璧等在京并未谈及。另函吴达诠、何淬廉、钱乙藜。

函周柱臣，言私款分配办法。

**四月二十日　星期二**

舟行红海中。时间提早二十分。

孔召各人谈话：（一）慎言行，（二）考察时每人每日费五镑，（四[三]）彼先往Prague，多数人先往伦敦。

**四月二十一日　星期三**

时间提早二十分。

电丁振武。讨论要纲，与克兰。

**四月二十二日　星期四**

时间提早二十分。

八时一到自 Suy 出发，行二时半，所经皆沙漠。十一时至 Heliopolis-Cairo，参观 Museum，见古王石像金棺。至 Shepheard's Hotel 午餐。往观 Pyramids，Sphinx......（过 NL 河）。至英大使馆茶点心，见 Sir Mile Lampson。六时三刻乘火车，十时半至 Port Said。

四月六日英外部 Under Secretary，Foreign Office，George Mounsey 函郭泰祺，中国特使团人数请勿过十人，女客不招待，Frederic Maze 勿加入。郭往谈后，九日函孔，言 Port Said 之电报，孔颇不悦。

片周杜臣：著作目录已收，发交王显廷。

**四月二十三日　星期五**

晨二时起行，入地中海，天气骤凉。

**四月二十四日　星期六**

郭大使来电，英外交部提梅乐拟不列入参赞。参加者：孔特使、陈副使者［外］，另有八人，郭以大使资格参加（即翁、曾、诸、张、郭、桂、林、沈）。

商定复郭大使函（转复 George Mounsey）及电。

孔定往英者十二人，往 Prague 者约十人。曾、诸往意；曾、郭往法；温往瑞士。胡献群、沈德彝、林遵往德（后大修改）。

Farewell Jiunet.

**四月二十五日　星期日**

时间提早三十分。（提早即缩短）

晨至 Naples。函杨公兆，询署中办事情形。

意外相派代表及 Naples 副省长（海军）来迎，刘文岛夫人、沈祖同、郭寿华、林文奎、高寒等亦来。游那波里及邦碑。

曾镕浦、诸昌年、孔小姐及二公子(令仪及令杰)皆登岸往罗马。那波里有兵舰三只。

闻德 Goering① 今日在那波里。

**四月二十六日　星期一**

晨十时至 Gores,顾少川、梁龙等接,住 Miramare Hotel。

孔开始□□□□。下午一时开车,同行十人(吴景超、陈炳章、唐海安、陈祀邦、李骏耀、郭泰祯、赵龙文、胡献群、吴显照、Sads)。行至 Torow,有陆军学生刘仲狄(行营高级参谋)等七人(侯筱民、郭琦之、卓□士、谭展超、孙乾、王麟生)来见,谈:(一)应取缔青田□人来欧;(二) Milan 名□,领事无用。夜间入法境。法警长二人上车陪行。车中晤见 Aicding 及中法工商银行秘书长 Piedings。

**四月二十七日　星期二**

上午九时至巴黎,钮孝贤来见。下午二时半至 Boulogne,过海至 Folkestone。英领事、海关长及警长接晤。又 Thomas Cook & Son Ltd. (Berkeley Street London W. I. )同车行,谈及:Daimler Hora 汽车租用三星期,约租价 25 镑。六时一时[刻]到伦敦,郭复初大使等,铁路局长等在车站相接。住 Park Lane Hotel (Piccadilly, London W. I. )第 237 号房。

郭大使请在中山酒楼便餐。

**四月二十八日　星期三**

至大使馆,见郭复初大使及陈维诚参事。由郭电孔,说明:

---

① 后文也写作 Goeling、Gering。

(一)中国特使团参加典礼十人,已极多;(二)英政府指定 Langham Hotel 为住处,请照住;(三)请于五月三日至英,并于星期五日电示。余用航快寄 Prague。

另摘要俭电沪蒋:孔副院长在意登岸,后转捷克检查身体。文灏等十人昨日先来伦敦。英王典礼,中国代表正式参加者,除特使、副使外,尚有八人,此已是各国中参加人数最多者。现拟灏及四参赞,及陆海空军各一人。谨电达。

Allan J. Bell 来谈,并约明日午餐。

Chang Su Lee(Warder of China Institute)来谈,并约于星期日往该会演说。

Sergeant Fraser 来谈,约其俟孔特使到时再实行保护。

偕吴景超出外购书。

**四月二十九日　星期四**

C. R. Woodroffe, A. J. Bell 来谈,河南省政府允还福公司旧债,由矿税扣还,由省将报效金交财部,请财政速允。至 Royal Army Club 午餐。

至 21,Tothill 见王景春,谈 China Institute, Export Credit, Motocars factory, Students。午后至 32 Harley Street W. I. 见 Dr. Roroland Perkins。

偕吴景超、钟道铭、翁文波至新探花楼晚餐。

艳电何淬廉、钱乙藜(运德钨、锑请助信托局续购;钢铁厂长,顾湛然曾拟黄子晴,似可托顾商黄来京,与兄等商谈,如有要事,请赐电示)。

函 Arichold 公司之 Rainier,约星期六下午四时来见。华商协会主席李德燏来,未见。

钟道铭言,英国地理家为 Fawcett,Jones,Roxby,Fleure。

The General Electric Co. of China Ltd, 23,25,27,Ningpo Rd. Shanghai. Related with Henry Hughes & Son. 能用 Echo Sounding 测水深浅。

**四月三十日　星期五**

偕文波游 Marie Tussaud 蜡人馆及 Hyde Park。偕郭复初、张景文至新探花楼午餐。

与贝安澜晚餐,谈中福改组公司,中原股份拟为一千另五十万元,其中中央占三百五十万,豫省府二百万,私人五百万元,福公司则作为九百五十万元。

电复孙越崎及电询金叔初。

**五月一日　星期六**

上午,参观英国地质调查所及陈列馆。与王景春等午餐。下午,Rainier 来谈硫酸锰厂事。彼言付款盼有银行担保。

Frederic Maze 到伦敦,携用余所借用之外交制服。曾镕浦到伦敦。

东电何淬廉:请航空寄 Hsuet 密电码于孙越崎。

伦敦公用汽车罢工,停止工作者二万五千人,车五千辆。爱尔兰 Free state 宪法公布,国号 Eire,设大总统及上下二议院。

**五月二日　星期日**

游 Zoo。下午至 China Institute 谈话。张资平来谈焦作贵盛栈事,告以余对此事不管,彼应与主管人径为函商。

**五月三日　星期一**

江电蒋:"美国近派要员达维斯到英,迭与英将任首相之财长张伯伦密谈。闻系商洽召集世界经济会议及应付远东大局办法。

艳日并邀郭大使面谈。《泰晤士报》载,日本向英提议,愿尊重中国现存领土安全,但在华北有特殊地位,以后对中国借款应由日、英、美、法四国合办等。意似在此期内当有重要协商,对中国关系甚巨。谨电陈。"

下午二时,孔、陈等至伦敦,住 Langham Hotel。

郭大使晚宴,在中国菜馆。

**五月四日 星期二**

下午至 Bishops Gate, Chatered Bank,见 Cockburn 及 Rainier,谈硫酸铔厂事。

郭大使晚宴,在 Claridges Hotel。英外相 Eden 言,英极盼中国振兴,中国愿英国如何助,英国皆愿为助。但警告经济建设尚系试验时期,西方方法可学,中国旧法亦可存,愿共进行。英财长 Neville Chamberlain,顾问 Leith Ross,外次 Cadogan 等皆到。

蒋复东电:"俭电悉。兄等为国坚[艰]劳,深用嘉慰。孔副院长健康谅必佳胜也。"

**五月五日 星期三**

程裕祺来谈。往 Huntsman & Son 定礼袴。

至伦敦地质学会,会中 Fr. Colin Phillips 讲 Fabric Study of Some Moire Schist,并晤见 Tilley, Read, Barbour 等。

George(英外部)来谈,托其为吴蕴初、金开英介绍 Hydrogen 等工厂。

聂光堉请晚宴。

**五月六日 星期四**

至 Huntsman 试衣。

General Woodroffe 请在 Army & Navy Club 晚宴,到者 Alax.

Cadogan、Edward Grow、□□□、孔、陈、曾及余。

五月七日 星期五

E. A. Rainier 请在 Thatched Horse Club 午宴，到者 Fitz-Gerald (E. D. Sasson Co.), Emile Mord & Beswick (Ashmore, Beugorn Pease & Co.), H. James (Babcock & Willcox), D. W. Stanley (Metropolitan-Vickers Electrical Export Co.), D. F. Campbell (Daily Bros. for rolling mill)。

下午至 Export Credit Guarantee Department 9, Clements Lane, E. C. 4 见 Nixon 及其副手，谈：（一）应先商一般原则；（二）先由重要事业实行；（三）说明政府组织资源会，及铁、交二部最为重要。

蒋来阳电：江电悉，已饬注意。

五月八日 星期六

至 Huntsman 试衣。至比国大使馆午餐。

Daily Telegraph 记者 Edw. A. Ch.-Walden、《申报》驻欧记者冯列山来见。郭秉文来谈。温应星到伦敦。

钱乙藜来电：滇气厂事，与安利接洽情形如何？请电复马鞍山钢铁厂事。顷得介公电复，谓应即筹设。

先致何淬廉、钱乙藜庚电，报告与安利及输出信用担保局面洽情形，并请电告要点。

五月九日 星期日

钟道铭、徐维果、Liu Shang-ho、吴联辉来见。

Barlier, Frances King, Raymond King 来见，以金氏衣箱交金氏姐弟取去。

五月十日 星期一

State Banquet 在 Buckingham Palace，到客四百五十余人。又

至 Speaker Reception。

资源会灰电：硫酸铔厂全部创业费一千万元，国内信用借款约七百万元，六年还清，日产硫酸铔一六六吨，工程二年半完，陈聘丞为厂长。

孙越崎来佳电：江电二方案以公提案较妥，但牵连甚多。中原旧债难决，福方利益亦较原合同增加，推回国商陈委座，甚善。

H. F. Silcock 来谈，告以 China Institute 应对中国学生增加合作，（一）请学者讲演 Wider intresting；（二）设中国图书馆；（三）多招学生到会。

阎家琳来谈，告以：（一）宜在欧更求精进；（二）哲学思想宜注意近代思潮及事实，不宜全守教会旧说。

**五月十一日　星期二**

新闻记者储安平、顾德钧等三人来谈。

Cadogan 家晚餐。

故宫博物院理事会灰电，嘱出席七月五日国际博物院协会。尤电复：本月廿五日离英，事实上不能出席，请另定办法径复。

昨日至 Treasury，与 Leith Ross 晤谈。彼言：（一）宋子文应任中央银行总裁；（二）所得税英国初办时，几十年方成功，可见不易；（三）中国铁路计划太大；（四）中国经济事业最好辅助商办，或官商合办；（五）中国青年人颇有可用者，甚望政府中更加诚意为国之人，可惜现在用人太滥；（六）盼中日关系力求安定，英国财政协助，极以此事为虑；（七）彼仍愿继续协助。

**五月十二日　星期三**

英王加冕，偕孔庸之、陈厚甫、Admiral Meade Fetherstonhaugh 同往，至 Buckingham Palace 参加 Reception，至 Westminster Abbey

观礼,至 House of Swords 午餐。

大使馆晚餐。

**五月十三日　星期四**

上午,孔召集训话:(一)用钱勿滥(?);(二)说话宜慎;(三)因现银处置事,定六月十六日起身往美;(四)英国事完后,宜分途工作。

下午至 Arnhold Co. 10,South Street E. C. 与 Rainier 及 Showell 谈话。

**五月十四日　星期五**

上午,与文波游 Kew Garden 及 Richword 花园。

在 Aldrich 家中(19,Belgrave Sq.)午餐。午后 Evening Standard 记者 Alexander 来谈。

寒电何、钱:安利出示徐凤石硫酸铔成本表,每日 150 吨,内有折旧及利息,每吨三十元,盼有银行担保。又问电力何时可成,又问销路有无困难,弟允电商再复。又问如日本跌价竞销,中国政府是否提高关税,弟答不能预告,但仍盼早成。

又寒电商启予:豫省府允由矿税还福公司债款,以中福报效金移交到部,已面陈孔部长核准,请早办手续,付还欠款。

孔拟廿六日至 Geneva,二十八日行,廿九日至罗马;六月一日行,二日至巴黎;六日行,即日至布尔塞;八日行,九日至伯林;十四日行,十五日至 Cherbourg,往美国。函告 Klein、金问泗、朱凤千。

夜十时至 Buckingham Palace State Ball。

**五月十五日　星期六**

上午十时,偕孔、陈及 Admiral Meade Fetherstonhaugh 同至 Buckingham Palace Reception,王后及 Duke & Duchess of Gloucester

招待，并为王太后、王女、Gloucester Kant 公爵等留字。

下午，偕吴景超游 Museum Science & Industing, British Museum。

**五月十六日　星期日**

上午，偕钟道铭游 Hyde Park。

中午至 Sunningdale Park, Sir Huge Conliffe Owen（年 67 岁，B. A. T. 股东）家午餐。下午至 28, Kensington Court, Dowager Lady Swaythling 家茶会。

电程天放至德日期，并请转达吴任之、徐凤石、刘荫茀三君，专在德考察，不必来英。又函告三君，在德工作完后再来英。

谭伯羽函告，蒋严令催 Hopro 误期之货件，已与克兰面谈二小时。又言，汤元吉在德，不易入厂练习钨铁工作。

**五月十七日　星期一**

今日为 Whit Monday，英国放假。

见孔，谈往大陆行程、随行人员名单。

电柏林谭伯羽，请吴任之、徐凤石速来英（刘荫茀已到），王家鹏留德调查，盼能设法密查华货运德之用途，及运华德货是否系新造者。又电克兰，告孔至柏林日期。

下午至 91, Gower St. 中华协会招待会。

龚祥瑞、方心浩、黄若瑛来见。晚往 Pavilion 看电影。

**五月十八日　星期二**

United Committee of Christmas University in China 请午餐。

China Institute 会谈，到者 Thomas Molony、H. T. Silcock、郭泰祺、Arclinbald Ross。郭主与 China Society 等及总领事馆等合用一所较大房屋。

与 Rose 造访 Lady. . . , John Scott, Cadogan 家茶叙，并至 Royal

Albert Hall 参加 Empire Rally of Youth，Stanly Baldwin 首相作最后一次公开讲演。

Reception at India Office.

**五月十九日　星期三**

Bell、Colelough、Miler、戴礼智、高仲芹、Ross Greene 来见。

至 35，Addison Rd. Barbour 家午餐，座中【见】及 Sir Arthur，Prof. King.

至 Thatched House Club 见 Bell。

Sir John Buchanan-Jawine 请晚宴，遇 Bernard，Nixon，Ross etc。

孔面【见】英大使，曾请英国谅解远东大局。英外相答以，英日本系友邦，但远东大局必有具体办法，并须美、俄、中等共同参加。中国内英国权利仍当有效，各国应尊重中国之领土。日大使请示日本政府，具体办法至今未提。

**五月二十日　星期四**

Beswick(Junior)来，同至伦敦之东十五哩 Ford own smelting plant，参观化铁炉。能日出生铁七百吨，用非洲之矿砂(每吨价约一镑)。New Castle 之炼焦(每吨约 16 先令)。炼成生铁，每吨成本约 42.5 先令。铁内含矽百分之三至四，但能低至 1%以下，磷 0.5%，亦能较低。

Rothchild 请在 St. Swithing Lane 午餐，后彼与孔商谈购银。

Royal Institute of offices (10，St. James Sq.)商谈远东问题，到者英人三，华人亦三，为郭秉文、陈立廷及余。晚间至大使馆，与李济之、刘荫茀谈话。

**五月二十一日　星期五**

至 Pekin Syndicate，与 Woodroffe 谈中福改组公司事：(一)股

份;(二)官股;(三)董事会制度;(四)教育股;(五)禹县煤矿。

与 Colelough、J. Miler、J. Savage、邵象华参观 Corby 钢铁厂。年出钢四十五万吨,用本地矿砂,多硫少铅,新法颇佳,多制钢罐。

至 Vintner's Hall, China Association, Federate British Industrie 晚宴。Earl Winterton 主席,孔答词,英商长 Walter Runciman 致词,特重 Capacity of income, balanced budget。

何淬廉马电:(一)广东钢铁厂事;(二)资源委员会事。

**五月二十二日　星期六**

至 Arhold 公司(与徐凤石同往),与 Rainier 谈硫酸铔厂事。

至大使馆,特使团全体照相。以谭伯羽来函(言德货运华误期,及段士珍、张家骥高射炮报告)送孔阅。

在大使馆午餐,同席者为英国会之 China committee 中人。

养电何淬廉:(一)英方希望:(甲)中国经济建设尚在试办,慎重进行;(乙)力避太速、太多;(丙)预算须平衡,不可因建设更多亏损。(二)广东钢铁厂,孔询可否中英合办,请一询曾养甫。(三)资源会所办炼油、炼钢及硫酸铔,并非十分简单。

养电钱乙藜:已约英输出担保局及 Arhold 公司人于星期一会商,请电付款期数及担保数目。

**五月二十三日　星期日**

偕曾镕浦及 Bell 同往 Sunshine Hill Osmond d'Avigdor Goldsmid 家中。

在 Earl of Rothes 家(39 Elm Park Gardens S. W. 10)晚餐。

晨间,阎家琳、Barbour 来谈。又,李光忠来言游俄感想。

《泰晤士报》载孔来英借款消息。

**五月二十四日　星期一**

上午,邵象华、谢明山、许道生等来谈。

British Members of Ch. Goverment Purchase Commission 请 Carlton Club 午餐。

下午,偕吴任之、邵象华至 Brassert Co. 见 Brassert, Miles, Colclough。

大使馆招待会。

**五月二十五日　星期二**

上午,孔、陈等起身往 Geneva。

下午至 Arnhold Co. 见 Rainer 及 International Construction Co. 之 Bentzor 等二人。

Brassert 邀往乡间晚餐。

**五月二十六日　星期三**

方振武来访,未见。

至 Chase Bank 换 Registered Marks of Francs。

至 Simpson 午餐。

**五月二十七日　星期四**

Patent Retort Co. N Dartdson 来谈试验 Lopinite 传染。

General Woodroffe 来谈。

何淬廉电言,曾养甫意广东钢铁厂不宜中外合办。

电何、钱:(一)在欧行踪;(二)曾意赞成;(三)硫酸铔厂事,英输出担保局来函,彼方委员会意尚待考查;(四)钢铁厂(马鞍山)现有 Ashmore Bensser, International Construction Co. Firth & Brown, Brassert 数家接,已托吴任之续谈;(五)英人对中国财政多不满意,故亦有影响。

请吴任之、徐凤石、曾镕浦、张景文、吴景超晚餐。

**五月二十八日　星期五**

上午十一时，偕吴景超起身，乘 Golden Arrow 快车，于下午五时半至巴黎，住 Hotel George V 第 229 号房间。

偕裴文中往访 Teilhard。

孔、陈今日自日内瓦起身，往罗马。

郭则范、刘汀业、傅冠雄（筱峰）等请申江乐团晚餐，并游 Bois de Boulogne。

《泰晤士报》发表通讯 Chinese Finance, Reform not yet made, China Government of Foreigners，内言，审计制度不全，烟税不列，少用洋员等事。余函告孔。

**五月二十九日　星期六**

访 Abbe Breuil，Lacroix de Margeric。

孔、陈今日至罗马。

**五月三十日　星期日**

上午至 Bruxelles 见朱凤千，游 Tervueren，Muriosh Cringe, Bois de Cambre, Waterloo。

至 Melrose，Rue Gachard go, Apris Auenlu Lowise。

**五月三十一日　星期一**

访 Docquier，Callens。

至 Louvain，见 Prof. F. Kaison, Taurlar, Kaisinbie，夜间返 Paris。

**六月一日　星期二**

孔、陈等于上午至巴黎。大使馆午餐，有法总理 Leon Blum。Pre-Catelan 晚餐（Union eleclin，city，Ernest Mercier, 3rue de Messine Paris vin）。孔、陈下午见法大总统。

函邵象华,寄二十镑(明日发)。东电何淬廉(蒋销假至慰,英盼华巩固财政机构)及黄德淦(裴文中旅费 1600 元;量才奖学金办理情形如何)。

与杨光泩商拟函《泰晤士报》,说明军用费、大烟收入、农民银行、关盐洋员及改组中央准备银行。

**六月二日　星期三**

至 Compagnie Française de Patnob,见 H. de Cizancourt,阅 Irak 地质图。石油生于始新统之 Irummulites Limestone,年出口百万吨,英股百分五十,法美各百分二十五。原油用 Pipe line 运出制炼。

大使馆午餐,有法财长 Vincent Auriol,孔与彼商谈借款事。

下午至 23 rue Jean-Dalent, A. Lacroix 家茶叙,有 Blondel 在座。

中法友谊会在 Cercle Interallié 茶叙,见 André Honnorat。

前月底,西班牙赤军飞机炸击德军舰 Deutschland 后,德舰 Adu. Scheer 炮击 Almerta 报复。德意二国退出 Non Intervention Committee。

**六月三日　星期四**

孔、陈至 An Bourget 检阅飞机。余出外购书。

下午五时,大使馆茶会。

法财政部长(Rue de Rivoli)晚宴,孔说,余译。

下午四时半,偕郭秉文至法财部见 Jacques Rueff。郭说明"借款"之急,但是否 Poan 或 Credit 及具体方法待商。Rueff 言愿商,但现息约四厘,尚须更多。

晚餐后 Rueff 言,盼华方先与银行界商洽,法政府愿促成。

法殖民部长 Mouret。

**六月四日 星期五**

Jacques Arnuson (Pekin Syndicate donation)来见。

至 Hotel Ritz, Banque France-Chinese 午餐,孔演说,谢东发译,不佳。

至 Institute de Paléontologie Humaine,见 Bouli[Bolin]。又至 Musee de l'Orangerie,视中国古物。

又偕 Andre Honnorat 至 Cité Universitaire。

大使馆晚宴,有 Horriot。

**六月五日 星期六**

徐凤石来言:安利言,硫酸铔造价不仅四十万镑,须五十六万镑。嘱其函告可商。

法外交部午宴,下午访 Blondel 于 13, Rue de Bourgogne(25,33 Inval.),谈法人至广西办矿,须充分与中央接洽。游 Exposition of Paris。

Jean Escarra 茶点。

微电何、钱:盼速进行担保事。微电黄汲清:请电告国际地质会函意。

蒋电孔,派余赴俄考察建设。

英议在西班牙海岸英、法、意、德监视军舰,如被攻击时,应四国海军首领互商,又须不干涉委员会商定应付,德主共同立即反攻。

**六月六日 星期日**

见 Monnet,商定孔致法财部函稿。见孔,至站赴比。

鱼电何淬廉,告拟赴俄考察建设事业。又电何、钱,言硫酸铔厂应速商定价款及条件及担保付款。

Jacque Arnavon(Rue Cotambert,16)午宴,席间遇 Leon Bertrand, Michal Levy.

下午至 Ecole des Ponts et Chaussées(28,Rue des Sts Pères),为中国学生讲《建设国家》。见张得禄、陶樾、何正森、王联曾、夏晋熊、Tcheon Nien Hien 等。

见 Léon Bertrand 于 Laboratoire de Geologie Appliqué 191,Rue St. Jacques(v),承赠各书,并导观各 Institute 及 Ecole Normale Supérieure。

顾少川请晚餐(16,Bld Mallot),并谈中国油矿事。

**六月七日　星期一**

上午至 61,tuce de Buffore 见 A. Saeroit,承赠 Ketites 及 Mimorauk Rodiŏ-ăctifs。矿物中有 Luminessence 者,在 Rnyous Ultra-Violet 之下,极美观;有 Phosphorescent 者,黑暗中亦有色可见。

Ludolphe Rosenheim-Randon 请午餐,谈 Bornard de le Cie des Foracs & Acieriesdu Nord de L'est(25,Rue de Clichy,Paris)愿办中国钢铁厂,年出二十万吨,价约二百万至二百五十万镑,一年半可成,又愿办人造丝厂。彼个人住 48,Rue des Petits-Champs,Paris; Comptoir Anglo-Continental,2,Peking Road, Shanghai。

下午 Académie des Sciences 开会,Lacroix 介绍出席(23,Quai Conti)。

法国地质学会年会,会长致词欢迎(28,Rue Scapertc)。

阳电蒋廷黻,请向俄政府接洽,对余考察多予便利。

**六月八日　星期二**

偕 Breuil, Blanc, Pei 至 St. Germain Museum,观古石器,由 St Lazare station 前往,行半小时即到。访 Teilhard。

晚七时开车,往柏林。

**六月九日　星期三**

至柏林,德国 Hjalmar Schacht(Reichs Bank President)至车站接,住 Bristol Hotel(Unter den Linden 65)160房。

Schacht 请晚宴,在 Reichs Bank。

**六月十日　星期四**

见外交次长 von Mackensen。彼言,德日协约不侵及中国。彼请午宴,在 Hotel Adlon(Eingang Wilhelmster,70a)。

孔往见 Schacht。

**六月十一日　星期五**

见空军部长 Goering,彼指摘中国共党……颇烈。

China-Studien-Gesellschaft,Verband fica de Farnen Osten,Ostasiatische,Verein Hamburg-Breman 在 Kroll-Festsale,Koingsplats 7 午宴。

空军部次长 Milch 请看 Opera(Arabella),又请在 Bristol Hotel 晚宴。后与 Thomas 谈话。

**六月十二日　星期六**

下午 Max Jlgner(Strno-Holg-Str. 15)茶叙,彼提议组中德银行,投资实业。

**六月十三日　星期日**

晨至 Munich,乘汽车从 Langfall 大桥渐入山景,望 Chiemsee,至中途午餐。游 Konigsee。车进至 Oberjalzberg,凡行四小时。见 Hitler,同行者孔、陈、程、齐、Schmild,Schimilden,Kewitz。五时半起身返,九时返 Munich。午餐后上车,往柏林。

**六月十四日　星期一**

返柏林，至旧 Olympic，现改为军官训练所，并阅操。访国防部 von Blomberg。

天津饭店，程大使午宴。下午，孔独见 Schacht 谈话。

国防部晚宴。

孔起身，往□□□，乘 Queen Mary 赴美（十六日开）。

**六月十五日　星期二**

孔电话，请张平群调查华工，沈德彝同往俄国。

谭伯羽来谈与德人办事困难。克兰来。Dr. Erich Michelar (Jeunes Str. 19) 来谈 Auther Wolffe 事。

至大使馆，与程天放谈话。中国留德理化学会、中国化学会分会。

咸电蒋，言本人赴俄事待蒋大使洽复。

咸电何、钱：（一）谭家山煤矿应转中央专办；（二）禹县矿省府无款，可改组。

**六月十六日　星期三**

访 Colonel Thomas，商见 Blomberg，拟予在德日程。钢铁厂事，拟与 Krupp 订合同。汤元吉等钨铁厂实习及其他诸人实习，参观 Brabag，Ruhland (Fischer) 炼油厂……

德交通部午餐。

访 Durse，面商与 Krupp 合同要点，约星期二在 Essen 再谈。

**六月十七日　星期四**

上午，访 Prof. Stille。又访 Oberst Thomas，彼等讲德国国防经济组织。

商与克鲁伯订合同事，彼言应与 Hapro 言。

下午，访经济部司长 Sarnow 及科长 Strfter，开送华人接洽人员清单。函复胡适之。

**六月十八日　星期五**

上午访 Oberst Thomas。彼讲，说明运华德货规定价目及审定方法。余请其补送详细项目若干种，俟送交南京分别审阅，如有疑问再为质询。

又偕克兰至 Hapro 办事处。

余说明工业方面以上海之工厂为最要。

**六月十九日　星期六**

上午，偕陈、程、吴、徐等往见 Halle，Academic de National for Schar，见 President。

下午，参观 Leuna 炼油厂，用 Hydro Sensation 方法，年产油三十余万吨，设备甚佳。三十万吨油等于九千万英加仑，一万万二千万美加仑。

英国氢化造油厂 Bellingham Tees 原年制油十万吨，近加至二十万吨（即六千万加仑）。

**六月二十日[1]　星期日**

**六月二十一日　星期一**

**六月二十二日　星期二**

至 Essen，住 Esseaer Hof。上午开会，到者 Klaus von Bohler，Hendricks Joedeu，Obering Kusserow，Dr. Hobrecher（Krupp）；Kraney，Durrer，Kanpp（Hapro）、吴任之、严冶之、齐焌，会商钢铁厂事。

---

① 本日及次日无记。

下午，参观 Holter 炼油厂，用 Fischer 法，年产三万余吨 Ruhchmic，Ruhrleuzine。

老厂主 Gustav von Bohlen 请晚宴。

**六月二十三日　星期三**

返柏林。

见 Schacht。彼提换货应尽量容德商参加，务求增加数量。电蒋、孔报告，并对蒋提应取方针（续办，索货勿太多，军事生产工业……）

**六月二十四日　星期四**

偕 Koppenberg 由 Berlin 飞 Grossehain，汽车至 Riesa，Groditz，Lauchhammer，参观 Mittel Deutsch 钢厂及制造厂，年产钢约三十余万吨。又至 Ruhrland 炼油厂，用褐炭在 1500 吨中成砖，用 Koppers plants 等制油，年产约三万五千吨。

函孙越崎，嘱筹改组公司及禹县煤矿办法。

Ruhrland 厂用 Fisch[Fisher] Tropsch method（即用褐碳产 Co 及 H，用特种媒触法，氢化成油）。油三万五千吨（每年），即一千四百万加仑。

**六月二十五日　星期五**

上午，至 Onder Schleuse 12 Hapro，与克虏伯诸人会商钢铁厂事。

午至 Under der Linden 82 午餐，谈硫酸铔厂与燃料厂合办。下午与 Thomas Kranet 谈话。五时见 Schacht。六时再至 Hapro，会商钢铁厂合同。

草约签字，声明中国政府得于七月十日午前提出修改，核定后方有效。要点电资委会。夜十二时起身往俄。

**六月二十六日　星期六**

往 Warsaw、Stolpce 及俄境 Nigoreloje，查行李甚详。

**六月二十七日　星期日**

住 Hotel Mockba 505 号。

十一日廿分至 Moskau，蒋廷黻等来接。咸电蒋、孔，报告钢铁厂草约。又，严冶之嘱，提出分六年摊还货价。

下午，看赛马及比足球（俄及西班牙）。廷黻晚宴。

**六月二十八日　星期一**

大使馆纪念周谈话，谈英德经济材料供给。

下午四时，偕廷黻访俄外次 Stomoyekov，又见科长 Paleuy（能华语）。

蒋俭机牯电：拟派杨端六、卢作孚、李宜之、章元善、伍廷扬等十人自下月起程，至俄考察经济建设。

萧振瀛、施骥生、刘冬轩亦到，武官干卓请晚餐。

**六月二十九日①　星期二**

**六月三十日　星期三**

**七月一日　星期四**

至 Bolchaya Ordyuka 32，地质会议筹备会。又至 Hotel National。筹委会秘书长 Gobinov 来访。

Society of Cultural relation Chief of erster Section & Mrs. Eaidernan 来访。

参观 Picture Gallery & Pare of Culture。

① 本日及次日无记。

**七月二日　星期五**

上午,参观 House of Pioneers,教育儿童之设备颇佳,教师二百五十人,学生四千人。来参观者约二万人。又往观 Museum of Nationalities。又往 Exhibition of Pushkin。

下午,Moscow Daily 记者及西门宗华来谈。

晚间往观 Astingkilo,为从前富户之住宅。

雷,雨雹。

**七月三日　星期六**

蒋来冬电:派杨端六、卢作孚、伍廷扬、李宜之、章元善、支秉渊、沈德彝、王承黻等十人来苏,月底起身。下午,偕蒋廷黻往见俄外长李维诺夫,言及交换货物事。致蒋江电请示。

函严冶之,并附函 Thomas,快函发。

参观 Exhibition of constitution, Bararema, Polytechnical Museum。

又至 Kamernac 剧院。

**七月四日　星期日**

偕蒋廷黻、吴景超游 Bolchero,乘舟游行,遇大雨,至伊兰使馆暂避。

蒋宅晚餐,遇华中大学校长及普传德夫妇。

函张平群,寄致 Thomas 函稿。

廷黻谈:吴信忠研究日本史,邵循正蒙古史。邵通波斯文,受知于 Pelliot。吴晗、张应[荫]麟【研究】中国思想史极有望,但不虚心。

**七月五日　星期一**

歌电严冶之:请商哈步楼,六年分摊付款,用华货代还,并照尊意商其他各事,并电告。严来电:已收廿九日函。

孙越崎卅电：中原议决，股息八厘，余款还债。又议决，中福退还特奖六万三千元，内二公司合赠公及崎各二万元，静愚八千。福方七千，拟仍赠职员；中原八千，议决收账，不赠职员。拟：一、原款璧还；二、如数接受，分赠一部分职员。待电复后再复二公司。

游 Museum of oriental culture，至 Lomonosov Institute，访 Prof. Scherbatof。又至 Geological Museum【见】及馆长。

电影 *Little Mama*。

**七月六日　星期二**

鱼电严冶之：（一）俭致德三函速转交；（二）货价勿加，商要端，勿争细节；（三）盼早成。

鱼电孙越崎：中福二公司惠赠，愧不敢受，如固赠，须以半数赠职员，余数亦应陈候委座核准。

函胡适之、吴乐夫及家函。

俄国休息日。

川康整军会议在渝开幕，何应钦、顾祝同为正副主任。

**七月七日　星期三**

至 Lomonosov Institute，参观各试验室。又至 Geological Museum 参观。

吴南如来谈。萧振瀛离俄。

**七月八日　星期四**

严恩棫电：六年付款事，克拉尼云，与换货协定不合，不能接受。并云克兰将径电，另择要提出三点，似无问题。惟草约十日午前须通知始生效，究应如何？请电示。

见 Fedorovsky 等。属重工业部，职员七百余人，有女所长，内分矿物、化工、矿业等部。

至 Science Institute of Agricultural economics，属 Lenin Academy of Agricuture 及 Commission Agricuture，该女所长 Redsina，职员一百余人。Collection farms 所得利益 10—20 公债，改良工作，2%—3%纳税，8%—13%缴纳 machinetiactors，其余即为农人所得。此外，农人仍有工资，Statelarm 农人则仅收工资，不受利益，皆归政府。

至 Voks。

蒋宅晚餐，有吴南如夫妇。吴即晚赴丹【麦】（昨晚未行）。

蒋齐电：货物交换事，请缓提为要。

庚电复钱乙藜：彭县报告未收，马鞍山厂价二百九十万镑，内十万镑归安利。用人如何？吴任之好否？

**七月九日　星期五**

佳电严冶之：克兰【电】尚未到。六年付款曾陈奉委座及资委会核准，如须变更，仍应电陈。事实上须俟数日，请通知德方。又电 Hapro。

佳电蒋：俄外部允介绍见重工业部人员，迄无确息。杨端六等可兼往德、法、英等国考察。

八日晨三时起，中日兵在卢沟桥（宛平）交战！

电邵象华。函何、钱，言马鞍山钢铁厂事。

**七月十日　星期六**

灰电蒋（由何、钱转）：湘潭钢铁厂，德方不允六年分还，如照二年付清，须照加换货数量，或增加资委会经费。请核示。灰电冶之：已电委座请示，请告德方候复。又电克兰。

见重工业部长 V. I. Mezhlauk，谈：（一）计划方法，宜兼管公私营业；（二）外人宜作教授、设计，不宜担实行责任，买专利；（三）技师十五万人,工人二百余万人,厂长及总技师由部直任,余亦酌用;(四)成本、价目、销路由部规定,每十日推账,收支款项归厂自理,均开实款。

地质会 A. Kryshtofovich 及一女人来访,送来地质会徽章及旅行报告。

**七月十一日 星期日**

参观 Lenin Quarter 之 Dynanco 工厂(此厂之铝来自南俄,钢亦同)。用总电厂之电力,每一 KWH 值 7Rop,略加整理后,每日能成电力车头一辆。暑假期中,工人五千数百人,多时能加二三千人。工人每日工作七小时,特种工人每月工资能至一千二百卢布,平均每月三百五十卢布。年青初学者二百五十,低级工程师每月薪八百卢布,因特别工作能加二千。又经过汽车厂,范围极大,闻尚拟扩充一倍云。

克兰十日来电:六年分还不利中国,互换合同并无期限。余真电询,如悉付清,则担负太重,钢铁合同中可否规定期限。

俄人乘 ANT-25 经北极飞往美国者为 Chkalov, Bajdukov, Belyakov,留在北极者为 Papanin, Krenkel, Fyodorov, Shirshov。为首领者为 Academician J. T. Schidt。

**七月十二日 星期一**

函顾振(商马鞍山厂事)、李石曾、周枉中【臣】、萧之谦。

合步楼电:(七月十一日夜十日收到)都马斯上校转下六月廿九日及七月三日二函,奉悉。请依据克兰昨日电陈,对货物互换办法予以同意。七月三日钧函所示,如设计、制造、装设及试验制造出品实施时,派人监视,以及安置德国负责工师,并训练中国工程师及工头等各节,前已由敝方接受,必遵办。七月九日尊电奉悉。

当即转令克鲁伯厂,延续数日,以待中国政府同意来电。务请早日赐予最后决定。

苏联大运动会在红场开会,余在外交席参观,苏联要人如斯大林、嘉利宁、伏罗希洛夫等均到。表演时多各民族特种方法。

Gromov, Yumashev & Danilin 乘机飞往北极,往美国旧金山,行程约10000KM,拟飞60—65小时,每小时飞160KM。Rukhimovich (Commissar at Defence Industry)亲到送行。

外交部电蒋廷黻:拟向国联声诉华北事,问俄政府意见如何。

何淬廉侵电:黄金涛以哲生、公博意,拟交喜望包办马鞍山钢铁厂。

**七月十三日 星期二**

元电蒋:已于灰日见重工业部Mezhlauk,拟往南俄,但愿随时遄归,襄筹抗御。请辞行政院秘书长职。元电何、钱:钢铁厂还款不定日期可否。又电Hapro:俟政府复到奉告。覃复何廉:马鞍山厂在汪院长时已另拟办法,英人愿包工,但应请蒋决方针,余如再往德英,可速促成。又电周柱臣:速告杨克强,作必要准备。

函寄张平群二十五镑。函关德懋,托洽许世英礼服。

在廷黻宅晚餐,谈宪法实行及院长人选,又谈外交人选。吴景超今日偕Eaideman往Kief。

Gromov等自十二日下午三时二十一分起身后,行62小时17分钟,于十四日至北美San Diego,共行11500KM,飞行高行[度]曾至4000KM。

**七月十四日 星期三**

报载,日军围北平。

偕西门家华参观Polytechnical Museum。

瑞典外长来俄访问。Sandley 方去土耳其,外长 Teufik Rushto Aras 又于昨日来俄。

钱乙藜元电:致介公电已照转。王崇植可用。严冶之十四日电:德限十七日前午前致复,否则交货迟至半年至一年。孙越崎来电:款存一百万。

寒电孙洪芬:请协助葛利普安全。删电何淬廉:中央应要求日本停战期内不增兵来华,并共请数中立国人员视察停战条件之实行,或即查明此次事变之起因。

偕蒋廷黻游文化公园,【观】时事电影及马戏。

函风书,告俄人飞经北极至美国事。函复沈德彝:蒋大使言,拟俟其他考察诸人来此有期,同时办入境手续。

**七月十五日　星期五**

廷黻今日见立维诺夫。立言:日俄交不佳,不便发言,应向英国接洽。又怪中国对俄大使前次提议太冷待。郭复初电:英、美、法已向日本请求和平。外交部电:中央军北上,分路抗日。

Moscow-Volga Canal 今日通航,使 White Sea, Baltic, Caspian Sea, Azov and Black Seas 由此沟通,又使莫斯科利用水量增加。

今日为 A. P. Karpinsky 去年去世纪念日。此君生于1846年,1897年曾任国际地质学会议长,任俄 President of Academy of Science 二十年,又曾任本届地质会议筹备会长。

蒋电:灰电悉。湘潭厂与德方货价偿还办法,至少要分五年还清,否则在英、美、苏可进行也。钱删电转来。又钱咸电:货价如须二年内偿清,则与现款成交无异。我方似可让至五年,普通 Credit 亦往往五年也。克兰谓,可依照合同规定,不提付清期限似较妥善。如何,乞酌裁。

删电 Hapro:中国政府切盼分五年偿还货价,敬请贵方同意,合同文字请与严君面谈。又电严冶之:委座电主五年,如合同定照换货办法,但用函件承认五年,亦可同意,否则作罢。请转商电复。

函金公弢,盼早返国。

**七月十六日 星期五**

蒋铣电:国难方亟,正赖襄赞,请辞政院秘书长一节,应无庸议。钱电:顷又将不定期一事面陈,介公以为可行。特闻。即电严冶之。

**七月十七日 星期六**

克兰来电,货价系由垫款拨付,并未指明还货期间,请即同意。严冶之亦来电,并与克兰、齐焌电话商谈。余致 Hapro 电:钢铁厂合同第八条所称中德互换合同,系兼指 1934 年 8 月 23 日之互换合同及 1936 年 4 月 8 日之信用借款合同而言,如贵方承认此项说明,则方可同意,并呈请中国政府批准。又,此厂各部份之建造,并望转知克厂,从速进行,依限完成,出产钢品。即盼见复为荷。又篠电蒋(由何、钱转),报告上意,请核定。又快函克兰,说明经过,并告知 Hapro 十一日来电之意。

廷黻言:英、美、法系于十三日向中日二国进言,十二日 Maisky 提议加入,Eden 谓在此时间可不必。

英俄订海军协定。

**七月十八日 星期日**

外交部电言:英对日和平建议因日不接受,故已作罢。

拟往 Kronenmitya,大雨,未达。

**七月十九日 星期一**

外部电:蒋宣言,事已至此,不能中止,地方协定不承认有效。

日方坚请中央军撤退。

游动物公园，园长 Mantenfer 陪游。园大 26 Hectare。试验 Acclimathtion 人工助驼鸟生长、北极鸭生长；狮虎交配所得动物，齿如 Machairodium[Machairodus]，但不再生育。

又游 Kronenmitya①，有 17 及 18 世纪初之教堂及用物。彼得第一住之木房，极简单低下，1668 年曾建有木宫，极精致广大，后皆残废，十七世纪事。民间用极粗陋之铜币，民变。

函何、钱，言：湘潭钢铁厂价略贵，华货价亦宜酌加；用妥人，作预算，废筹委会；定德货勿太多，以生产为准。

**七月二十日　星期二**

国际地质学会晚间在 Conservatory 谈话会，又在 Hotel Metropole 晚餐。

哈步楼帮电：钢铁厂合同第八条，系指 1934 年 8 月 23 日中德互换合同及 1936 年 4 月 8 日垫款附加合同，我方可加承认，盖上述二合同原系联成一体也。造厂合同如经中国政府核准，仍请迅赐转，俾得向克厂切实定货，立即进行。克厂声明，愿尽力所及，俾得于合同规定期内完成一切。然不能对此保证，仍如上月谈判时经明告也。等语。余即电蒋请示。（廿六日始接帮电复）。

**七月二十一日　星期三**

九时地质学会评议会，选举会长、副会长、秘书长。

十一时大会，举 Kalioen 为名誉会长，重工业部长致词。

会长 I. M. Guble 讲俄油量。三时至前寒武纪分会。

何、钱马电，询旅费须加若干。钱箇电：高坑已由中石详察；杜

---

① 疑为 Kolomenskoye，卡洛明斯科娅庄园。

尔应给月薪若干。何皓电:马鞍山厂,院长定应交英承办。喜望案未了结。前对英谈洽须守密。意兵一人在上海 Ferry Boat Sector 为高射炮弹击死。

**七月二十二日　星期四**

上午评议会,英、日、法请下次开会,未决。下午大会,M. M. Dovgorovsky 讲俄煤。Tyrrel, G. W. Activity & Tectonic, Arkhangelsky, A. D. Gravity & Tectonic。

何养电:卢作孚等八月十日乘意船动身,九月十二日至 Genoa,即转德赴俄。

晚至 Green Theater。

**七月二十三日　星期五**

十时至 Gocete Terrentre 专门委员会,举 Fourmarier, Stille, Baily 编订构造名词及构造图记号。

三时半至 Tectonic of Asia 分会,余讲《燕山运动为太平洋区域运动》。晚九时一刻起身往 Leningrad。

蒋宋美龄往沪,途中受伤。

**七月二十四日　星期六**

十时至 Leningrad,住 Hotel Ashoka Room 127, Gertzen st. 219。

参观 Central Institute of Geol & Prospection, Library & Museum, Mining Institute, University of Leningrad (Books 1700000 Vols) Arctic museum。

晚与教授 Basile Alexiev [Blohina (Cerkovnaia) 17/1, lg. 5][①]谈中国历史。

---

① 此处为原文标志。

**七月二十五日　星期日**

参观Leningrad之Church with Insp. torebs, Prison, Winter Palace, Zoo Exh. with Manemouth。又至Petershof晚餐。

夜十二时开车,返莫斯科。

**七月二十六日　星期一**

十时至Moskow。上午未到会,下午至Geol. Map会,Blondel主席。原会主席德人不能来,亦不能写信,故议决照旧进行。

何、钱敬(24)电:马鞍山事,院长令即赴英接洽,款分七年付,仍盼英输出局担保。又二人宥电(26):湘潭厂价款允还,不定期限一点,介公已批照办。又,钱电:湘厂炉座、厂房设计,盼早寄。灵乡探见狮子王、坪兢山四百万吨,连其他,总量逾五百万吨。茶陵只可留为缓急之用。

余电Hapro:合同货价偿还办法,委座已批准,仍盼建造,从速进行等语。合同既批准,盼速办理。又帑电冶之。又寝电何、钱:(一)湘潭合同已准,甚慰。其他事,严可径电会商承;(二)马鞍山可否官商合办;(三)厂长王崇植事,盼商湛然。

**七月二十七日　星期二**

往Moscow-Volga canal参观,长158KM,宽85M。Moscow较Volga高出38M。船长约30丈,宽可并坐十人,有水坝二道,水高下差约三十尺。

晚在莫斯科码头,由莫城Soviet招宴。俄国歌唱,颇佳。

**七月二十八日　星期三**

九时,第四次评议会,表决第18次地质会议在伦敦举行。专门委员会议决:(一)Spondiarov price给Baturiu;(二)Cornus for Pab Universali归并International Paborld Union,(三)Lexique de strate graphic 非洲已印，亚洲应照同一格式，他洲应仿照；（四）注重 Carb，Perm，Triass 气候；（五）Homan Fossil 归并于国际古生物会；（六）构造会请 Fourmarier，Stille，Baily 订名词及图法；（七）创设 Geophysics 专委会；（八）地质图专会照旧进行；（九）非洲地质图会亦照旧；（十）国际古生物会之工作；（十一）创立矿物岩石及地球化学会。

十时半，地质构造会，余作主席。

昨今二天，日军在华北攻击甚烈，但闻华军已夺回廊房、丰台，又攻下通州。

**七月二十九日　星期四**

下午三时半大会，地质会完。晚 Volks 请宴。

英兵二人在极斯非而车站附近，一人在咖啡馆，为炮弹击死。

**七月三十日　星期五**

蒋廷黻自英归来。

《国闻周报》内《陕北之行》内载：毛泽东代表共产党声明，服从三民主义，红军具体改编，从前称"反蒋抗日"，现称"联合抗日""拥蒋"。又记周恩来、叶剑英（曾任张发奎之参谋长）、张慕陶（不赞成周恩来）、博古、罗瑞卿、林彪（红大现改抗日军政大学校长）、吴亮平（英语好，宣传部）、廖承志（廖仲恺、何香凝之子）、刘伯诚［承］（总参谋长）、朱德、丁玲、张闻天（中共总书记）、毛泽东、徐特立（老人）、张国焘（总政治委员）。又言，共产党要求中国走上宪政民主之路，共党当放弃土地平分及苏维埃政府及红军等名。该周报又记上海纱布操纵案，财政部要员吴启鼎、盛升颐有大力者庇护！

接心源（有肺病，咯血）、燕娟来信（十七日发）。

致何、钱电言:德愿中供安徽铁砂,请定办法电孔。

又电周柱臣:葛、谢、杨由平至京费,请充分协助。

**七月三十一日　星期六**

至莫斯科大学 Institute of Anthropology,见 Levire, Nesturkh 等,商交换事。

函钱仲良交换刊物。函张秉勋,可归国。

至 State Planning Commission 见 Smirnov,谈:(一)以后建设对轻工业当兼重;(二)该会注重计画实行之考察,兼管交通及对外营业之大计;(三)1928 年外国机器入口约占全国用途 50%多,须用现金,因少信用,现入口者不过 4%;(四)允以章程等见赠;(五)钨锑进口愿考虑,或可用。

函徐新六。廷黻言,Eden 已有重要办法向美国提议。

**八月一日　星期日**

今日是国际和平日! 试看是何实状?

七月廿八晚,中国军队弃北平,往长辛店。宋派张自忠兼冀察政委会代表。二十九日,华军弃天津及塘沽。三十日,日军占□□。三十日,蒋宣言对华北事负全责挽救。

往 Voks,商旅行,仍无结果。下午往 Tsarizin 旧王宫,□□未完,极不顺利。时昭瀛请晚宴。

函心源(劝保养),及□□□(商入学,写七月卅一日期)。

**八月二日　星期一**

外部电:盼俄加兵满边。报载长辛店已失。

Voks 请午宴,有 Komarov, Gubkin, Commissar of Education, Palary、廷黻、时昭瀛等。袁道丰请晚餐。

又函燕娟,入学事可与心源商定。

**八月三日　星期二**

偕廷黻游坟山，离大使馆不远，有 Stalin 夫人墓。

孔来冬电，询何时返国。复江电：拟灰日离此赴英，本月中旬，拟面陈，盼电示何处。

吴景超、黄汲清起身，由西伯利亚返国，以行李二件交吴携归，并交致何、钱函二件。

电何、钱：马鞍山厂与开滦合办事，盼早商定见示。

**八月四日　星期三**

函 Rainer(Arnhold)，Rambente(Ashmore etc.)，告以拟于本月中旬再至英国。又函王石孙，告拟灰日至瑞典(快)。又函吴蔼宸。

晚九时起身(九时五十五分开车)赴 Karkof[Kharkiv]，与 E. Epstein(Voks)偕行。相距 783 公里，约须行十四小时。

午间，偕西门宗华参观列宁博物馆，陈设尚佳。

**八月五日　星期四**

午到 Kharkiv，至 Hotel Krasnaya Room19。Moscow 至 Kharkiv 相距 783KM，车行十四小时。Kharkiv 旧为 Ukrain 之首都，曾为德侵占，后将首都迁至 Kiev。现有人口八十万人，仍在 Kiev 以上。工业甚盛，工厂多在城之东边，有新城。厂中有 Tractor 厂，为全俄最大厂之一。工业之盛为全国第三(其余为莫斯科及列宁城)。市内有 Taras Shevchenko(1814—1861)(工人出身，著作内提倡革命)铜像，底用 Labradorite 造成，表现其所著中革命阶段。又有 Palais of Pioneer。下午，参观“105”Colletive farm。“105”者为抗德工人纪念，在城之西南，1923 年开始。Local Soviet Chairman 陪往，有地 1600 Hectare，有马 73 匹，有少马 33 匹。分为 4 Brigads，每一 Brigads 有

3tractors,3drecting machine,2ants tractors,种粮食并种水果。委员会七人,监督委员三人(另有候补二人),皆公举。农夫(男女皆有)350 至 400 人。农人所得用马耕种,半 Hectare 作 1. 75working Day,用 tractor,种三 Hectares 作为 2working day,每一 working day 得 6kg grain culture,4kg potatoes,7kg vegetables,3kg Hay,另加三卢布。每一农户又得有房屋,所私地半 Hectare,牛一头,每一 Brigade 所得每年至少 620 working day。政府收所得税 3%。又得买农产 1/2 Sentinel for tractors,照成本,盈余为幼稚教育、医药保险等。

**八月六日 星期五**

本日,住京家眷迁居上海!

五日夜十二时开车往 Gorlovka,至六日晨六时到,行 274KM。又乘汽车向南,行十五分钟,抵 Kochegark 煤矿。在 Donetz Coal basic 之中部,开采已七十余年。以前为法、比人所办,采煤硝土倒成尖山。从前工程甚简,革命后收归国营,始用德国发电压气机器。后有添用俄国设备。德器压气 20ahn,俄器则 60ahn,每分钟抽水 130$m^3$。采煤十三层,煤皆侧斜五十度左右。直井三,最深者 640M,余下此井。其余二井较浅,工作之处距井底 1 或 1. 5KM。再开横道,亦往往至 1KM。井下运煤用电力,但因避煤气,亦间用马,用压气打空放炸药。每人每六小时能打 20M。采煤用 Mechanical dull,平均每日每工采出 1. 9 吨。灯皆用电,不用油。本年计画此矿出煤每日三千三百吨,煤如炼焦,烟煤颇碎细。闻灰分颇少,约 40%,层不厚,平均 0. 9M。

下午二时开车往 Kharkiv,晚九时到,车行 274KM。当晚九时五十五分开车往 Zaporozhye。

**八月七日　星期六**

晨六时到 Zaporozhye，行 327 公里（慢车无电灯，每站皆停）。

Zaporozhye 在 Dnieper 发电厂之东南。此厂在 Dnieper 河上，河通黑海，但船行至此为止，再上皆为滩路，河深水急，不能行船。Alexandrov 作计画，Winter & Rotterf 任工程，并有任 Consulting Engineers，用工人五万人，费五年，至 1932 年完成。水宽约 700 公尺，筑圜闸，长约一千五百公尺（实计权 158 权，每二权间不少二十五步）。上下水高差三十余公尺（上水为五一.二○，下水二一.七○）附近有炼铝厂，砂来自 Leningrad，每月能出铝三万吨，世界第一大厂。又有 Kozior Steel Plant，自炼焦，用 Donety 煤，有化铁炉二座，每炉每日出生铁 1030 吨，炉内体积九百立方公尺。

**八月八日　星期日**

上午参观，Dnieper Power House，总工程师 Oariv 导陪。Generators 九座，其中美国 GE 五座，俄国自制者四座，同大，每座能发电力九万马力。五座动作，四座停，或修理中，戒备甚严。

在大使馆晚餐，有 Acadimician Komarov，Volks N. Smichov，Melid，外交部之 Kotovshy，Palovy。

与施其南算清垫款，支还美金 334 元。

**八月九日　星期一**

乘 Se-Afd 飞机，上午七时（俄时）起飞，至 Riga 稍停。中午十二时（中欧时）至 Stockholm，王石孙（景岐）公使来接。

下午，参观地质陈列馆，又往访 Sven-Hedin。

与柏林大使馆通电，但他们下午不办公！

电（灰钱乙藜）：家眷不全搬，牺牲在所不惜；又请转告地质所同人，安心努力。

眉注:此皆系十日事。

**八月十日 星期二**

至Stockholm,见上页。住Grand Hotel Room 444,每日16Kr。

**八月十一日 星期三**

寄信片致心源、心翰及燕娟。又寄周杜臣、黄汲清(个人享受不宜过份,工作必须尽力)。

见[至]远东博物馆,见Bergman。甘肃仰韶陶器,有二人头盖,极佳,Ordos铜足。

在远东博物馆,见□□□。

**八月十二日 星期四**

住Park lane Hotel 124号房内。

上午十时一刻自Stockholm起飞,乘British Air Line机,经Malmo, Copenhagen, Hamburg, Amsterdam,下午七时至伦敦。机内阅□□□。

晚,郭复初来谈话。

**八月十三日 星期五**

上海有战事,以后称为"八一三"。

孔电言:催蒋大使速商俄,允沈德彝入境。二次电廷黻。

何廉□电:赴俄考察,奉谕暂缓。

严冶之电:□□□购马鞍山铁砂。余元电会:可否以原售日本者酌送德国,或由会派人与法代表一谈。

Bell来谈,彼住Fairfield Putnoe Bedford(Bedford 2623)。中山楼晚餐,有中国童子军二十人,谈话!

八月十四日[①] 星期六

八月十五日 星期日

咸电何转蒋:请商英美召开远东会议,并提国联,停止日本违约行动,并告拟即东归。

Lloyd George 论 What Japan in doing in China 登 *Sunday Express*。

李德儒家晚饭,见吴达模、刘铁良、李(李鸿章后人)。

八月十六日 星期一

上午 10:30 至 10,Sord Str. 与 R 及 Ashmore 代表 Rambust 谈话,商定 Preliminary agreement 草案。

八月十七日 星期二

上午 Peter 至 Str. Koysway W. C. Z□□见 Rambust 等,续商 Preliminary agreement 稿。关于□□□事,俟余返回商定。

下午三时,至□□□谈话。

八月十八日 星期三

定荷兰 KLM 飞机,二十一日自 Amsterdam 起飞,二十五日可至 Singapore。

阅 Ashmore 合同,又交代收美金六百元转交蒋廷黻。

巧电何、钱:马鞍山厂先预约输出担保局已经商谈。

电孔,拟乘飞机东归。

八月十九日 星期四

葡萄牙因捷克对已定军器不交,致宣言绝交。

孔电,拟再留欧,以舱位转送。电复:无飞机可往 Portsaid,已

① 字迹不清,无法辨认。

定荷兰飞机东归,廿五日至新加坡,有函托郭大使转呈。

顾少川电话询俄事,并托转交致宋子文函一件。函蒋廷黻,告行期并送139卢布票。电孙越崎:中福董事部无权管理农本借本,切勿实行,请转告杜君。

至大使馆,遇刘君,托转交大使代送孔函。王麟阁、仲跻翰来访(皆杨虎城之随员)。

至Thos Cook & Son商船行李二件,付三镑,约明日上午来取,闻须十月上旬可到。

至Chase Valiant Bank自提£200为路上用。

Rambust函送钢铁厂说明,复谢之。上海日军被截为二部。

**八月二十日 星期五**

蒋来效电:兄可□返国。

将行李二件交Cook运香港,设法转南京。郭复初来送行。

**八月二十一日 星期六**

晨自Amsterdam起身,途中修机,至Leipzig停。天气有风雨,至Magyolorgay[①]首都Budapest停,见Daunbe河,地多山。至Yugoslavia京城Belgrade未停,晚至希腊京Athens。片寄蒋廷黻及郭复初。在希腊住Hotel Grand□□。

**八月二十二日 星期日**

自Athens起飞,至希腊南岛Rodes暂停。又过地中海至埃及海口Alexandria,又至Lydda,皆停。Lydda午饭,离耶路撒冷不远。又至Baghdad(Iraq境,望见Tigris河)。又至Basra,亦Iraq境,在Tigris及Euphrates二河交会处之下,前波斯湾甚近。天气极热,住

① 拼写疑误,匈牙利语作Magyarország。

Port Rest House。

**八月二十三日　星期一**

自 Basra 起飞，经波斯湾至印度之 Djask 稍息，又至 Karachi。海关查行李，医生查身体。晚至 Jodhpur。至 Maharaja 王宫及其祖墓及纪念堂参观，皆在矽岩山顶上。祖墓建自四十年前，皆用石，上用大理石。住 State Hotel。

英文报：因日人不接受英法要求中日退兵以上海为中立地，皆表示不满。是为足见日本目的不仅保护彼邦在上海侨民。

**八月二十四日　星期二**

自 Jodhpur 起飞，因 Calcutta 附近大水漫淹不能停，故至暂停，即续飞，经过 Ganges 三角洲，至缅甸京城之仰光 Rangoon。参观金塔，导者言，上有金刚石。

**八月二十五日　星期三**

自 Rangoon 起飞，至暹罗京城曼谷 Bangkok 早餐。又至 Penang，有王领事接晤。又至苏门答腊之 Medan 稍停，中餐。至新加坡，总领事高凌百夫妇来接。

中英记者来见。往看 Tilawa 船。

Rangoon—Bangkok，580KM<br>
Bangkok—Penang，1000KM<br>
Penang—Medan，260KM<br>
Medan—Singapore，628KM<br>
} 2468KM

自伦敦至新加坡共计 13588Km。

**八月二十六日　星期四**

偕高凌百、黄树芬（淡如）游柔佛王宫，作防 Cholera 射注。高介绍外交部驻香港办理货单签证专员戴德抚至港接见。电何淬廉、金开英告行期。

乘 British India Steam Navigation Co. 之 S. S. Tilawa 地剌华□□船往香港，下午三时开。

**八月二十七日　星期五**

在船上。

《星洲日报》载，日人调查中国巡洋舰九只如下：□□，另有驱逐舰二只，炮舰二十八只。

**八月二十八日　星期六**

在 Tilawa 船上。

《星洲日报》载，日方调查中国空军现有：□□□。

Singapore—Hongkong—1442mils（浬）Hongkong—Shanghai—861miles（浬）

**八月二十九日　星期日**

在 Tilawa 船上。

**八月三十日　星期一**

二十一日，中俄不侵犯协定。

在船上。二十日美军舰受飞机弹炸受伤。

本日[月]廿七日夜，华军退张家口、南口及居庸关。

**八月三十一日　星期二**

上午十一时至九龙，戴德抚、朱凤千来接。住 Peninsula Hotel 204 号。今晨日机炸广州。

**九月一日　星期三**

捷克公使 Jans Sela 来访，面言有意国□军 Command Panunzio，数日前曾言，日飞机炸鹰□岩。兹又言，十日内日机拟炸毁广九铁路，似可注意。

偕顾季高访 Stephens,遇见陈伯庄夫妇。

范[樊]眷甫来谈。

报载:孙哲生、何敬之、李汉魂等夫人皆住此间。

**九月二日　星期四**

拟乘飞机至汉口,因风未成,拟明日试。

冬电何,告以捷克公使所说 Panunzio 事,请转达军事当局。吴淞、宝山(未失)等地闻皆已失守。

**九月三日　星期五**

飞机九时起飞,一时至汉口,住□□□Hotel。

见王佐臣、何雪成、郭悔吾、吴国桢、卢滇生。

晚九时,武陵轮开行。

**九月四日　星期六**

在轮船中。

**九月五日　星期日**

十一时至南京。

下午见蒋,命为军委会第三部长。余辞行政院秘长职。当时蒋面告:(一)对日抗战,必久战方能唤醒各国,共起相争,而得胜利;(二)长期抗战,必须坚守西部(平汉、粤汉路之西),以备及时反攻,因之必须准备振作西部基地的生产力量。命余实管资委会及第三部,专心工矿生产,不分公私,均应充分提高。

**九月六日　星期一**

至张岳军宅,到者:陈布雷(副秘书长)、熊天翼(第二部长)、吴达诠(第四部长)、陈公博(第五部)、陈立夫(第六部),又徐景薇、罗君强。下午,与俞大维及钱乙藜,商第三部职员。拟秘书徐象枢、张兹闿;矿冶组,余兼长,副程义法;化学【组】,林继庸、金开英;电工【组】,恽震;机械【组】,杨继曾。

晚,访胡适、蒋立新。

日飞机攻广德。

**九月七日　星期二**

访傅孟真。

与钱乙藜谈资源委员会,余应实施秘书长职权。

访魏道明。

桐书自沪来京。

**九月八日　星期三**

国防会议常委会,汪、孙、于、戴、陈、吴、张、何、王、陈、翁、邹。财政部提全国加田赋一年,可得八千万元。陈立夫、孙科反对甚力,主张增发纸币,利用物品。又讨论应付封锁口岸办法,及开封、青岛理由。

高宗武来谈。陈宽甫谈在德情形。

定《地质调查所非常时期内办法》七条。

胡适之、钱端升、张忠绂起身,由汉、港飞机赴美。

**九月九日　星期四**

徐象枢、卢郁文来见。卢为行政院参议,何廉所荐。

请□□□、程中石午餐。电严冶之。

吴达诠来谈。

偕□□及徐象枢往太平关旁富贵山地窖。府令准辞行政院秘书长职。

**九月十日　星期五**

张岳军宅内会谈各部预算标准。

**九月十一日　星期六**

国防参议会开会,汪主张勿伤德国交情。

召集第三部杨公兆、程义法、杨继曾、孙越崎、恽震、钱乙藜等会商第三部工作。

吴蕴初来访。

蒋真电克兰,华货万万元待运,并盼彼来华。

**九月十二日　星期日**

访程颂云,知马厂、青州已失。

访汪精卫,谈中俄关系。

杨公兆、秦景阳、庄前鼎、恽震、孟宪民来访。

**九月十三日　星期一**

资源委员会纪念周,讲:忠实、经济、与第三部关系。

本日开始在会办公,第三部亦开始办公。

商定资委【会】购救国公债四十万元,以钨盈余项下拨。

在张岳军处商研调整委员会办法。

与孙越崎谈炼钢□。

日军占大同。

**九月十四日①　星期二**

**九月十五日　星期三**

霍伯器 E. H. Hall Patch 谈:(一)日提海关办法(还外债,不改组织及税率,中国宜接受),但款存中立国银行;(二)不赞成统制外汇;(三)宜求和解,勿久战。

见张岳军,商移用河北煤矿设备。

---

① 本日无记。

再电谷九峰来京。

与顾湛然电话。

**九月十六日　星期四**

访吴达诠，商调整委员会组织。

俞樵峰请午餐，白健生、李济琛等均在座。

凌宪扬来谈中德易货事。

计算长江烟煤产销约各二百万吨。

**九月十七日　星期五**

商讨工矿、农产、贸易调整委员会章程。

在张岳军处，商各部处理公文手续。

商订第三部预算每月一万九千余元。

顾湛然来函，由钱新之、周作民携来。

孙越崎偕秦慧伽、陈可甫来谈马鞍山钢铁厂事。

**九月十八日　星期六**

张岳军、张公权、吴达诠、周作民、钱新之等，讨论三调整委员会工作方法，商定二万万元，内财政部出二成。

以工矿委员会名单交张，常委顾振、朱升伯、霍宝树。

谷钟秀复：即来京。

**九月十九日　星期日**

上午九时、下午三时日飞机攻京。

谷九峰到京，谈冀矿设备南迁(井陉)。

偕尹赞衡访熊天翼，谈江西地质调查所事。

**九月二十日　星期一**

日飞机至京掷弹。海军司令通告：各国外交官应离开南京，以避彼方大举炸击。

九月二十一日　星期二

日飞机未来。

陪谷九峰见蒋,交谷智密电码。

九月二十二日　星期三

日本飞机来攻二次。闻车沿营部及山西路受损甚重。

见蒋,谈与 Goeling, Hitler, Metzlavk 及 Exp. G. Durrentu Sgt. 谈话情形。

何淬廉来谈农本局事。

谷九峰由津浦北行。孙越崎往芜湖,乘船往汉口。

杨公兆来家午餐。

九月二十三日　星期四

上午,白健生谈,数日后有飞机数百架可到。

九月二十四日　星期五

日飞机未来。闻保定已失。

拟派陈良辅、刘兴亚、张莘夫、周茂柏等迁移河北煤矿设备。

第三部谈话会。

与孙恭度商定,召开移沪厂会。

程宗扬谈,闻钨矿在西华山、归美山、大吉山三处,共可出净砂每年五千四百吨。采矿设备三十二万元,选矿设备七万元;矿洞高六尺半,宽五尺半,每开进长三尺三寸,须工费三十元。人工开每天能开½公尺,如用 Drill,每天开八尺。

Mussolini 访德。

九月二十五日　星期六

日飞机大举炸京,电、水俱停;卫生署死二人,伤九人。

马□之来京。

**九月二十六日　星期日**

至三元巷，核定移冀矿公文，派陈良辅、孙越崎接洽；刘兴亚、周茂柏、张莘夫、陈良辅办理移矿。

张公权来谈。

王野白来谈。

**九月二十七日　星期一**

日机来三次，但未入城大炸，但在永利厂掷弹十余枚。张芝联起身往汉口。

工业调整委员会召集各机关人，会商工厂迁移原则。

电谷九峰。见德大使，交以河北煤矿迁移办法及关于井陉公司之意见。

俄大使飞返国。闻陈立夫同往（不确）。

**九月二十八日　星期二**

日飞机来京一次。

英代办贺武及 Blackburn 来谈：（一）中日能议和否；（二）日提华北海关办法，中国接受否……面告张岳军、陈布雷。

端木恺陪工程师王君来谈作地下室事。

至白健生住宅。

国联大会通过【决议】，谴责日飞机滥炸中国。

**九月二十九日　星期三**

日机未来。

杭立武来谈，拟由英庚款办工学院（此何时乎）。

金陵女子大学晚饭，见 Metz，谈中日关系。

**九月三十日　星期四**

第三部及资委会移至广州路158号办公。

曾仲鸣、赵璧来,托购建地下室材料。

恽震来,托商季宽减低武昌水电厂作价,自一百六十万减为一百十万元。

访汪伏生、傅孟真。

**十月一日　星期五**

徐旭生来访。卢作孚。

日飞机来,未进城。

访徐可亭,谈工矿调整委员会工作。

电复孙越崎、陈良辅:此时可移运者,如怡立、磁县,即尽先移运,井陉、正丰亦宜设法。如为时不及,钱司令主张由军队破毁,亦为不得已之适当处置,统盼密速办理。

拟复总动员计画内第三部工作。

失保定、沧州、德州、雁门关。

**十月二日　星期六**

日飞机未来。报传日军在沪市中心撤兵。又闻日兵已占正定,并破雁门关。

卢作孚来谈重庆水泥厂(日产九百桶,不日可成)、电力厂,拟借款。

何淬廉、高惜冰、张文潜来谈纱厂统制办法。棉花价每担二十三元,长江流域内地一百万锭,每月出纱七万包。

派尹赞勋指挥照料地质调查所图书馆。

朱忠道请辞设计委员会国际关系事务组长职。

**十月三日　星期日**

日机未来。

游第一公园。Havas 记者 Breart 来谈。陈振先来访。

函 Grabek,现赴长沙。

前清铜元每个重一分八厘五,民国铜元每个重一分八厘,平均作为一分八厘二。

**十月四日　星期一**

日机未来。

请陈励刚(江西地质调查所长)、尹建猷来谈。

阎锡山枪决李服膺。

**十月五日　星期二**

日机来三次,上午九时,下午五时半,夜十二时。

见熊天翼,送《改进江西地质调查所办法》。

永顺营造厂唐海顺(大纱帽巷20号,二二五一六)来谈地下室工程。端木恺介绍,庄秉权及王□□[①]计画并用□□。

美大使馆晚餐。

德大使陶德曼来【谈】:井陉矿德股中国如收回,应出十四万镑。

国联咨询会决议:大会赞同委托大会主席对于召集国联各会员国,凡系《九国公约》签字国举行会议之建议,采取适当措置,大会提供保证,务在精神上赞助中国;并向全体委员会建议,任何行动凡是使中国抵抗力为之减弱而使现行纷纠愈陷困难者,务勿采取。至全体会员国可在何项程度内援助中国,则当由各该国分别考虑之。

美总统在芝加哥演说,斥侵略国,并不担保不战。

**十月六日　星期三**

日机来二次(上午九时、下午三时)。下午八时又来一次。

① 原文空白。

经委会赵祖康、中央信托局毕庆康来谈各省购买汽油情形，拟请粤、桂、黔加入纯[统]一办法。

起草《告资委会同人书》：生产、组织、节约。

国联议决，勿减少中国抵抗力，并分别协助中国。

**十月七日　星期四**

访德大使陶德曼，彼言电请井陉德①到京面谈；谈王雪艇对外交方针。

广州路158号，电话三一三九四。

见林继庸、胡厥文、余名钰、周锦水（华成电机厂）、孙鼎（华通电机厂）、张惠康（亚光制造厂）、胡西园（亚浦耳灯泡厂）、李庆祥（华德灯泡厂）。

家中第二地下室开工（永顺营造厂，康海顺包工，价三千一百元）。

**十月八日　星期五**

参加第三部各组室谈话会，商：（一）工作大纲；（二）迁移工厂；（三）工厂防空。张公权提议，以英庚款合办马鞍山钢铁厂。

农产、工矿、贸易调整委员会联席会议，上海到者：陈行、胡笔江、汪楞伯、唐寿民、周作民、李升伯等。议定下次讨论：（一）事业范围；（二）各会间连系办法；（三）中央地方划分；（四）铁路轮船运输；（五）第三部应有整个计画。

与吴达诠、徐可亭商迁移工厂办法。

**十月九日　星期六**

以下各日，每日会商调整委员会组织、职权、人选、预算等事。

---

① 原文如此。

到者徐可亭、陈潜庵、胡笔江、汪楞伯、薛迪锦（叶琢堂代表）、陈光甫、周作民、何千里、邹秉文、唐寿民、吴达诠，张岳军主席。

**十月十日[1]　星期日**

**十月十一日　星期一**

**十月十二日　星期二**

**十月十三日　星期三**

**十月十四日　星期四**

访吴达诠，与谈工矿调整委员会，愿尊重第四部意见，并商对纱厂办法。

**十月十五日　星期五**

偕陈光甫、周作民、何千里访汪精卫。汪言，中国不对日宣战绝交，但应用国民自动方式对日经济绝交。又同访白健生，白愿令军队帮运货车辆。

易嘉伟 Eckert 来谈。

请何淬廉、萧淑予来宅晚餐，并与萧商任工矿会业务组长。

**十月十六日　星期六**

丁文渊来谈，愿往德或为德顾问办事。

张岳军主张，三调整会薪不用将、校、尉比较制；并晤陈光甫、邹秉文。

李升伯来访。

吴任之自港来京。

**十月十七日　星期日**

黄汲清、尹赞勋、方俊来谈。

---

① 10—13 日无记。

李升伯来谈，吴拟派周寄梅为棉统会主任委员，张文潜为处长。

请吴任之、俞大维等晚餐。

**十月十八日　星期一**

张岳军交工矿会实施办法宜修正。又阅顾少川请示电。

访何淬廉，谈第三、四部运□事□工学院。

杨公兆来商《农矿工商管理条例》。

**十月十九日　星期二**

中原公司寄赠万元，以八千元购救国公债。

李公达为专门委员，加入钢铁厂筹委会工作。

草《中日问题解决方法之建议》及《东四省问题解决方法之建议》。

马受之移往第五部。

北平研究院办事处……

快函 Teilhard(北堂)：请转告所员，速南来，并告 Houghton，Weldenrich，采集宜在南方。电陈恺研究圭山乌格煤矿、朱熙人【研究】东川铜矿。

**十月二十日　星期三**

吴景超返京。曾世英返京。林继庸自汉返京，拟再往沪。

草《告地质调查所同人书》。

商启予介绍屈腾霄办湘潭土木工程。

送张岳军：(一)《中日问题解决方法之建议》；(二)调整会公文二件。

**十月二十一日　星期四**

高惜冰来谈迁工厂事，以厂单【交】林继庸参考。卢成章谈愿迁□□□。

张岳军晚餐，美大使及参事。

日飞机炸毁永利硫酸铔厂。

**十月二十二日　星期五**

张连科来谈汉阳钢铁厂事，告拟商官商合办事。

英代办贺武请晚餐。

访俞樵峰，商运煤办法。

草拟《神圣抗战中国民的义务》。

晨四时，静宜生于上海愚园路和村三号。

**十月二十三日　星期六**

日飞机来三次。

孙越崎函告，有人认彼为汉奸。函告冯玉祥，电告汤恩伯，请保护。

又函何应钦，商汤恩伯勿改编中福矿警，诸事应商越崎。

电□□□催请提速开矿产煤。

欧战时，英政府收入每年2000000000镑，用战费7400000000镑。现在日本政府收入每年□□□银元，用战费400000000银元。

照此算，中国政府收入每年1000000000元，可有战费3700000000元。

此实理想之谈，不可靠也！

**十月二十四日　星期日**

后方勤务部指定轮船（每只约二千吨）七艘、驳船十只，归第三部指挥，为运煤赴汉口之用，共量二万五千吨；中兴有二船，共量五千吨；淮南有三船，华胜公司共量八千吨；铁路有三船，共量五千二百吨。

凌竹铭到京。骝先来谈。

张岳军宅会谈。

请李景潞、金开英往防空处，商永利厂防空办法。

函复徐旭生，论整顿行政。

**十月二十五日　星期一**

电沪林继庸：请访钱新之、徐新六、霍宝树。

访吴达诠，□□□棉统会专门委员李升伯、张文潜为棉纺织业管理处处长、副处长。

闻蒋已训令顾少川应付比京九国公约会议方针。

函复李仲揆，言丁氏纪念基金尽先为研究用，不必改为□数。

复 Mathieu，言中国决定抗战到底，但望国际援助。

**十月二十六日　星期二**

孔庸之返京。与列蒲山谈经济统制事。黄镇球谈防空。

中英文化协会谈九国公约会议，杭立武、徐叔谟、傅立英、周炳琳……及余。

**十月二十七日　星期三**

见张公权，谈马鞍山钢铁厂。见秦慧伽，谈宜阳煤矿。

陈公博来见，谈赴意商洽货物交换事。

昨今二天失太仓，局势甚急。闸北、江湾放弃。

核定《农矿工商管理条例草案》。

邀请李公达、薛次莘等晚餐。

**十月二十八日　星期四**

郭子勋（代理国外贸易事务所所长）、程士范（淮南煤矿）来见。

与孔庸之同午餐。孔在日内瓦请面告艾登对中日事不能守中立；在德国与希脱拉□国社党大会□□助力□华。余商□□战时统制工业并速筹经济政策，并谈及外交情形。

王守竞来谈。萧叔玉返京，与谈工矿调整会组织及工作方针。

戈定邦来见。

战前中央收入每月五千万元，支出六千余万元，现在月收一千数百万元，支出一万五千万元。

比国邀请苏俄及德国人加入九国公约会议，十一月三日开会。

函复李晓沧。

**十月二十九日　星期五**

与郭子勋谈钨砂贸易。

第一次各组室谈话会，谈第三部特款办法，与各机关关系之注意。

见林继庸、吴蕴初。

请王守竞晚餐，谈 H. C. J. MacDonald 曾任苏俄金属矿管理主任，愿至中国服务。

**十月三十日　星期六**

与吴达诠会电复陈果夫：派高惜冰、顾毓瑔、恽震往镇、高、苏、锡、常、通，工厂迁移事宜。

派关□□往上海，向四行商领款、付款手续，孙培镕向京四行接洽。

陈长蘅、张锐来谈。电严冶之，请催钢铁厂布置图及规范。

团附谢晋元、营长杨瑞符（第八十八师孙元良所属）固守闸北四行仓库三昼夜，高悬国旗不屈，与死守宝山城之营长姚子青同可钦敬。

十月三十一日　星期日

谢晋元、杨瑞符率军队退出闸北。

张岳军宅面谈：(一)报告北方军事情形；(二)迁移工厂近情及方法，请勿忘第三部。张又谈及 *Evening Star* 所载中日直接商谈和平条件，并请孔庸之于明日纪念周谈话。

华拉克(Otto Wollak)来谈资委会所办各矿情形及意见。

访傅斯年，谈外交情形。

十一月一日　星期一

周寄梅来谈棉纺织管理处请张文潜为副处长。

至广州路七十五号工矿调整会办事房视察。

何淬廉、傅孟真来谈，电胡适之、张彭春。

十一月二日　星期二

见蒋，面陈中英经济合作办法，蒋允准照办。又陈王守竞商买美国飞机办法，蒋拟与美国空军顾问一商。张岳军来，面陈民众及总动员办法，未有一定结果。

叶琢堂、张度函复，沪战起后已购运德华货五百十七万余元，运出者仅一百六十余万元。

电香港贝志翔，□克兰襄助飞港转京。

何敬之言，日本在华军队每日费十八万元；中国自开战迄今，已用迫击炮弹二十五万发。

十一月三日　星期三

张丽门来京。

宴请秘书厅各组长及第四部人员。

电霍亚民，商永利借款事。

**十一月四日　星期四**

见周作民,商四行支款事。范旭东来见。

宴请第三部及资委会人员。

第一战区伤亡七万二千人;第二战区伤亡三万七千人;第三战区一八万七千人①;第四战区伤亡甚少;第五战区伤亡二千人……共计华军伤亡三十万人。

日军伤亡每日平均约九百人,以八十日计,约共七万二千人(约当为八万人)。

中国兵工厂自造步枪每月能供二师,机关枪能供一师。

实共六十师,作战设备须二万万二百万元。

**十一月五日　星期五**

盛升颐面谈,新组公司租办汉阳钢铁厂。

周作民抄送四行付款办法。

唐星海面谈,棉统会原拟:(一)办机器厂;(二)改组纱厂联合会;(三)设 Trading Company(即如中棉);(四)□□□。

国防最高会议开会,到者四十五人。王亮畴、白健生、何敬之、孔庸之报告。蒋言:(外交)齐一意志,领导(不应盲从)舆论,九国公约会议极好,极难往,望其成功。中日问题之解决应商国际(第三国)。(内政)对政府勿因小事而失望,对共产党勿捧,勿盲从。共党在牯岭言,为三民主义工作,共产党可取消,中央可派人,今皆未实行。(大局)一德同心,持久抗战。吴稚辉言,不宜凶终隙末。汪精卫言,宜取消二口号:(一)国共合作,(二)非联俄不能抗日,非"容共"不能联俄。孔庸之言,全国一致抗日,军队不应分党,或

① 原文如此。

分任何主义。蒋又言，非共党而拥护共党，以希图趋时得利者，最应制裁。

本日晨日军在杭州湾、金山湾登岸，图攻松江。

**十一月六日　星期六**

与徐可亭面商汉阳钢铁厂办法。新公司官商合办，官股略多，亦请其与孔商谈。晚请盛频臣（升颐）、钱乙藜晚餐，并谈此事，盛极同意。

张丽门起身赴沪（明日的事）。

意、德、日反共公约在罗马签字。

**十一月七日[①]　星期日**

**十一月八日　星期一**

偕宋子良见蒋。蒋谓组货物交换委员会，孔为主任，宋及余为副主任，陈光甫、周作民为委员（九日事）。又同访周作民。

孙越崎来京。

**十一月九日　星期二**

晚，请贝安澜、杜扶东、胡石青、樊眷甫、孙越崎便饭。

太原失守。上海撤兵，但守南市。

**十一月十日　星期三**

日机又来京炸击，不来者已十七天矣！（自十月二十四日起至今）

卢作孚来谈联合运输处开始组织情形。

今驻沪、汉国外贸易事务所以英镑定价，并收英镑。

---

① 本日无记。

**十一月十一日 星期四**

电黄旭初,询锡、锰、桐油。电何芸樵,询锰、锡、水银。电吴国桢。

邹明初(联合运输办事处第一课课长)来见。

张岳军宴 Trautman, Fisher。Fisher, Dr. Abegg 明日来见。

**十一月十二日 星期五**

见 Nystrom,收袁复礼交来图。见支秉渊、胡伟三。

邹秉文访孔,商易货事。

至下关招待所晚餐。

见 Frankfurter Evening 记者 Lily Abegg(阿拜克)。

总理生辰纪念日。

**十一月十三日 星期六**

刘航琛、卢作孚来谈。

午宴宋子良、易嘉伟。

晚访何淬廉,商政府临时办法及□□□临时办法。

**十一月十四日 星期日**

厂矿迁移监督委员会开会,余催少顾手续,从速实行。

见刘湘(甫澄)。

在青岛购到汽车汽油九九九〇听,每听五加仑。飞机汽油三四四桶,每桶三十加仑。又飞机汽油二五〇箱,每箱十加仑。张慰慈经手。

上海购料共费五百六十万元,又附带购物四二四八〇〇〇元,共计九八四八〇〇〇元。

**十一月十五日 星期一**

午宴贝安澜、孙越崎、樊眷甫,晚宴贝安澜、杜扶东、胡石青、钱乙藜、孙越崎,商讨合办湘潭煤矿公司(资委会51%,中福联合办事处49%)草合同。

日机来掷弹。

**十一月十六日　星期二**

晨五时四十分,送燕娟起身往首都饭店,偕孙越崎等乘公和船往汉口暂居。

国防最高会议开会,刘湘加入为委员。中央党部政治、组织、训练、宣传四委员会均停止,留执行及监察二委会。国民政府与五院院长或副院长合并办公。以上皆往重庆。林主席今晚起身。第二部取消,第五部改宣传部。蒋言,以四川为基础,可再抵抗三年,必得胜利。孔言,美借一万五千万金元。行政院议决,明令褒扬郝梦麟、刘家麒、郑廷珍,并给谢晋元、杨瑞符以青天白日章。

比京九国公约会议(十五日)通过宣言:(一)日本拒不与会,并谓此战与公约无关,深为抱憾;(二)中日直接谈判不能有公正及垂久之解决;(三)列强应考虑采用何种共同态度。

**十一月十七日　星期三**

军委会令各机关迁移,资委会、第三部、工业会多数人员今日乘津浦车,由豫转往武汉。刁本卿(民仁)、侯致本来谈。

电撤消湘潭煤矿筹办处,设湘潭煤矿有限公司;又电派孙越崎为总经理。

家中衣箱八只,托资源会人(李谟炽等)携往汉口。

**十一月十八日　星期四**

以组织湘潭煤矿公司事折呈蒋。

何芸樵来谈,湘省府另任他人。刘廷芳同。

派薛葆康往镇江,协助工厂迁移。

**十一月十九日 星期五**

蒋派张治中为湘省主席,吴鼎昌主黔省,蒋作宾主皖。

电中兴,购锅炉、水泵各四。

吴鼎昌函,请发工业试验所、度量衡局迁移费,共一万元。

函吴乐夫将军,并抄函致孙越崎。

派林继庸、李景潞为工矿会武汉办事处正副主任。

失苏州、嘉兴。

国防最高会议开会。

**十一月二十日 星期六**

见蒋,面陈湘潭煤矿及汉阳钢铁厂办法。

乘长兴轮,于夜十一时半开赴汉口。同行者有何应钦、吴鼎昌、邵力子、张厉生、狄君武、何芸樵、张文伯、徐叔谟、陈蔗青、高宗武、梁寒操、王雪艇等多人。孙哲生自芜湖上船加入。在九江(次日)略停,何、王、熊(天翼)先行。

是日,国民政府宣言迁渝,持久抵抗,政府各机关纷纷西移,惟外交王亮畴、铁道张公权、交通俞樵峰尚留京。

孔庸之已先一日行矣!

**十一月二十一日 星期日**

途中。徐、陈二次长为高宗武新婚夫妇开茶话会,狄君武捧场,甘介侯、周佛海、何敬之等共相欢笑。在政府离散,国基濒危之日,风雨同舟,偏有此豪情逸致,读"商妇不知亡国恨,隔江犹唱后庭花",感慨系之矣!

张丽门面述,在沪与宋子文、徐新六、胡笔江、叶琢堂、霍亚民等接洽情形。

十一月二十二日　星期一

夜间十二时抵汉口，至法租界满沙街四号资委会国外贸易事务所，睡时已二时矣。

阅报，知昨日南京受空袭甚烈，日军已攻无锡、江阴。

十一月二十三日　星期二

见客甚多。电陈蒋、张在汉住址。

与孙越崎谈湘潭煤矿组织。

徐文耀面商，用太古温州轮运煤自浦口至汉。

桐书、燕娟来谈，住日界南小路四十二号。

与范旭东谈湖南工业。吴蕴初来谈。

日军对上海公共租界提要求五项。

十一月二十四日　星期三

张丽门、萧叔玉、林继庸、李景潞、金开英、钱乙藜等商讨工矿调整会资金运用方案（固定基金三百万元，流动资金为信用借款，购料及销货等用）。

至两仪街访陈光甫、邹秉文，谈时局。

*Daily Telegraph* 记者 Edward A. Ch-Walden、孙鹤皋来谈。

杨继曾、余名钰等来，商定大鑫钢铁移往重庆。

福公司函送酬金万元。

敌机至长沙掷炸弹，刘廷芳昏晕。

十一月二十五日　星期四

访吴达诠，商迁豫、皖（芜湖）、赣（九江）工厂，派高惜冰、陈世桢往办。往孔庸之、李正卿、孙越崎。

接见 Walden（彼言孔允赠三千镑）、叶揆初。

租温州、海州、宏顺三轮（皆太古）往浦口运煤。

电中兴黎玺玉,劝迁机件开办秭归煤矿。

十一月二十六日　星期五

与林继庸、高惜冰商湖北棉花有限,恐移纱厂不宜太多。

穆藕初、穆家玖来访。

林继庸往访商会主席黄文植。

与杨公兆商煤炭运输,拟函孔,拨盐船。电俞拨船。

日机炸断广九路桥。

顾祝同为苏主席,黄绍竑为浙主席。

十一月二十七日　星期六

至中福办事处,举行湘潭煤矿公司董事会议,到者钱昌照、贝安澜、杜扶东及余,列席孙越崎。电请蒋鉴核备案。

黄季陆(第四部副部长)来谈,嘱催高惜冰、陈世桢出发移厂。

李春昱自大冶来,与谈地质工作分配办法。

刘宗巽(鄂省盐务处长)来谈,商定分船运煤。彼调勿扣宏顺、庆宁、永升等船,以借运盐。

十一月二十八日　星期日

何成浚、钱宗泽、黄昌鼎(谈广世纺纱厂)、周孝伯、朱敏章、钱雍、黄文植、苏汰余、贺衡夫(商会)等来访。孙越崎赴湘,杜扶东赴豫。

访汪精卫于鄂省公署。汪言,两害必取其轻,主和也。又言,九国公约会未开会者,德大使调停。只求华北"自治"、减轻关税、取消排日、"经济合作"四项。抗敌阵线在江阴、石塘湾(无锡以西)、宜兴。

首都卫戍司令官唐生智昨日在京谈话,尚坚守南京,但劝外侨离开。

敌机昨日袭西安。

十一月二十九日　星期一

资委会付湘潭煤矿公司资金一百零二万元，由贝安澜、仝润卿代收。

邹秉文、何淬廉、刘大钧、方治、程文熙、单宗桐、朱谦来访。

林继庸往见武昌县长杨适生。杨不在，秘书代言，迁来工厂购地困难，因石星川、易兰生、侯道人及某和尚之为难，评价不易成功。

访徐可亭、张岳军、吴达诠。吴派朱谦办贵州省之水银矿。

上海工厂迁移至武昌者共114家，计重一一四二二点八五吨，内有华生电器厂、华成电器厂、大鑫炼钢厂、龙章造纸厂、上海机器厂。

十一月三十日　星期二

意国承认“满洲国”！

卢作孚来谈，欠运川机件每吨运费在百元以下。

Hans Klein、齐焌来谈，K. 言德国□□情形。电蒋报告。

Houghton 电请由裴文中在平代 Teilhard，复电赞同。

函何雪竹，商请协助迁武昌工厂购地。

闻江阴炮台已失守。

在周苍柏宅晚餐。刘航琛言，四川已出十四师，广西已出兵三十万人。

John Lossing Buck、马衡、马巽、聂光堉、吴国桢、邹明初、范锐、王钰、高振西来谈。

李春昱、高振西起身赴湘。

**十二月一日　星期三**

接见徐韦曼、陈大受、童少生、陶寿康、施才、石充、王洸、克兰、易嘉伟、宋子良、杨承祚、旷运文（来索象鼻山砂价）。

魏嵒寿谈酒精厂。班禅病故。

**十二月二日　星期四**

接见李铭忠、聂光坡、黄永轼（未及见）、Walden、杨适生、克兰、齐焌、关德懋、徐公肃等。

杨适生（武昌县长）允为迁来工厂在武昌征地，地价高者每亩四元。

克兰言：德船运约一千一百万马克货，不久可到；又一船于月初起运货一千九百万马克；又一船本月末起运货二千五百万马克，托报蒋。闻宋子良已赴港。

闻德大使前日赴京谒蒋，当为调停事。

**十二月三日　星期五**

湘潭硬锰矿 45250 吨，每吨 22 元；软 45353 吨，每吨 40 元。凤凰、晃县月产水银 35 公担，每公担 480 元。湖南各县月产纯锡 300 公担。

江电蒋，克兰面告各节。蒋复前电：数日后当请其来京一见，钢铁厂各事应仍积极进行。当即电复。

国防最高会议在中央银行开会，汪主席，孔、王、于、张出席，吴、余、黄、邵、曾、狄、陈、董、翁列席。张言，九国公约会议初开时，德已请调停，星期日（十一月廿八日），德大使在汉又面提。星期二（十一月三十日）起身往京见蒋。蒋已商高级将领。汪言，中央常委及国防会议常委应共负责，并应先向英、美、俄、法说明。

接见 Walak、程学民、傅孟真、徐宽甫（与商湘桂锡矿事）。

十二月四日　星期六

蔡声白、胡西园、叶友才、吴蕴初等来谈工厂借款，告由张丽门代洽。

黎重光来商中兴煤矿运煤及开新矿事，嘱杨公兆、林继庸往访接洽。

以田季瑜言锡矿函交徐宽甫。

孔言，湘潭公司资本应存中国银行；又嘱电蒋廷黻，探苏对中日近来方针。居觉生力言，应受德调停，与日讲和。

十二月五日　星期日

访黎重光。魏嵒寿来谈四川酒精厂资本十二万元，资委会与四川建设厅各出六万元。

军委会秘书厅会议……中央机关暂在武汉办公。

李正卿邀往冠生园晚餐。

函 Bell。

十二月六日　星期一

九时，国防最高会议开会，到者：汪、孔、二陈、于、居、张、何、邵、董、徐谟、徐堪、陈布雷、曾、狄及余。徐谟报告陶德曼二十八日见孔，二十九日见王，三十日起身赴京，二日见蒋。蒋先与唐孟潇、白健生、徐次辰、顾墨三商，白问有无限制军备条件。次见陶，陶言：日提七点：(一)内蒙“自治政府”。(二)河北非战区域扩充至北平、天津以南。华北最高长官须用对日友善者。矿业案等照前案实行。(三)上海非战区域扩大，用国际警察，市政府仍存在。(四)取缔排日，如修正教科书等。(五)“共同防共协定”实施。(六)对日货关税减轻。(七)尊重列强权利。

居正力主和，“不惜为城下之盟”。何主政府机关往重庆。陈立夫言，德地位重要，盼德俄携手，中国亦加入。

李春昱自长沙返。

**十二月七日　星期二**

金开英、童蒙正、夏宪讲等往长沙。

周寄梅四日函言，黄汲清兼任副所长，实业部已准予先行备案。电告所员查照。

董显光请午宴，张竹君谈 Marsman 合作事。访王雪艇。

接见卢作孚、杨继曾。

函黄汲清、杨克强、萧之谦。

电孙越崎：湘潭资金□□中国银行，非必要不买外汇，请速即实行。

日军攻汤山。

**十二月八日　星期三**

C. P.《抗日救国十大纲领》：（一）打倒日本帝国主义；（二）全国军事总动员；（三）全国人民总动员；（四）改良政治机构；（五）抗日外交政策；（六）战时财政经济政策；（七）改良人民生活；（八）抗日教育政策；（九）肃清汉奸；（十）民族团结。

嘱资委会职员禁□公购票乘车。

访张岳军、钱□霖。

四行拨到工矿会基金一千万元，存汉四行。电复罗文干：桂省工矿事可否请桂省先派人代洽。

请束云章、赵仲宣、浦心雅、沈镇南、钱新之等在味腴别墅晚餐。

闻蒋已离京。

**十二月九日　星期四**

张开琏来托永兴县白头狮宝兴煤矿（主办者罗溥存），电朱玉仑往查。又托长沙经武路湖南制钉厂。

接见傅孟真、丁燮林、庄丕可，商中央研究院物理、化学二所移湘事。

**十二月十日　星期五**

函介陈可甫、徐宽甫见黄旭初，商锡矿办法。

九时，国防最高会议，到者：汪、孔、何、于、居、二陈、张、邵、董、二徐、曾、狄及余。汪注意共产党“高调”言：国民党不联俄，故不能抗日□□□□□□□。孔言，蒋并不消极。立夫言，意见不同不足为异，但蒋决定者，应一致办理。邵言，不便宣言和俄，不妨力言抵抗。德大使谈话。于提非常时期筹备□□□□办法。

下午二时半日军开始攻打首都。

以资委会已订及已交德货价格抄告孔、何，计交货价二百五十余万马克；已订者连钢铁厂在内五千余万马克。

黄季陆、傅孟真来谈。救济武汉煤业会议，钱代主席。

孔晚宴克兰、易嘉伟等，托克兰电德政府，切劝日本言和，勿攻南京。克兰照电。

**十二月十一日　星期六**

路透电 Sena-official news：日本阁议方针：（一）不易与蒋言和；（二）中国政府不诚意言和；（三）不接受中国和议，除非中国放弃反日；（四）俟南京取得，蒋成地方组织时，辅助华北及华中组织新的中国。闻日兵今日已入首都。

接见卓励之、戈定邦，劝其办学教生。见陈正飞，谈第三部工作。

马廷英言，上海自然科学研究所日人为新城龙藏、清水三郎、尾崎金右卫门。

**十二月十二日　星期日**

秘书厅会议，张提办公地点应在长沙，又提草拟政府改组方案。由张岳军、陈立夫、张厉生、卢作孚、何淬廉、邵力子及余商定。

昨日日机炸□□。

**十二月十三日　星期一**

九时，国防最高会议开会，到者：汪、孔、白、于、居、孙、陈（立夫）、何、王、邵、董、吴、徐、曾、狄及余。王提，国联如开咨询委员会，中国应提事项。孙主要求援助为主，亦提对日经济制裁，但不保留。孔提禁止私买外汇。何告，昨日日军千余人入中山门，华兵撤退，唐生智已至滁州。政府机关地点，何主席［张］往重庆。

三调整会人在金城银行会谈，无有结果。

在秘书厅张岳军、何淬廉、张厉生、卢作孚相商政府改组办法。

晚宴张宪秋。

**十二月十四日　星期二**

沈君怡飞往香港。

与孙恭度、林继庸、李博侯、张丽门等讨论工厂迁移办法。

接见李庚阳、侯洛村、杨敬之、任绩、叶渚沛、蒋易均等。

张岳军召集陈立夫、张厉生、何淬廉、卢作孚、邵力子及余，商研政府改组办法。张拟自任行政院秘书长，而不设副秘书长。

路透社载，美国大总统因 Panay 被日机炸沉事，亲致函日本天皇。又载今日北平成立中国临时政府，曹锟为大总统，吴佩孚为副总统，齐燮元为国务总理兼军政部长。

**十二月十五日　星期三**

访周作民告通成船被扣交涉情形。蒋住武昌。

接见张竹平、T. Sandor,谈售锑办法。

至武汉大学访王抚五、周更[鲠]生、邵逸周等。

派张峻(直夫)稽核国外贸易事务所、锑钨管理处、钢铁厂、电工厂、机器厂、钨铁厂会计及财务情形。

电胡适之,询美国对日办法。

**十二月十六日　星期四**

英使馆秘书盖治 Barkalay Gage 来谈。马叔平等谈故宫博物院之古物最精者八十箱运至长沙,九千箱已至汉口,拟运往重庆,四千箱运至宝鸡,尚有三千箱(多为绸缎、瓷器)仍存南京库中。

访黄季陆、王宠惠、张岳军。与林继庸谈湘潭煤矿。托张岳军以中德易货困难转告蒋。

**十二月十七日　星期五**

今日晨,日本松井、长谷川以日军攻克南京指挥人之资格正式进入南京!

蒋上午十时在武昌鄂省府召集军委会各部长、副部长、行政院部会长、次长谈话,到者三十余人。(一)行政院各部会迁往重庆,军委会各部会往长沙;(二)各部会将在汉员名及物品件数报告于院会秘书长,院秘书长、会秘书长及后方勤务部长组织运输委员会,由张秘书长召集,商定运输次序方法;(三)各部疏散人员照行政院规定办法,勿使流离失所;(四)通令文武官吏禁止应酬;(五)难民伤兵处置速定办法;(六)学校不再迁移,照常工作,难民不零星西迁,而由内政、教育、第六部商定整个移民办法,往甘、川、黔等省;(七)各部会长官应负责任,通力合作,勿因一时困难因疑而迟缓。

下午八时,偕俞大维至武昌胭脂井[巷]招待所见蒋,谈中德易货、购锡赴俄、萍乡煤矿、湘潭钢铁厂等事。何淬廉来谈颇久。

**十二月十八日　星期六**

凌竹铭(鸿勋)来谈,将任湘桂路南宁镇南关段工程处长,调心源加入工作。

孙越崎谈中福前途。

陈厚甫请克兰午餐。

余籍传、陈雄(杰夫)、黄镇岳(水敬)、潘宜之来谈湖南、广西二省工矿调整处事宜。

燕娟晚车往长沙。

青岛始焚毁日人所办之纱厂,快举也。

**十二月十九日　星期日**

蒋在武昌举行扩大纪念周(余未到),到者各部会科长以上人员。蒋讲:(一)继续抗战有办法;(二)民众运动应改良扩充;(三)以民众为基础作抗战。

访陈杰夫、黄水敬。至万国医院X光诊治。

军委会秘书厅签称:(一)□□□□□定情形;(二)各部会抄送法令规章送秘书厅汇编;(三)迁移方针:(a)□□……(b)工厂,有关军需者迁,无关者不迁。(余条告张群,如此必增失地繁盛或而使后方穷土,应改正。)(c)人民,准备破毁之地,人民应迁,否则不迁。

**十二月二十日　星期一**

张公权言,京沪、津浦拟交西人债权者开车;以一千万元与川滇二省合造川滇路;撤退时员工发二个月薪。蒋嘱与孔商办。

九时,国防最高会议,到者:蒋、汪、于、居、孔、张、白、何、王、王、邵、张厉生、陈布雷、钱大钧、张公权、董、冯等。(一)顾孟余、陈果夫加入为委员;(二)国府下令,甘心附敌参加伪组织者通缉惩办,并宣言:在日军占领之北平或任何地方,政治伪组织当然无效……蒋痛言,国民党程度低劣,有亡国之罪,命汪商拟振作方法。白言,党政宜联合。孔言,宜禁外汇,减支出。

蒋面言,已告孔付德三百万美金;拟令铁道司令整顿运输。

偕克兰、齐焌见张岳军。

因伤风,早睡。

**十二月二十一日 星期二**

郭泰祯请晚餐。孔言,但应付款事,均须先得彼同意,否则不付!

孔骄横,张操切!

复来书觅位置者书。

拟《再致地质调查所同人书》。函黄汲清:派谢家荣为矿物岩石研究室主任,兼矿产测勘室主任;金开英为化学试验室主任;萧之谦为副主任;王恒升如来,可为矿岩室副主任。

**十二月二十二日 星期三**

访秦景阳,资源会汽油二万加仑在江中被焚!

接见叶揆初、周作民、袁开帙(安利洋行)、吴蕴初、邹明初。周明日往港,赴上海。何淬廉自长沙来电话言,共产党甚活动,治安情形大有进步。

代电复蒋二廿电:拟购锡四百吨、锑三百吨、钨砂二百吨,送俄,总价二百四十余万元,请令财政部拨会照付。

广州钨业处25年度盈余一一八万元，26年度一五〇万元。贝志翔报告。

十二月二十三日　星期四

昨晚，资委会汽油二万加仑在江船中被焚，余条主管人员应将经过情形从速密呈查报。电令资委会各附属事业机关：节省开支，并将存款数目及所存银行密呈备核。

李组绅来谈，愿以六河沟化铁炉及材料售予四川省政府，共值一百七十余万元。Joachini Herold（韩劳德）来谈，在 Bank of Burligtor 采访及在浙江查看诸暨锌铅情形。

方达智、杭立武、黄任之、杜扶东、颜□□等来谈。

访孙越崎谈话。

十二月二十四日　星期五

国防最高会议常委会议，汪、孔、居（先退）、孙（先退）、于、白、王亮畴、邵、董、徐、陈、狄、翁。汪报告，陈公博见 Mussolini 谈话。（一）孙请立法委员返省者加入省府会议，决行政院商拟办法；（二）反省院应否保全，问蒋后定；（三）于提：西北铁路及玉门石油应向俄提议合办。余言，石油有美人，不宜送俄。托陈问蒋。孙哲生今日起身往俄。闻蒋有疾，发热。

岳军与庸之谈克兰事。顾少川电言，法英政府对中国召德调解，认为方针不定！

接见黎重光、支秉渊、马叔平等。熊天翼电报又电话，言董纶为董康之子，宜注意。

至新生活俱乐部（前华商总会）作广播讲演，讲《建设国家须做［从］经济做起》，引德俄二国为例。

**十二月二十五日　星期六**

接见何北衡、张禹九、马镇坤、彭学沛、萧笃先、张清涟、秦汾等。

闻杭州已失。

前晚，资委会汽油二万加仑在江中被焚。今日下令：金慕尧申诫，邬申熊免职。

**十二月二十六日　星期日**

江汉工程局，军委会秘书厅会谈。运输各部待由汉入渝者约五千人，三万一千余吨，组织水道运输管理处，以卢作孚为主任。拟作煤炭运输计画。

钱大钧函，蒋意运俄矿物价款数目不告知杨耿光，访孔未遇！函告。为了询发款二百四十三万余元。

陈世桢面言往河南接洽迁厂经过，言刘峙不得人心。

**十二月二十七日　星期一**

何北衡来谈，拟为北川及隆昌石燕桥二煤矿，向工矿调整处借款二三十万元。

潘葆诠（怡立驻矿经理）、欧阳仑（峻峰）来见。

至中福，议定薪水每月五百元应停及特别费（每月亦400元）减发半数，由董事部函经理部，自下月起照办。又前存五千元买救国公债。

拟定月运煤炭五万吨办法（武汉月需六万五千吨），函送铁路运输司令钱宗泽，请照运。并函告张岳军。

**十二月二十八日　星期二**

孔允发购货送俄款二百四十余万元。

德大使继续调解。十二月二十三日政府□□准提四条，其旨系中、日、“满”“三国”合作，中国取消“袒共”、抗日、反“满”方针，

□□□□特殊组织，不驻兵，给日本以赔偿，直接商议时日本不停军事行动，签订后方停。以前所提办法现不再提。孔言，中国已无力抵抗。余言，如加入此团体，不但无国际同情，且国内扰乱，日人假名平乱，更有侵略，实为可虑。

徐可亭谈，重庆水泥厂（九十万元）、电力厂（二百五十万元），盼借款促成。

接见 Lipsont、Eykert。折呈蒋，询是否许列蒲山暂返国。

杭立武请晚餐。

**十二月二十九日　星期三**

孔招徐、邹、秦、傅、魏、钱及余，征求对于政府改组案之意见。

蒋招往武昌，言：克兰拟给三百万美金，甘肃油矿拟与俄合作，购矿物运俄。

**十二月三十日①　星期四**

**十二月三十一日　星期五**

国防最高会议常委会开会，到者汪、孔、张、何、于、居、邵、董、陈、曾、狄、翁。议决：准蒋辞行政院长兼职，孔为院长，张群为副院长，陈立夫为教育部长，余为经济部长；扩充国防参议会，名额为七十五人。

顾一樵、卢作孚来访。

① 本日无记。

# 民国二十七年　1938 年

## 一月一日　星期六

九时,至武昌省府大礼堂新年团拜会。蒋主席,讲多难兴邦,立国应以主义为重;又讲党员十六守则。

访张岳军,辞经济部长;又函陈蒋、孔,请辞。

## 一月二日　星期日

张焌查报:民 26 年五至十二月售锑统计表:

| | | |
|---|---|---|
| 纯锑 7020.9 吨 | 6935601.07 元 | 11323 镑 |
| 生锑 1120.5 | 665285.20 | |
| 锑养 302.0 | 259271.68 | |
| 合计 | 7860157.95 元 | 11323 镑 |

## 一月三日　星期一

见蒋,商资源委员会及三调整会隶属问题。又见张岳军,商同一问题。孔感冒未起。

电宋子文:奉蒋谕,三百万美金转交克兰,商定请径送伯[柏]林 Golddiskort Bank, Hapro 户。见克兰,商经济合作办法。

蒋电慰任经济部长。孔亦电话,嘱到院会。

军委会秘书厅函告:法国派军部火药炸药化学师 Nicoletis、军械机师 Steck 赴越南北圻,筹设立兵工各厂,一切原料先尽越南及我边境所产者使用,二月初来华。军委会密请滇、桂、粤三省当局妥为招待;密令军政部知照暨翁部长核办。

**一月四日　星期二**

行政院第344次会议,到者孔、张、王、何、张、翁、陈、秦、邹。铁道【部】与英庚款董事会订江南铁路孙贵段合组公司合同;故宫博物院运输古物案。

日机多架来袭硚口及汉阳、汉口,自来水断绝。

余娥英来谈,借给五十元。

秦景阳来商经济部组织。

**一月五日　星期三**

何廉返汉,商经济部事。

**一月六日　星期四**

与何淬廉、陈光甫商三调整会调整办法。

行政院特别会,通过经济部、交通部组织法。

宪秋、燕娟三日来函,已于元旦在长沙以最坚定的心愿,最真诚、纯洁、热烈的感情,最简单的言辞订婚。复函,说明十分欣慰。

**一月七日　星期五**

国防最高会议,通过《经济部组织法》,行政院各部长可列席,委员长可直接命令各部长。

蒋阳侍参鄂电,购运货物赴俄由余负责办理。

**一月八日　星期六**

与卓宣谋谈实业部人事;参观实业部办公处。

接见田南矿冶试验场长徐继勉。

**一月九日　星期日**

秦慧伽来谈建设委员会移交办法。建委会以事业改商办,可收约千万元，但尚未收全，现存款一百余万元。

与陈光甫商对外贸易事。

与何淬廉商经济部人选事。

**一月十日　星期一**

至经济部（扬子街商品检验局内）办公。

国防最高会议通过军委会新组织。

蒋往开封。

**一月十一日　星期二**

行政院第 345 次会议，孔、张、魏、何、张、翁、陈、何、邹。

经济部次长秦汾、何廉；交通部次长顾毓瑔、张道藩。

派陈郁、张慰慈、陈匪石、卓宣谋、许仕廉、林汝珩为参事；谭熙鸿、秦瑜为技监；吴培均为总务司长，钱天鹤为农林司长，吴承洛为工业司长，李鸣龢为暂代矿业司长，寿景伟为商业司长，邹肇经为水利司长，刘荫茀为度量衡局长，程志颐为商标局长。

中国矿冶工程学会在金城银行晚餐。

接见 Arthur Nichols Young（杨亚德）、Klein。

**一月十二日　星期三**

接见周惺庵（钟岳）、邱开基、叶德之。

规定经济部办公时间职员应按时到。

见孔，谈中德关系：（一）希望德信用放款增加；（二）德在华购货可由政府付款。

中福董事部会议，到者：胡石青、杜扶东、贝安澜、米立干、周树声、秦瑜、孙越崎、张兹闿及余。（一）去年盈余二百万另九千元；（二）分拨两公司各二十万元；（三）停止职员储金。又改议湘潭煤矿公司章程。

钱乙藜夜间长谈，拟与周更[鲠]生等合组 School of Economics 或类似团体，由资源委员会拨助四十万元。余告：(一)资源会非教育机关；(二)不应由资源会主管人自行拨款以供自用，授人口实；(三)此办法经济部长亦无权核准，如须请求，应呈请委员长核定。

**一月十三日 星期四**

钱乙藜飞往香港。秦景阳自渝返，商经济部组织。

张含英、陈湛恩为简任技正。

电陈霭士，商派王玮为会计长。电谭仲逵、陈廷熙，请照料诸事。

以答复日本和议词，托德国大使转达。

**一月十四日 星期五**

国防最高会议开会，到者：汪、张、孔、王、陈、何、于、居、邵、陈、翁。(一)内政部修正组织法，因禁烟委员会改隶案尚未决，故未通过；(二)韩复榘违令退兵，已拘禁，派沈鸿烈继任山东省政府主席；(三)汪、孔、张、何、王讨论中日大局，多主和。

晚宴秦、何、陈文虎、卓君卫、钱安涛、吴涧东、寿毅成、吴翔甫等，商经济部各司用人。

**一月十五日 星期六**

接见钱天鹤，商农业实验所组织；Michel Bréal……

规定实业部各附属机关裁留办法，分派部中各职员。电麦寒办移交，并电程天固，派谭熙鸿、陈廷熙、王玮、陈桂馥接收。

杭立武请晚餐。

张悦联来电，以何廉演说失辞，致中国债券市价大跌。余面告何知。

日机在孝感投弹。

**一月十六日　星期日**

接见吴涧东、寿毅成、吴任之、傅沐波、杨承祚、张善璋、秦瑜等。

日本政府声明书,不认国民政府为对手。

湖北汽车:汉宜班　硚口至宜昌,汉樊班　硚口至樊城

汉沙班　硚口至沙市,汉京班　硚口至京山

汉天班　硚口至天门,汉随班　硚口至王山

汉洋班　硚口至沙洋,汉安班　硚口至安清

汉应班　硚口至应城

秦慧伽言,倪桐材、王征仓(现在宜洛)、杨锡祥可办矿,吴涵远可造路。

**一月十七日　星期一**

国防最高会议,余未去开,议及张静江事。

派朱谦兼燃料管理处处长。接见谢贯一、徐伯鋆、杨毅、王德森、朱森(子元)、吴国桢、吴蕴初、孔祥榕、万辟。

张岳军邀周惺庵(钟岳)、李印泉等晚餐。

蒋删西机洛电:"去年所订飞机发动机厂,应仍继续开办。可否?盼复。"

江海关发表 1937 年对外贸易总额:

进口总值　508844132 元

出口总值　404395418 元

入超　104448714 元,较上年减少。

**一月十八日　星期二**

行政院第 346 次会议。通过经济部人员交代薪给办法;奖励宁国县长王式典;王亮畴报告:一月十三日以答复日本和议面告德大使时,德大使请告原则上中国愿协商一语,王未允。彼又请此系

预商一语,王亦不允;何敬之报告处分韩复榘经过。

朱家骅自渝返汉,来访。

晚宴 Klein、Liepsant①、陈光甫等。

蒋今日下午返武昌(自洛阳来)。

**一月十九日 星期三**

民国十三年一月二十日国民党第一次全国代表大会在广州开会,当时国共合作。《新华日报》论题:最可纪念的一日。

接见卢作孚、顾毓瑔、谢家声。

吴任之、李组才招晚餐,与钱乙藜谈话。

准萧蘧辞工矿调整会业务组组长,派姚文林为专员,暂兼业务组组长职务。

**一月二十日 星期四**

访德大使陶德曼,谈中日议和经过。

行政院谈话会。

闻刘湘死于汉口。

晚宴麦尔格、贝安澜(Bell)、周惺庵、杭立武等。

今日大雪,为汉口此年第一次雪。

**一月二十一日 星期五**

蒋对高级军官(军、师、旅、团长)三百余人作训话:此次我败,并非因武器不良、士兵不用命及士兵纪律不佳,而实因高级军官无学问、不用心、怕死脱逃。此后须刻苦耐劳,与兵卒同甘苦,举士兵成纪律检察委员会。词极痛切。

接见周惺[生]甫(钟岳),告以在云南矿工业办法大纲及与法

① 前作 lipsont。

人合作，并拟请张静江为理事长。电龙云，拟派王竹泉、路兆洽、颜惠敏赴滇调查煤矿，请保护。

与何淬廉、秦景阳谈西南工矿计画。

克兰、齐焌邀在摩登饭店晚餐。

**一月二十二日　星期六**

蒋对高级将官训话：勿嫖赌；人、事、物，管理、修理、整理；日人之成功在能废物利用，平时刻苦耐劳，临事冒险犯难；将官应向最危险的方向前进，亦即是安全的出路；勿密集士兵，应为平面战争；正规军勿托名游击而避险不攻，必须以攻为守；将官应常见部下。

陈诚请晚宴，到者 Klein、朱骝先、桂永清、齐焌、关德懋。

齐焌送来克兰所拟《中德合办实业银公司计画》，拟以宋子文及 Schakt 为总裁，托余呈蒋。

**一月二十三日　星期一**

接见毕成骏、陈锡祥、徐伯鋆、董时进、张竹平、吴承洛、朱谦、潘铭新、杜殿英、王钧豪、周则岳、朱玉仑、叶渚沛、王世杰、恽震、孙越崎等。

**一月二十四日　星期一**

韩复榘因违令失地奉令枪毙。日本政府宣布对华四要点：不论何种情况下不与国民政府交涉；为阻止外械运华可对华宣战；对华北新政制日本为监护人；不容许第三者调解。日机（第一次）袭宜昌。

见蒋，陈：（一）武汉煤荒救济办法；（二）钢厂设立地点；（三）克兰拟《中德实业银公司计画》。蒋命与孔相商（！）（彼方提宋，而蒋用孔！）

陈辞修招在武汉大学晚餐。

湖南技正杨干邦(梓坚)、炼锌厂厂长饶湜(彧庵)来谈。

**一月二十五日　星期二**

行政院347次会,通过:《经济部武汉煤荒救济办法》议案;《卫生实验处组织条例》;《内政部警察总队组织规程》。

**一月二十六日　星期三**

接见J. S. Blandford、J. L. Bowker(Asiatic Petroleum Co.)、叶家兴、黎重光、Kourad Maurer、Robert de Thomason(le Temps)、郎鲁逊、季泽晋、汪伏生、孟昭瓒、李士伟、Cyril Rogers、李润章等。

与孙越崎午餐。

访张岳军,拟由经济部与川省府共组四川经济设计委员会(东亭必拦,张君作法)。

**一月二十七日　星期四**

接见钱新之、史咏赓。

军事委员会令农产、工矿两调整委员会及资源委员会均改归经济部管辖,农产之对外贸易并归贸易调整会办理。

访李润章,谈北平研究院经费事。

孙越崎、胡石青、杜扶东、周树声晚宴商启予、于右任、邵力子。

汪宴孔德成、甘乃光。

毛庆祥来谈组织法比瑞同学会及生产促进会。

**一月二十八日　星期五**

接见石蘅青、Gregory Melamede。

发表经济建设之方针:从内地中心做起,为国防、民生而建设,工矿并举,农工并重。(一)建立国防基础工业、矿、电,为普通工业立基础;(二)农业改良,科学方法,增加生产,改善农民生计;

(三)用本国原料改善农工生产技术,轻成本,广销场,并使粮食、燃料等必需品渐能自给;(四)健全农村经济及工商同业团体之组织。又欢迎友邦合作,奖助人民投资。国防建设以整个国家利益为前提,全国上下共同努力。

偕克兰见蒋。克谈中德实业银公司,海军指挥应统一,国防经济机关,德国军事顾问……蒋言,努力经济建设,三年战事计画,资委会工作应做。

晚宴萨福均、钱宗渊、邹安泉、吴国桢等,商燃料事。函燕娟来汉。

何淬廉往长沙。

**一月二十九日　星期六**

接见寿景伟(商促进同业公会改组)、邓以诚(商中俄贸易)、骆清华(陈立夫、钱新之函介)、竺可桢、胡刚复、梅月涵、范锐、傅孟真。

又接见建设厅科长张天翼,谈棉业改良委员会经费。

与卢作孚谈四川建设。

日本 1935 年消费煤油 22060000 桶,产自本国者仅 3000000 桶。与 1929 年较,生铁产量增加 113%,钢产增 176%。1936 年生铁有 23% 自外国输入,铜 40% 外购,铅外购者 90%,锡 70%,锌 50%,铝 60%,锰 50%,镍、锑、铜、钨几占全部。日本不产棉花,羊毛亦少,纺织品占工业生产 36. 6%。60. 3%之棉纱,72%之生丝,75. 9%之人造丝,皆仰赖外国消费者。

英美二国合占日本进口贸易 63. 2%,出口贸易 48. 2%;法荷二国合占日本进口贸易 58%,出口贸易 56. 5%;德意二国合占日本进口贸易 5. 1%,出口贸易 1. 4%。

一月三十日　星期日

偕劳杰士(Cyril Rogers)见蒋。劳言,中国财政信用动摇,孔借美债不成,英人极为冷淡;何廉发言动摇中国信用。蒋言,极盼英国考虑远东大局,早为借款。

接见钮因梁、程文勋、程文熙、翁为。

1935年日本入超日金14700000元,1936年增为135081000元。

1937年一至七月增至720818000元,1937年一月七日颁外汇管理条例。

至1937年四月止,日人国外投资共约1611兆日元。1937年八月间查日本银行金准备共计801兆日元,提存特别准备金计400兆日元。全国金产1935年计34189公斤,约值118兆日元。

1931—32年日本岁出1476.8兆日元,军务费支出占总额30.8%;

1936—37年日本岁出2282.2兆日元,军务费支出占总额47.2%;

1937—38年日本岁出2892.7兆日元,对华战费2581.7兆日元。

1932年2月公债共6188兆日元;

1937年3月公债共10574兆日元。

日本金准备约美金四万五千万元,外国存款与有价证券约十五万万日金(约合美金十二万五千万元,但须扣去日本欠外国的七万五千万日金)。

一月三十一日　星期一　阴历正月初一

经济部规定各机关收支办法及会计章程。

陈果夫来谈,导淮水利委员会人愿工作,拟分别测勘湘桂水道,四川灌溉,土地行政及合作事业。

研究资委会预算:

<table>
<tr><td>本　　会 825000</td><td rowspan="2">993000 元,即每月 82750 元</td></tr>
<tr><td>购置设计 168000</td></tr>
<tr><td>(及其他金)钢铁 4192000</td><td rowspan="5">19007000 元,即每月 1583916. 67 元</td></tr>
<tr><td>燃料 6745000</td></tr>
<tr><td>化学工业 1500000</td></tr>
<tr><td>机械 2870000</td></tr>
<tr><td>电工 3700000</td></tr>
<tr><td>共计</td><td>20000000 元,　1666666. 67</td></tr>
<tr><td>钨锑收入办事业</td><td>5755774</td></tr>
</table>

**二月一日　星期二**

行政院第 348 次会。经济部预算通过;派程潜为河南省政府主席,方策民政厅长,龚浩建设厅长。

中福矿警三百名来汉,钱宗泽欲将中福煤悉运至信阳。

**二月二日　星期三**

新加坡开始操演,美兵舰三只亦拟开往参加。

燕娟、阆书自湘来汉,何廉亦来。

电力人才:

公营:广州,鲍国宝、曾心铭、杨钦忠;广西,龙纯如;昆明,金龙章;南昌,季炳奎;西安,寿光。

民营:扬子电气公司,陆法曾、陈东、陈宗汉、陆□智;南通天生港,黄友兰、陆辅唐;闸北水电公司,翁友三、刘晋钰;浦东,童受民;汉口既济,潘铭新、孙保基;杭州,蔡兢平、陈仿陶、洪传炯;民营电业联合会,沈嗣芳(芜湖);绍兴电气公司,张百钢。

陈中熙、张家祉、单基乾、蔡昌会、陈良辅、郑葆成、黄辉、顾毅同、姚由之。

株洲中国汽车公司,吴承炳、张德庆。

**二月三日 星期四**

偕桐、燕、阆至启新照相。

汪函嘱准备临时代表大会经济方案;孔亦面嘱,又询关税拟改同 1931 年以前旧率。

徐新六来函,中华文基会拟于 4 月 29—30 两天在香港开会。函复拟到。

**二月四日 星期五**

与齐焌谈德国政治,二派分立,一主联日意攻英,一主审慎。

与孙越崎谈,拟移中原机件办四川煤矿。

**二月五日 星期六**

见胡宗南,谈经济方针、世界大势,必须保全西【北】,然后方可保四川,必须统制回族,方可保西北。

见蒋,谈:须接近戈林;蒋电孔(往香港),请电德,允付款;资委会主任委员由余任,钱乙藜为副;江汉工程局长可由石瑛兼。

见汪,与朱、彭、秦、何等谈经济方案。

萍乡煤矿员工对王野白裁撤旧人殴打罢工,拟电何应钦,令驻军保护,并电王来汉面告。

桐书起身往衡阳,转赴南宁。

德国政府改组。

**二月六日　星期日**

接见刘光兴、李书田、张清涟、苏永纯、谢蘅窗、齐焌。

前清铜币（光绪江南、光绪江苏、光绪湖北、大清宁、大清鄂、大清户部六种混合匀取）Cu93.7%，Zn4.86%，Sn0.165%，铅0.304%，Fe，Bi，Si，Ni，Co，As，P，S，Se，Te。

民国铜币（十文、嘉禾、壹枚三种混合匀取）Cu90.0%，Zn7.5%，Sn0.163%，Pi[Pb]0.284%。

**二月七日　星期一**

定经济部职员数额。阆书往渝。

吴国桢、潘铭新来商收煤事，催湘潭速运煤来汉。

**二月八日　星期二**

行政院第 349 次会议，张群主席。许世英出席，报告外交经过。经济部报告农产调整会改为农本局内之农产调整处，工矿及资源会改为部辖机关，国际贸易局并入贸易调整会，由部令遵；农本局协理王次[志]莘辞职，蔡承新继任。

接见陈体诚，谈中俄易货事。

**二月九日　星期三**

日机炸襄樊、长沙。

访邹秉文，访[谈]中苏易货事。

蒋令江北运煤三十列车，江南十列车。

**二月十日　星期四**

"实业部同人"齐电，请全数任用。秦汾电商程天固，秘书厅电询谭、陈。

反侵略运动商人及商会开会，邵、翁、吴及钟可托讲演。

与陈立夫合请经、教二部人员晚餐，商农学教育。

二月十一日　星期五

接见崔唯吾、吴光焘、薛光前、朱玉仑、恽震等。

又接见邹秉文、陈体诚等。

行政院审查资委会、工矿会等组织规程。

燃料管理处招集铁路人员,会议运煤办法。

湖南江华锡 99.7%,临武 98%;省营煤矿:醴陵石门口、祁阳观音滩。

二月十二日　星期六

接见卢干滋(Ivan Louganetz-Orelsky)、梅拉美德(Gregory M. Melamade)(谈易货)、杨继曾、张连科、杨公兆、恽震(汉阳钢铁厂)、唐鉴、汤灏(中央储蓄会)、黎重光(中兴轮船公司)、李润章、胡子昂(四川自来水)、查勉仲(西北教育)。

铁道部会议,平汉可运煤至武汉,每日一千吨,粤汉可八百吨。

租赞育楼上房,月租 150 元。

日本预算 2880000000 银,侵华费 4500000000 银。

二月十三日　星期日

偕秦景阳游金水农场。武昌至金水镇 37 公里,汽车行一小时,至农场约 40 公里。陈振先招待。金水闸建设利用禹观山,费九十余万元。美人史笃培督工,涨田九十一万亩,民 24 年春落成,有碑记事。陈谈天然拼音字。

邀范锐、侯德榜、卢作孚、张兹闿、李景潞、寿毅成等晚餐,谈经济建设宜知重要及互相合作。

二月十四日　星期一　阴历元宵

见蒋,陈对苏易货华货购运办法,六个月以二千万元为准,对苏勿言价款。

邀傅孟真午餐，谈孔、宋事。邀金开英、萧之谦晚餐。

接见吴永嘉。

晚间，空袭警报。

**二月十五日　星期二**

行政院第 350 次会议，通过资源委员会、矿冶研究所组织条例。何应钦对资委会表示不满，讲应聘军人为委员。邹琳讲，孔将收回三调整会财权。

接见克兰，贺 59 岁生日。

接见董承道(谈中俄易货办法)、江问渔、黄任之、范绍陔(熙绩)、林汝珩。

傅孟真出示致蒋书，攻孔甚力，尤重失信英美及使青年灰心。

孔今日自香港返汉。

**二月十六日　星期三**

傅孟真函，已将攻孔函送蒋处。

接见孙嘉荣(厚在，住福建庵街佛教正信会)、熊楚汉、宾觉(重南)、朱玉仑、张星联、H. M. Mann 等。闻新乡已失守。

经济部函告厅、司、会，草拟行政及事业报告，三月一日前完成。

王亮畴请晚宴，有陈伯南等。

铣复蒋齐电，陈述中德易货事意见。

汉阳钢铁厂迁川费：(一)拆运二万五千吨，三百万元，(二)安装建设补充二百万元，(三)铁矿一百五十万元，(四)煤矿一百五十万元，(五)水道松坎河、蒲河一百万元，(六)周转金一百万元，共计一千万元。

**二月十七日　星期四**

接见西门子 Wilhelm Eiesel、Schepplem、张星联等。请秦慧伽、徐宽甫午餐。

何廉定于明日赴渝。

德奥联结。

秦慧伽交来建委会移交草表：

| | |
|---|---|
| 扬子公司股票 | 2000000 元 |
| 淮南公司股票 | 2000000 元 |
| 中国农工银行股票 | 400000 元 |
| 江南铁路公司股票 | 350000 |
| 西京电厂投资 | 250000 |
| 中央电瓷厂投资 | 75000 |
| 中国汽车公司股款 | 50000 |
| 大通煤矿公司股票 | 45700 |
| 应收扬子、淮南二公司股款 | 1550000 |
| 江南铁路公司借款 | 660000 |
| 扬子电气公司借款 | 353981.05 |
| 淮南矿路公司借款 | 4116203.85 |
| 长兴煤矿期票 | 75000 |
| 长兴煤矿欠款 | 450000 |
| 长兴煤矿欠款利息廿六年四月止 | 39665.54 |
| 江南欠款利息廿六年十二月止 | 25333 |
| | 12440883.44 |
| 图书器具仪器材料(长沙) | 100000 |
| 机械材料(沪、汉、港) | 2500000 |

| | |
|---|---|
| 电气材料(首都电厂) | 1240000 |
| 现金 | 700000 |
| | 4540000 |

安庆电厂

电机制造厂

**二月十八日　星期五**

武汉附近击下敌机十一架,空前胜利,华机亦毁四架。日机攻重庆广阳坝。

接见王性尧、陈体诚、寿毅成等。请刘治万午餐。

见孔,运俄华货二千万元(六月之内)由国库支付。孔索阅顾振购油合同。

见徐可亭,谈经济预算及发款……

孔晚宴许世英。德大使邀晚餐。

建委会与建银公司关系:

| | |
|---|---|
| 扬子公司官股 | 2000000 元 |
| 淮南公司官股 | 2000000 |
| 扬子公司向会借款 | 1590000 |
| 淮南公司向会借款 | 4110000 |
| 建会收到银公司放款累计 | |
| (用以还银行债务及添购机件) | 5600000(约) |
| 静江先生允取消二公司信誉代价, | |
| 以补偿二公司战时损失 | 3000000 |
| 银公司结欠建委会 | 1700000 |

$ 20000000 扬子、淮南二公司股本总额

**二月十九日　星期六**

接见陈嘉俊、熊式辉、刘燧昌(刚吾)、杜扶东、李嘉善、侯家均、朱羲农、寿景伟等。

电王季梁来汉面谈。

**二月二十日　星期日**

孙越崎自河南返汉,谈新乡已失。

任叔永夫妇自牯岭来汉。

**二月二十一日　星期一**

与俄大使、张公权午餐。张商购飞机二架、汽油六千吨及汽车配件。

陈可甫、徐宽甫、谢季骅谈湘桂锡矿。

后方勤务会议,蒋训将士宜整齐。

**二月二十二日　星期二**

行政院351次会议,通过《工矿调整处规程》。

见蒋,嘱慰问克兰,已陈对俄运货须速办,款可由调整会垫付,并允面嘱孔付款。

见蒋廷黻 Lodge Hotel No. 16(23909)。

住寓新装电【话】24086,汉沙街则为24205。

谢季华来寓晚餐,谈广西事业,锡矿办法、合作办法。

**二月二十三日　星期三**

苏俄大使谈话二时又半,开交贸易调整会陈、邹名单。电宋子良,询锑钨已运出否,允抄交玉门油初报。

见克兰,谈德国外交方针;代电蒋,请定期约见。

苏联二十周年纪念日。

张治中谈中央与省府事业各半,锑钨盈余请按月分配。

蒋廷黻来谈外交情势。

宋子文来汉，住吕钦使街五号。

**二月二十四日　星期四**

接见邹秉文、谭伯英（廿三日）。

请沈君怡、杨公兆晚餐，谈资源委员会事。

邹秉文见孔，洽定购货运俄事。

昨日，中国飞机往台北，炸击敌机四十余架。此为中国飞机出国作战之第一次。

日本银行报告：一九三七年

日本输出货值　3318000000 元

日本输入货值　3954000000 元

入超　636000000 元

**二月二十五日　星期五**

接见张慰慈。

见宋子文，谈经济部：（一）清理积案；（二）筹办事业；（三）对外易货。

电何淬廉，请筹拟农业办法。

规定经济部谭熙鸿、陈郁、陈廷熙、吴培均、钱天鹤、吴承洛、寿景伟、郑肇经、王玮、朱谦，月给特别办公费一万元，支发七成。

**二月二十六日　星期六**

汪宅（一德街九号）谈经济方案，徐拟金融，翁拟经济，张拟交通，三月五日交卷。

邹秉文来谈购茶运俄办法。

**二月二十七日　星期日**

张兹闿、李景潞来谈：（一）购买各工厂材料办法；（二）派工厂技术人员。

约蒋廷黻、孙越崎晚餐。

**二月二十八日　星期一**

接见程士范、任叔永夫妇(午餐),与谈文化基金会各事。

张鄂联自港到汉。

拟订经济部合办事业管理办法,公布《工矿调整处规程》。

中国地质学会在长沙开年会,自廿六至廿八。

钱乙藜明日飞港转滇,今晚话别(晚餐)。

国民外交协会约广播讲话,无人招待,未成。

**三月一日　星期二**

行政院第352次会议。难民垦殖大纲、经济部收入解库办法皆通过。对江汉工程局事,张岳军力主仍归中央主持。

派张兹闿为工矿调整处副处长,卢郁文为主任秘书,林继庸、李景潞兼业务组正副组长,张兼财务组长。

杨适生(武昌县长)来谈,颇袒金水民众而不满于陈振先。

Lossing Buck 赠 *Land Utilization in China*。

日内阁通过"中国事件"预算,陆军省3257000000元,海军省1043000000元,大藏省550000000元,共计4850000000元,其中公债占4454000000元。

**三月二日　星期三**

接见邢契莘(愿任机器①厂长)、程士范、李僅(谈中德易货事,余言宜拨款购物运德)、卢作孚。

派钱昌照为资源委员会副主任委员,沈怡为主任秘书兼工业

① 旁注"飞机马达"。

处长，杨公兆为矿业处长，恽震为电业处长，孙拯、杜光远、徐铭材、陈士受、庄秉权、陈良辅、陈中熙、吴鸿照、许本纯为技正。

请文涛来寓午餐。

**三月三日　星期四**

中央银行内，孔等面谈地方行政制度。

请贝安澜、孙越崎、卢作孚等晚餐，谈天府煤矿事。

**三月四日　星期五**

资委会加聘邝森扬为专门委员。何淬廉返汉，蔡承新亦来。缪云台来访。

国民外交协会邀讲 The trend of economic development in China，发展内地及欢迎友邦合作。

英国海军预算 123707000 镑（£ ）；

意国海军预算 2013000000 里耳（Lire）。

**三月五日　星期六**

接见 W. F. Carman、Robert de Vos（Marsman Hongkong，China，Ltd.）

请沈君怡至宅晚餐，谈蒋对钱意见。

资源委员会呈报启用关防，照新组织开始办公。

电询李仪祉病状。

挽陈振先（铎士）：

卓然当代英才，博学多闻，高怀硕德，更愿以拼音统一国语，促成团结精诚，把晤语平生，岂意旬日期间遽受惨伤悲永诀；

太息满腔壮志，机耕车耨，茅茨上堦，惟期藉金水灌溉农场，奠定模范垦殖，乡民未感格，遂教多年经画竟遭毁致失长城。

**三月六日　星期日**

俞大维谈，拟购六河沟铁炉，给半价。何淬廉谈重庆各事。

接见齐焌、吴达谟、李方城(禹县处存煤价 61162 元,存款 60128 元,合计 137579 元①,盈 3 万余元)。

核定《工矿调整处办事细则》。

二月份经济部发款清单:

| 机关 | 金额 | 合计 |
| --- | --- | --- |
| 经济部 | 65807 元 | 190570 元 |
| 农业实验所 | 84000 | |
| 工业试验所 | 7000 | |
| 地质调查所 | 4550 | |
| 度量衡局 | 5337 | |
| 商标局 | 4648 | |
| 汉口商品检验局 | 7000 | |
| 广州商品检验局 | 6895 | |
| 江西农村服务区 | 3833 | |
| 燃料管理处 | 1500 | |
| 扬子江水利会 | 9013.08 | |
| 导淮委员会 | 15225 | |
| 黄河水利会 | 25851 | |
| 华北水利会 | 2000 | |
| 泾洛工程局 | 2625 | |
| 西安测候所 | 700 | |
| 武汉测候所 | 700 | |
| 中央大学水利工程系补助 | 10000 | |

行政收入,实收 31758.93 元,解交国库。

① 原文如此,应为 121290 元。

**三月七日　星期一**

昨晚起大雪。

接见徐伯鋆,告以合作办法在分别轻重,开诚布公,不分新旧皆为友。

接见黎重光,商开南川煤矿,日出千吨。

接见张祖荫(购销科长)、林熙春(米)、屠迅先(棉)、张福良。

请关德懋邀 Hischberg 诊李仪祉病。

请吴翔甫至武昌,送陈振先大殓。

**三月八日　星期二**

行政院 353 次会议。(一)工业试验所规程通过……

接见孔祥榕、刘治万、李组绅(面商六河沟化铁炉出售价格)。

邵力子邀午餐。

**三月九日　星期三**

严治之、王之玺、靳树梁、刘刚等自德返汉。

邀傅沐波等午餐。

梅拉美德来谈茶叶事,函孔商办法。

**三月十日　星期四**

【至】国防参议会,报告经济办法。

派王维奕为秘书。

拟定《农业评议委员会规程》。

接见张明镐。

**三月十一日 星期五**

接见程远帆(谈吴子玉事)、齐焌、张季熙(陕西酒精厂)、邹秉文(富华购茶送俄事)、盛蘋臣(汉阳钢铁厂及煤汽车)。

陕西酒精厂,能日出无水酒精 1000 加仑(即 4500 公升),有水酒精 5000 公升，计费：

房屋 250000 元，机件 400000 元，地皮 50000 元，筹备 90000 元，制酒 50000 元，共 840000 元。现存酒精 5 万加仑。

**三月十二日　星期六**

孙中山逝世第十三周年，市民颇示纪念。碧云寺、紫金山皆已失矣。

燕娟在协和医院割治扁桃腺喉疾。李宝实割，薛培基医治。

莫德惠来谈。

德军入奥，迫 Shuschnigg[Schusnig]辞职，Inquart 继任首相，希脱拉赴奥。

聘徐新六、范锐、吴蕴初、林蔚、俞大维、周骏彦、霍宝树、顾翊群、王宠佑、沈怡为资源委员会委员。

聘邹秉文、王志莘、张心一为农业评议委员会【常务】委员，钱天鹤、谢家声、章元善、蔡无忌、沈宗瀚、赵联芳、孙恩麐、程绍迥为委员，何廉为主任委员，钱天鹤为秘书。

**三月十三日　星期日**

秦景阳往渝。

往武昌胡林翼街 526 号访梁漱溟，途遇钱、沈、顾、吴，赴陈通伯午宴。游蛇山。龟蛇二山隔江相对，为守江之天然形势。

访宋子文，谈德俄换货工作，白健生、甘介侯亦来访。

至协和医院，并一览中山公园，柳叶已萌芽矣，雪犹未消尽。

凤书函：中国有俄飞机 280 架。俄制驱逐机最大速度每小时 500 公里，日本驱逐机则只 380 公里。中国用双发动机于轰炸机，最大速 420 公里。敌机被毁者确估超过 500 架，华机被伤者 170 余架，其中 93 架在机场被敌炸。空军人员死 103 人，伤 100 人，其中 75 人已痊。

**三月十四日　星期一**

接见霍亚民、严冶之、H. C. Maux、F. T. M. Bourdrey。嘱许粹民促进萍乡、醴陵煤之生产。

电秦、何（皆在渝），请促进部中公务。电何，询购棉，又商合作社事。令资委会主管办理建委会合办事业；又令筹拟购储汽油办法。姚文林即往广西。

日机来袭。

1937 年 1 至 7 月抗战之前，日本对华输出 136686000 元，占华进口额 18.68%。

1937 年 8 至 12 月抗战期内，日本对华输出 17330000 元，占华进口额 8%。

1937 入口份额，美 83075 千 GU，英 82112 千 GU，日 66098 千 GU，德 64400 千 GU，……总数 419352 千 GU。

每 GU（金单位）合国币二元二角七分一厘。

**三月十五日　星期二**

燕娟昨夜二时起鼻出血，余今晨八时往视。李宝实医士上药止血，又射注。又由 PW11 号房移入信字号。前者每日四元，兹则每日八元。午饭后余又往视，并往李宝实家谈话。今日往医院三次。

日机早晚来二次，晚间攻击极烈。

慰留范熙绩为江汉工程局局长。

接见董显光、张翼枢（字骥先）、萧同兹。

电秦、何，催实部移交。请程觉民开国民经建会职员名单。请农验所拟职员名单。商派章元善调查合作事业，并接洽基金。

以家中衣箱八只托张家祉携带入川。

**三月十六日　星期三**

接见沈宜甲、杨继曾(谈范旭东四川硫酸铔厂拟购广东机械,予之)。

咨鄂省府,增加兴山、秭灵煤产;咨湘省府,【增】加醴陵煤产;令资委会【增】加萍乡、高坑、天河煤产。

德大使请晚宴。日机晚来一次,攻击不烈。

**三月十七日　星期四**

上午,燕出协和医院,回至吕钦使街寓处。晚,请J. E. Pissarev[Piskarev](17 Panoff Building)治牙。

接见英人韦纯 W. E. Witham(茶叶顾问)。

经[呈]汪、孔《经济工作纲要》:(一)促进农业生产;(二)建设基本工矿;(三)提倡经济事业;(四)发展对外贸易。

法肯豪森谈:德兵一人可敌法兵一人、英兵二人、俄兵五人、意兵八人。日军只能战意军。华兵颇能战,但华将不明近代战术,指挥不佳。

**三月十八日　星期五**

接见莫松恒(少柳,住八大家十号)。访朱骝先、陈公博,未晤。

孔祥榕来谈,万辟人极正派,仍盼使彼代副委员长。

孔召集二十余人会谈经济方案。汪言,拟宣言意:(一)刻苦节约(公务员只发生活费);(二)以抗战为目的,尽力以赴;(三)计画经济,使不必亦不能有阶级斗争。陈立夫主张:以土地为担保,加发纸币。

齐焌来见,言今晨孔面斥彼袒德、汉奸,克兰为流氓,对德不肯付款,并言彼明日见蒋,拟辞职。

陈光甫言,每日能有二列车出口货赴粤港,每月可得外币五十万至一百万镑。

今日燕病稍痊。

**三月十九日　星期六**

接见《纽约时报》Victor Keer。与朱骝先、徐道邻谈中德易货交涉经过。

至陈振先追悼会行礼。见蒋，言对俄，新疆油矿可较开放，甘肃宜国营，许俄合作；对德宜略给款，要求重估价，提高信用放款；湘潭钢铁厂略改方针，利用汉阳炼钢。

发表《经济工作概要》：清理文件，调整机关，筹办事业。此项内又可分：促生农产，建设基本工矿，提倡民营事业，发展对外贸易。

**三月二十日　星期日**

接见徐建邦（山西造纸厂长）、孙季华。

上海电影院看《保卫我们的土地》*Protect Our Home*。

徐文耀来谈，吕钦使街九号三楼自四月一日起租六个月，每月租金四百元。

函王芸生，盼汇刊陈铎士著作为一专册。

**$1\frac{1}{2}$吨煤气车与汽油车经济比较表**

（根据湖南潭宝武段半年开支比较表二十五年 5 月至 10 月，发生炉一套 450 元，可用二年，平均每年 225 元）

| | 煤气车开支 | | 汽油车开支 | | 节省比较 | | 增减比较（以汽油开支为根据） | | | |
|---|---|---|---|---|---|---|---|---|---|---|
| | 元 | % | 元 | % | 煤气车 | 汽油车 | 增（元） | 减（元） | 增% | 减% |
| 发生炉折旧 | 225.00 | 8.219 | | | | | 225.00 | | 5.512 | |
| 利息 | 27.00 | 0.908 | | | | | | | | |
| 工饷 | 1469.54 | 53.609 | 1083.87 | 26.554 | | | 383.00 | | 9.399 | |
| 燃料 | 849.19 | 31.020 | 2998.04 | 73.446 | 28.325 | 100 | | 2148.85 | | 52.644 |

续表

| 煤气车开支 | | | 汽油车开支 | | 节省比较 | | 增减比较(以汽油开支为根据) | | | |
|---|---|---|---|---|---|---|---|---|---|---|
| 煤气车材料 | 168.80 | 6.166 | | | | | 168.80 | | 4.135 | |
| 合计 | 2737.53 | 100 | 4081.93 | 100 | | 804.45 | 2148.85 | 19.708 | 52.644 | |
| 节省数及增减数 | | | | | | | 71.675% | 减 1344.40元 | 减 32.936% | |

车辆平均每月52辆,行车总里程1046916公里,代替汽油值74951元节省燃料比较煤气:汽油=28:100

## 三月二十一日　星期一

上午招Klein、Prou、朱骝先、谭仲辉、陈立廷、杨继曾、齐焌等谈话,晚又招宴。宴后,偕朱、齐见孔。孔言,可付二百余万美金,清结彼所定军械之欠帐;又兵工署新定者,约值一千五百万美金,亦允分三次付款。

下午,招张公权、陈光甫、胡笔江、邹秉文、卞白眉等商经济方案,拟于二十三日汇稿。

本月,经济部结帐:

| | 收入(元) | 支出(元) |
|---|---|---|
| 水利事业费 | 926006 | 126054 |
| 水利机关费 | 50089 | 100178 |
| 实业机关费 | 124763 | 124763 |
| 中荷庚款 | 170134 | 0 |
| 暂收款 | 100000 | 0 |
| 矿区税 | 10872 | |
| 行政收入 | 70376 | 31759 |
| 合计 | 1452240 | 382754 |
| 结存 | 1069466.18① | |

① 原文如此,应为1069486。

重庆中央事业户 744862.74 元

重庆中央收入户 49489.24

重庆中央庚款户 170134.20

汉口中央备用金 100000.00

合计 1069486.18①

**三月二十二日 星期二**

行政院第355次会议。(一)西北铁路拟与俄合作;(二)法国航空公司拟准行河内、香港,及河内、昆明后,再飞昆明、长沙;(三)前实业部、建委会及经委会水利机关,均改为经济部所属。

秦景阳今日返汉。

李组绅来谈六河沟售炉事。

**三月二十三日 星期三**

接见黄季陆、黄钟浩(子敬)、邱昌渭(毅吾)、李任石,谈锡钨各事。

杨虎晚宴,为克兰饯行。何雪竹言,湖北人反对樊[范]熙绩,难尚未已。

苏联大使请晚宴,到者孔庸之、张岳军、王亮畴等。

闻蒋已出行,戴笠随从。

徐文耀来言,宋立峰(第一纱厂)愿月出吕钦使街房租二百元交余,俟余不用此房时彼方移入,届时月出全数四百元。

以所购钨、锑、锡、锌清单及价(二百四十余万元)送苏联大使。

**三月二十四日 星期四**

草拟《非常时期经济方案》:农、工、矿、民营、移民、交通、金

① 原文如此,应为1064486.18。

融、贸易、节约,函送张、徐。

接见张松龄(嘱许本纯代洽)、梁上栋、朱墉(黄水会工务处主任)。

**Minerals of H K for Soviet**

| | | | |
|---|---|---|---|
| Kokiu tin | 25lg tons | @3112.00元 | 77800.00元 |
| | 50lg tons | 3086.00 | 154300.00 |
| | 50lg tons | 3092.00 | 154600.00 |
| | 75lg tons | 3142.00 | 235650.00 |
| Kiangsi tin | 50lg tons | 3069.23 | 153461.44 |
| | 50lg tons | 3229.72 | 161485.89 |
| | 50lg tons | 3231.53 | 161576.78 |
| Hunan tin | 8.2m tons | 2760.00 | 22632.00 |
| Wolfram ore | 200 m tons | 4300.00 | 860000.00 |
| Antimong Rig | 300 long tons | 1020.00 | 306000.00 |
| Zinc | 500 m tons | 292.00 | 146000.00 |
| 合计 | | | 2433506.11 |

**三月二十五日　星期五**

下午,在中央银行会商《非常时期经济方案》,张岳军以为空言不适,孔则认为可行。

晚,徐可亭、徐柏园、秦景阳来寓,商改方案稿。

徐文耀来,商定吕钦使街九号三楼房自四月一日起租六个月,每月租金四百元。另有第一纱厂宋立峰君每月交二百元,俟余离房不用后,彼即移入全任四百元。

**三月二十六日　星期六**

上午,接见徐柏园、戴立庭(铭礼)。

下午,访孙越崎。孙在四川石油沟时,因跌受伤,现渐愈。

晚,邀徐柏园、陈光甫、邹秉文、徐可亭、秦景阳来寓晚餐,□商改经济方案稿。

闻管理外汇后，华币实价已跌，但本国银行犹努力维持一先令二便士半之比值。

核定《工矿调整处分期工作计画》。

**三月二十七日　星期日**

收复韩庄、临城、枣庄、济宁等城，围攻峄县。

偕燕游中山公园。燕归后又病，体温颇高。

**三月二十八日　星期一**

临城、济宁复为日军所占。日军在山东增兵二师团，援津浦路。

蒋廷黻来汉，住余寓。

南京成立“维新政府”，梁鸿志等就职。

**三月二十九日　星期二**

行政院第356次会议，通过矿冶研究所预算每月一万元，结束建委会预算，仅留每月二千元，加入工业试验所，为电气试验室用。十时半毕。

今日晨，临时代表大会在重庆开。十一时，蒋在武昌开谈话会。

何淬廉来汉，晚间来与蒋廷黻会谈。

**三月三十日　星期三**

接见王子文、谢冠生、陶勋（商祁阳煤、江华锡）。

访黄旭初。

电贵阳沈宗瀚，告张宪秋病在省院，款项请垫付，并转嘱静养。

**三月三十一日　星期四**

接见张邦维（滇建厅长）、徐旭生、罗志希。

燕娟病又重，体温至三十九度六。罗希宪诊视，谓系胃炎兼及他病。李宝实谓鼻塞,喉无大病。请彼等内外兼治。

Bell、孙越崎来谈中福与天府煤矿、北川铁路合组公司办法。

罗志希谈,大会时何应钦说明军事,切实详明;孔祥熙发言□太长,不得要领,且无诚意,众多不满。

**四月一日　星期五**

往武昌见蒋,嘱电宋子良速运矿物往俄。蒋函孔,发二千万元交经济部,购货送俄。

**四月二日　星期六**

接见Renard,谈及Habert事。又见徐炳昶。

闻代表大会商开国民参政会;青年团举蒋为总裁,汪为副总裁。

访曾养甫,并与曾同访范旭东。

**四月三日　星期日**

访黄旭初。

**四月四日　星期一**

晚餐张西林、杨华日。

**四月五日　星期二**

行政院第357次,议决《地质调查所修正条例》、《非常时期农工商团体及营利法人维持现状暂行办法》。

见薛次莘。

何淬廉、许复七、孙越崎来谈开发内地水运事。

**四月六日　星期三**

见谢天锡(家眷内移谈及)、陶勋(观音滩煤不合办,江华锡合办)、王志圣等。

陈聘丞自港来汉。

英大使 Sir. Archibald Clark Kerr 来访,未遇。

震旦同学会在味腴晚餐。

国民党中委全体大会。

至八大家八号,对欧美新闻记者讲中国经济工作。

**四月七日 星期四**

昨晚台儿庄华军(汤恩伯、关麟征、孙连仲、孙震)攻击胜利,日军板垣、矶谷二师团破毁。

函宋子文,告矿产品运俄方法(黄宪儒来询)。

孔宴英大使。

电复吴铁城:(一)工厂可迁者迁;(二)可合办者速合办;(三)增加防空力。

派林继庸往粤。

函父、婵、幼、桐、恒移居内地,约家人于本月廿五六日到港。

**四月八日 星期五**

请黄旭初、张文伯、熊天翼、李志刚等午餐,商开发内地水运。

与邵力子面谈,陕西酒精厂资委会拟先付款一部分(三十万元),其余以后再付。

**四月九日 星期六**

接见 Durrer,Knaff。

孔请午餐为 Klein 饯别,孔联中德交谊极为出力。

号外,记华军至济南东关。

晚,Klein 请晚宴,中菜五桌。

**四月十日 星期日**

请陈聘丞、吴涧东、林继庸午宴。

偕 Dewsbury、蒋廷黻游西商俱乐部。设立已数十年,地产房屋值三百余万元，会员平时约四百人，现存二百人，每人每月会费十八元，各种娱乐另有特费，入会费一百元。遇见刘文岛、郭泰祯。其房从前鲍罗廷曾住，并处置他人。接见许世英。

黄旭初、黄建平、张任民、潘宜之请晚宴。又法比瑞同学会晚宴，余讲《努力建国》。

**四月十一日　星期一**

熊式辉邀午餐，克兰在座。

日机击长沙湖南大学，闻因政治部藏有汽油。

接见黄季宽、程远帆、鲁循然等。

**四月十二日　星期二**

行政院第358次会。金公债及国防公债原则通过；王亮畴报告：有广田向英大使提出英可调解之说。

接见顾谦吉、克兰（明日起身返德，面言Goering，Ribbentrops［Ribbentrop］近主亲华及经济合作）、邵力子、邹伯敏（陕西酒精厂由资委会收管，付三十五万元，余款俟有盈余时再付）、张鞠斯、陶孟和、杨继曾（谈汉阳迁建事及法人接洽事）。

与蒋廷黻闲步江边。

日机来袭。林继庸赴粤。

**四月十三日　星期三**

昨日国府公布《国民参政会组织条例》。

余身发热，下午早归。

晚宴傅孟真、竺藕舫。

**四月十四日　星期四**

余今日未出门，大半时间安卧。

孙越崎来谈天府矿路公司章程，及湘潭煤质极佳，为上好焦煤。

闻中共的策略路线(张浩即林毓[育]英讲)。

希脱拉至维也纳。

**四月十五日　星期五**

未出门。

晚间日机来。

**四月十六日　星期六**

今日未出门。昨夜洗浴出汗,又用药大便,热渐退,身觉弱。

李思浩来汉,住四明银行二楼,今日来谈。

吴涧东谈工业□□。

**四月十七日　星期日**

起床见客。接见黄任之、钱新之、民生公司杨惟质、郑璧成等五人(谈运钢铁厂器材七个月可运六万吨,勿拘为差轮,又请郭借百五十万元)、卓宣谋、寿毅成(电陈公侠,询统制茶业办法为何)。

下午疲卧。

**四月十八日　星期一**

在家休息。

**四月十九日　星期二**

填入党申请书送张群。蒋特介余及公权入党,为抗日计。

定往港(二十四日)飞机票。

接【见】Weller、孙健初。接见 Durrer,并函复言:湘潭钢铁厂如德方工作全停,则所有款可全购军械,将来中国可另行包工,中国并无停止意,请拟具体办法。

**四月二十日　星期三**

起草 *Some Suggestion to the China Foundation*。

**四月二十一日[1]　星期四**

**四月二十二日　星期五**

至资委会及经济部办公。

接见李组绅、江问渔、邹秉文。

接见孔祥榕,商黄河河防。

接见范熙绩、傅汝霖,商江汉修防。

**四月二十三日　星期六**

接见屈映光、朱庆澜。

见顾临、孙洪芬,请彼等晚餐。

与秦景阳商难民移垦办法。又因经济部屡须垫发款项,行政收入可暂缓解库。

**四月二十四日　星期日**

十二时搭欧亚飞机,四时二十分至九龙,住半岛饭店534号房。

家人今晨至港,住Cecil Hotel。至Hong Kong Hotel,访Durrer,Knaff。彼等明日飞往柏林。Wollak亦在,拟再往四川工作,事后再归去。

**四月二十五日　星期一**

上午,偕周、徐、孙、任等访蔡孑民。

下午四时,在半岛饭店茶会,教育部派顾毓琇来,携一公函,索付九十五万元交部统筹支配,美董事认为无故干涉。

**四月二十六日　星期二**

上午,在半岛饭店预备会议,到者:蔡孑民、周寄梅、任叔永、徐新六、金叔初、顾临、司徒雷登、倍克、贝诺德及余,共董事十人;列

---

① 本日无记。

席孙洪芬、林、叶、王。

下午，偕周、任、孙访顾，说明分配款项原则。

下午，审查请款单（顾临、叔永及余）。

**四月二十七日　星期三**

上午，中华教育文化基金会正式会议，到者除上列诸人外，又有教育次长顾毓琇（一樵）、外交部戴、美国大使馆 Frederic C., Fornes Jr.，议决用途一百七十余万元。

**四月二十八日　星期四**

上午，偕钱乙藜访宋子文。宋谈：苏联已运华军械值一万六千万元，商再运值五万万元；华拟运华货每年五千万元，盼于一月内即运货值五百万元。蒋嘱彼主办其事。

下午，偕宋子文、顾孟余、徐新六、钱乙藜乘船游海。宋言，购货运苏办法当电蒋，并嘱面为报告。

**四月二十九日　星期五**

中基会执委会及教育方针会开会，余未及参加。

下午，接见徐景唐、伍琚华、范旭东、宋子良、张景文等。

钱乙藜飞往长沙。

津浦路战事，日军自十九日起开始攻击，迄今十日，华军□□□□。

**四月三十日　星期六**

报载，昨日汉口空军战争，射落日机二十架，华机损失五架。访李晓沧。

接见黄荣华、范旭东、A. Bland Calder（上海广东路五十一号）、徐□□。

与周寄梅、任叔永、孙洪芬会谈中基会方针。

与徐新六谈财政、亲日派……

**五月一日　星期日**

携眷乘机飞汉口。

**五月二日　星期一**

孔邀午宴，有穆藕初、邹秉文、卜凯、张福运等。孔拟组织农产促进机关。

邹秉文来谈，拟合并茶叶、植物油公司。

接见刘文辉、叶秀峰。

**五月三日　星期二**

行政院第361次会议。许世英出席，徐谟报告英日已签订关于中【国】海关协定。

穆、邹、张、卜、刘、寿等会商，拟组农产促进委员会。

见蒋，谈：(一)对俄送货事归宋子文主持；(二)以钨、锑收入与英经济合作；(三)交通计划，创定经济新局面。

整理家藏国币，尚存四千八百元正。

**五月四日　星期三**

穆藕初主席【召】集会议，于赈济委员会下设农产促进委员会，请卜凯、邹秉文、张福运拟工作计画。

何淬廉来汉，孔请彼辞次长。

**五月五日　星期四**

接见Fabel、褚辅成、杨公庶……

盛蘋臣来谈，拟官商合办钢铁厂；中俄易货事，以后由彼接洽。

**五月六日　星期五**

宋子文电：中俄易货由何人主持尚须商承委座，本月内应有华货值五百万元运苏。

孔招晚宴,许世英议发赈济公债一万万元,孔未许。

与张群谈行政困难。

**五月七日　星期六**

接见钱新之(谈南川煤矿及农本局事)、黎重光、王志莘、陈长蘅、卫挺生(谈经济方案)。

宴杨公庶等。

**五月八日　星期日**

接见袁仲逵。与陈可甫、徐宽甫谈平桂锡矿事。

沈君怡起身往粤。

购礼物送中福医士及看护。游公园。

何淬廉来谈农本局事。

**五月九日　星期一**

招集钱乙藜、杨公兆、陈大庆、徐韦曼,面商平桂矿务局章程。

农本局常务理事会,到者孔庸之、钱新之、王志莘及余,议开理事会议,又定农本局应与农民银行商定合作办法。

接见何北衡、范崇实、李晋、汤澄波(谈广东钢铁厂事)。

**五月十日　星期二**

行政院362次会议,杨杰为驻苏大使;蒋廷黻为政务处长。

**五月十一日　星期三**

接见刘廷芳、陈长蘅、田习之、邹明初、穆藕初。

派章元善为参事,兼农本局合作指导室主任,刘荫茀为技正,郭礼明为度量衡局局长。

核定关于各省农业机关应调整集中谈话稿。

林继庸来电(自安南)。

Hitler自意返柏林。

**五月十二日　星期四**

接见徐学禹。

**五月十三日　星期五**

上午,访苏联大使卢干滋,谈交换货物事,议试采玉门油矿及开西北交通。访陈光甫。

下午,孔请晚宴,为张庆寿,余报告与苏大使谈话及程潜拟设战时河南修防会。

**五月十四日　星期六**

接见刘季辰、吴晋航(谈开垦雷、马、峨、屏及四川羊毛销路)。

**五月十五日　星期日**

孙越崎自湘返汉,朱伯涛亦返。

上午,军委会议河南修防事仍归黄水委会办。

下午,何雪竹、阎[严]立三、石蘅青、范熙绩、傅汝霖等会商减轻水灾办法,并议救济方法。

魏道明请晚宴。

**五月十六日　星期一**

接见褚民谊(谈中法工商学院经费及西南实业)及顾季高(谈中基会)。

**五月十七日　星期二**

行政院第363次会议,通过:(一)减轻湖北水灾办法;(二)陈郁等为参事;(三)纽约博览会;(四)依照抗建纲要拟实施方案,月底完成。

徐可亭来谈:(一)五通桥碱厂事;(二)工矿调整会购料款外汇办法;(三)资委会外汇办法。

与行政院及各部同人会宴张岳军。张五十寿辰在五月九日。

**五月十八日 星期三**

请黄任之、江问渔、王志莘等午餐。刘刚吾、杜友梅等晚餐。

嘱秦景阳代管中苏易货交通。

**五月十九日 星期四**

乘欧亚十五机十二时自武昌起飞,三时至重庆,住美丰银行。五时为部员谈话。接见范崇实、傅襄谟、程觉民、郑朗昭、傅毓琭、李春昱、金开英、萧之谦、谭仲逵、陈文虎、李竹书(后三者商玉门油矿)。

美丰银行副经理林启愚(仲杰),总务主任周辉域(萼生)。

**五月二十日 星期五**

上午见蒋辑、陈长蘅、吴蕴初。谒见林主席。至行政院见徐象枢、滕固、张平群。请傅孟真午餐。

下午,见张含英、须恺、万和佛、谭葆泰、谢家声、蔡承新、毛□、马克强、黄云龙及民生公司诸人。又见王调甫、张心田、魏嵒寿。又见潘益民、刁培然(中央银行)。

赴丁春膏、吕咸晚餐,遇陈介卿、崔唯吾等。

今晨,中国飞机远征日本,散放传单甚多。

徐州失守。

**五月二十一日 星期六**

接见胡子昂、胡叔潜。四川水泥每桶价六元九角,运汉费应为一元,五元、七元太贵。

偕谭仲逵、李春昱、金开英、汪泰经至南渝中学,见张伯苓、张子英。参观磁器口炼钢厂,有 steel furnace,每次出钢三吨,每天二次(但可增至三次)。Bessemer furnace,rolling mill,每天能出十余吨。又翻砂制飞机炸药,一百公斤者每月能制一千枚,最大者能制一千公斤。又至中央大学，过江至磐溪水工试验所，万和佛、张含英、谭葆华导观，正试验龙溪河水力。

访贺国光、叶元龙，谈收钢迁厂，并请协助工厂购地。色耳古金矿。

魏怀及行政院同人晚餐。晤陈真如、谢冠生等。

电吴兆洪：邹提出小组委员会事，俟返汉后面商。

**五月二十二日 星期日**

接见丁文渊、李承干（直卿）、常隆庆。

偕谭仲逵、陈文虎、王橄、李春昱往石油沟。自海棠溪三十九公里至一品场，向西七公里八至石油沟。钻深62公尺，在46公尺处曾见油及气。平均每日钻深一□余，用德国旋转机。见张心田、Muller。午饭后启行，至南温泉，有青年会、筱竹园、仙女洞等处。返渝后往观聚兴村十三号房，顺至十五号访傅孟真。晚，赴薛正清宴。

蔡承新来，洽售香港币于工矿调整处事。

名迹巴陵数二泉，北泉称圣南称贤。（王太蕤句）

**五月二十三日 星期一**

国民政府受[授]印，吴稚晖监誓，并言：翁君学问道德为当代第一流人才，盼于经济事业努力猛进。

邀集技监、参事、司长、秘书，谈奖助小工业及合办事业监理委员会组织办法。

与胡博渊商谈国民经济建设运动委员会工作。

与罗敦伟、张莘夫、张文潜谈话。

自来水、水泥、电力、木业、无线电、华联钢铁、华西兴业各公司、华兴机器厂、华裕农场、华泰锯木厂十家合请晚餐。

贺国光、叶元龙合请晚餐。

**五月二十四日　星期二**

自渝飞返汉，同机有穆藕初、甘绩庸、何北衡。

接见陈体荣、谭伯英，商运货赴俄办法。

见张岳军，谈中法（滇越）经济合作及运货赴俄事。

接见陈威（公孟）。

蒋派余为国民经建总会主任、常务委员。

收到国民党党员证书，特字 37254 号及证明书各一份。

**五月二十五日　星期三**

接见 Calder、邵逸周、董纶、王野白、黄任之、江问渔、王艮仲、潘振纲、程伟度、王象明、黄维等。

请王、黄等晚餐。

父病，医士疑系盲肠炎，白血球一万零七百余，热三十七度有奇。

张翼后昨日在沪病故，余电汇奠仪四百元，托徐新六代致唁。

蒋复有侍秘鄂代电："已电顾大使，转请法政府饬该二员来汉面洽，俟复到情形如何再达。林继庸可留越。如法政府允该二员来汉，即由林陪同前来。"

**五月二十六日　星期四**

父病略轻，白血球减至八六〇〇。

盛蘋臣来访。

予函孔，言中俄西北交通应互相接洽，可由贸易委员会开列货量，索回空车运往。

蒋返武昌。

**五月二十七日　星期五**

孔寓晚餐。张岳军论日本宇垣任外相之意义:此君在日资望极高,前次拟任首相时拟与中国言和,但须中国反俄随日。

孔出示王亮畴、张公权、陈立夫、魏伯聪、蒋廷黻及余,王正廷来电:美国 Bank Trust 借款六万万元美金,第一年三万万元,第二年二万万元,第三年一万万元。中国每年还八千万美金,十年还清,以中、中、交三行股份百分之五十一为抵押,并有 Industrial Corporation(出口贸易)之协定。

今晨华军克复兰封。

**五月二十八日　星期六**

接见卢作孚(商天府公司事)、唐星海、杜扶东(言靳云鹏、陈光远等愿在南方投资)、Escara。

中福董事部开会,议决:(一)上年账目暂结,俟正式结账后再分红利(暂结净利一百九十余万元);(二)推举胡石青、杜扶东、周树声、贝安澜、樊泽培为中福方面之董事,张兹闿为监察人。

**五月二十九日　星期日**

游跑马场。

现金输出:二十三年为五一〇〇〇〇〇〇元,
二十四年三八七〇〇〇〇〇元,
二十五年四〇六〇〇〇〇〇元,
二十六年五八三〇〇〇〇〇元;

现银输出:二十三年——
二十四年五九四〇〇〇〇〇元,
二十五年二四九六〇〇〇〇〇元,
二十六年三九八五〇〇〇〇〇元;

对外贸易：二十六年输入九四一〇〇〇〇〇〇〇元，输出八三七〇〇〇〇〇〇〇元，入超一一六〇〇〇〇〇〇〇元[1]；

法币发行总数：本年四月为一六九三八〇〇〇〇〇〇元，上年六月一四〇七二〇〇〇〇〇〇元；

外汇数目：中央银行售出外汇平均每周三十五万英镑，以常年计算，在二十六年入超一倍以上。

**五月三十日　星期一**

扩大纪念周，蒋对党部人员训话：负责办事，正谊明道，自谋生计。

天府公司创立会。

**五月三十一日　星期二**

行政院第 365 次会议，金水农场归经济部管。

周树声邀晚餐。

邀黄伯樵午餐。

阅实施方案（吴景超、翁之镛起草）。

宋子良来谈。

**六月一日　星期三**

褚慧僧来谈金矿事，告以可先从湖南入手。

请卢郁文重起草实施方案。

商资委会钨锑外汇办法。

李国钦面谈钨锑代理事。

**六月二日　星期四**

中原董事请午餐。

邀德人 Preu、Bossiet、黄伯樵等晚餐，介黄赴德。Klein 电：德

① 原文如此，入超应为一〇四〇〇〇〇〇〇〇元。

对军械及工业品仍当供给。

**六月三日　星期五**

国防最高会议第八次全体大会,蒋主席。(外交)日阁改组目的有三说,驻日外交官拟退回;德军事顾问,德政府欲解约;波兰拟承认伪满;日机炸击城市之抗议;捷克问题;英近公开袒华;美议员必德门声明,始终承认国民政府。(军事)第一期硬战损失太重,第二期在山西、江南皆避实击虚,多用运动战及游击战,徐州则坚守三月有余;日军西进四线;郑州、郑州南各站(信阳)、六安入鄂、由安庆沿江上驶;武汉人应疏散,政府人员应后退。(财政)公债、关税、朝鲜银行银票及日本军用手票。外汇每周二十万镑,下星期起除指定货物外,余皆不准外汇。外债。(蒋)第三期战事在平汉路以西大别山以北,日不从广州进兵,不易取武汉。英、美、法、苏比较利华,德、意亲日国策不易挽回。

黎重光邀宴,谈四川、湖南煤矿事

**六月四日　星期六**

罗敦伟来汉,嘱编实施方案。

接见广西农事管理处长陈大宁、陕行长李维城。

与沈宗瀚谈整理农业实验所事。

**六月五日　星期日**

访孙越崎、黄伯樵。

陈生琦自郑州来电话,请陈委座:勿决河堤。邀秦景阳、齐寿安商黄河决堤影响。

黄汲清来,与谈地质所务。

接见大隆铁厂严钦麐,拟移广西。

**六月六日　星期一**

与周作民谈，甘肃玉门油矿，政府拟自办（或与公司合办，但不宜加入美股）；四川国营矿区可与公司合办，不妨有美股，请函顾少川。

接见徐谟、陈体诚、谭伯英、邹秉文（谈外汇办法）。

李石曾、宋子良邀晚宴。

《〈张翼后轶稿〉序》成。

开封失守。

**六月七日　星期二**

行政院第 366 次会，孔病，张代主席。（一）国联救济合作处移归经济部；（二）各职速往重庆。

核定《合办事业监理委员会章程》，派秦兼主任委员，马志强为秘书。

与谢家荣谈江华锡矿。

**六月八日　星期三**

接见李维城、朱庭祜、鲁循然、戴乐仁、王次[志]莘、齐焌。

范熙绩来谈，日军恐将由南阳、襄阳北取花园，西趋沙市，并商江汉工程局办法。

**六月九日①　星期四**

**六月十日　星期五**

接见普来华拉克、穆勒、Mr. H. Woltemade、E. A. Mowrer（Chicago Daily News）、黄任之、胡卫三、梅心如（恕曾）、蓝尧衢（为宝源煤矿借款）、蔡声白。

---

① 本日无记。

与孔庸之、宋子文、宋子良商华货运苏事。

**资源委员会电业**

| | 本会占股 | 主持人 | 理事会秘书 | 现有容量 | 待建容量 | 完成年月 |
|---|---|---|---|---|---|---|
| 西京 | 33% | 寿　光 | 陈中熙 | 2275KW | 2000KW | 停战后一年 |
| 安庆 | 100% | 刘祖辉 | —— | 1000KW | —— | —— |
| 湘江 | 100% | 黄　辉 | —— | 100 | 4000KW | 廿七年十月 |
| 湘西 | 100% | 徐一贯 | —— | 0 | 740KW | 廿七年九月 |
| 贵阳 | 70% | 范寿康 | 陈良辅 | 120 | 320KW | 廿七年十二月 |
| | | | | | 1000KW | 廿八年七月 |
| 万县 | 62% | 童舒培 | 单基乾 | 180 | 340KW | 廿八年十二月 |
| 汉中 | 100% | —— | —— | 0 | 100KW | 廿七年十二月 |
| | | | | | 200KW | 廿八年十二月 |
| 兰州 | 83% | 谢佩和 | 童传中 | 100 | 200KW | 廿七年八月 |
| | | | | | 200KW | 廿八年一月 |
| 昆明 | 100% | 刘晋钰 | —— | 0 | 4000KW | 廿八年三月 |
| 龙溪河 | 100% | 黄育贤 | —— | 0 | 16660KW | 廿九年十二月 |

**六月十一日　星期六**

规定经济部及直辖机关职员调往他机关兼任职务暂行办法。

在何淬廉宅，与何及王志莘商轻工业生产合作协会组织办法，并拟举宋子文、张公权、卢作孚、缪云台、钱新之、徐新六、何淬廉、唐星海、王志莘及余为理事。

农本局资金：政府已缴一千二百万元，银行已交五百九十余万元，合共一千七百九十余万元。用出者：各项放款三百八十余万元，仓库往来一百九十万余元，合作金库往来一百一十余万元，代军需署购米价款五十九余万元，共计七百三十【九】万余元。再除去其他支出，结存：银行往来户七百九十余万元，合放资金二百五十余万元,库存现金一千余元,合共一千零四十余万元。

**六月十二日　星期日**

张心田自渝到汉,面商开办玉门油矿移用陕北机件。同往访周恩来,托电第八路军。函孙健初,嘱拟开井地点并同往玉门。

农本局银行存款(4 月 30 日)

①往来户:渝 5001471.04 元,长沙 77765.45 元,汉口 445207.44 元,筑 1099500.00,京 283868.97,港 73835.59,粤 9062.61,沪 74582.96,港(港币)860995.27,合计 7926289.88 元[①]

②合放资金户:甲 462622.68 元,乙 823240.79,丙 1245368.36,合计 2531231.83。

③合作金库认股数:合计 723680.00。

**六月十三日　星期一**

接见马超俊、穆藕初、唐启宇、刘宗涛。

资委会开列积存外币数(英镑一万二千镑,美金二万余元,港纸约一百万元)、预算及钨锑盈余(半年五百四十万元),及支出预算送财政部。

**六月十四日　星期二**

行政院第 367 次会议。(一)陈诚为湖北省主席,何成浚为军法执行总监,蒋鼎文为陕西省主席;(二)经济部请任命胡博渊等为简任技正及各附属机关长官;(三)孔祥榕辞黄水会委员长,以王郁骏代理。

接英大使 Archibald Clark Kerr 函,言轻工业合作社事。

孙越崎请夜宴。

---

① 原文如此,应为 7926289.33 元。

**六月十五日　星期三**

孔召会议，商救济因黄河决口（赵口、花园口）所生之水灾办法。

法大使馆茶会。

桐书来汉。

**六月十六日　星期四**

接见范熙壬、张鸣韶、骆介子等。

接见张炯（洞若）、黄伯度。蒋廷黻来谈。

宋子文偕那齐雅往香港。

**六月十七日　星期五**

孔请晚宴，商施政方案，请张群总纂。

晚报传克复安庆，并不确！

函复英大使，轻工业生产合作协会事王志莘等正在进行。

派严爽为甘肃油矿主任，张心田为机务工程师，暂代主任。

发表国民参政会参政员二百人，定七月一日召集。

蒋发《告全国青年书》（六一六）。

张丽门返汉。

接见利华矿黄□。

**六月十八日　星期六**

访Buck、穆藕初，谈农业工作。函何淬廉，拟由农本局及工矿调整处合出二百万元，为垦田及乡村工业之用。功但期有成，名不必属我。

屈文六来谈安抚黄河灾民办法，电询陕省府能安插若干人。屈言：每难民一万人，赈济会可出九万元。

与萧会成谈，盼燃料研究处勿用人太多。

**六月十九日　星期日**

步行至大智门车站。

王竹泉自滇来，谈圭山、鸟格及小龙潭煤矿。

味腴晚餐。

致黄汲清长函，言继任地质调查所长事。

**六月二十日　星期一**

请屈文六、穆藕初、徐可亭、陈汝珍、朱墉等宴。

李组绅来谈，屈文六盼做黄河水利委员会委员长。

**六月二十一日　星期二**

行政院第368次会。（一）卫戍司令权责范围；（二）德要求德顾问全体返德；（三）招商局移转美人 William Hunt 办法（秘定仍实属中国）；（四）建筑川滇、滇缅铁路（售出庚款购四船）；（五）金水农场组织章程；（六）非战区粮食调节办法；（七）实施方案编辑方法。

家眷乘宝和轮往渝，晚六时开。

晚宴 Nicoletis、张公权、俞大维等。

**六月二十二日　星期三**

在张岳军宅，同见陶德曼大使。德政府令军事顾问全体返国，中国愿酌留五人缓行。明日德要求期满，中国外交部拟以公文答复。

与张岳军谈范熙绩目前职务重要，不应准其辞职，张未同意。

桐书、素英、维玲往湘，由湘赴桂。

**六月二十三日　星期四**

齐焌来谈中德交涉，已电 Thomas，询德方真相。

襄江水大涨，幸遥堤无恙，范熙绩亲往抢护。邀军政部、军令部、政治部、鄂省政府会商对大冶铁矿之办法，拟由军政部主办遣散职工，迁移铁路。俟何部长同意后实行。

文津迁入吕钦使街宅内。

吴涧东来汉，谈温溪造纸公司办法。吴明日飞港，参加会议。

**六月二十四日　星期五**

德大使陶德曼来辞行。

孔邀各部长晚宴，谈地方政府组织、内徙地点、水势、交通等。

王仲开（郁骏）来见，闻孔祥榕暂不交印。

蒋手令："照现在战时实情，请拟定西南、西北及江南（即湘、赣、鄂、粤）三区，分别设计一个经济轻重工业开发计划及其程序，并将分作战时三年、战后五年两个计画。至于经费数目，以去年所定建设经费总数为标准，再酌量现状适宜增减可也。"

**六月二十五日　星期六**

接见塔斯社社长 Rogoff，函述对苏俄经济建设成功之意见。又函安特生。

电张元训：派大汽车送谢家荣及心源等往桂并盼复。

报运苏矿产品第三批账。

电黄旭初、缪云台，告以购锡为换军火，请令尽先供给。

以孙健初《甘肃油矿报告图说》交张心田。

**六月二十六日　星期日**

接见韩祖德、寿毅成、卢郁文、徐名材、张丽门、林继庸、李博侯。

商 John Nicoletis 中法合作计画。

商战时三年、战后五年经济计画工作分担方法。

陶德曼今日往香港。齐焌电话：克兰复电：望中国认德政府对国民有指挥权，但许多友人连戈林在内，皆望中德二国交谊仍能继续，正在商洽设法中。

**六月二十七日　星期一**

见蒋，报告 Nicoletis 中法合作创设兵工办法。下午，又偕

Nicoletis 同见蒋。N 拟明日飞港。

蒋接见法肯豪森，面告德顾问可于下月五日启行返德。

马当要塞已于昨日失守。第一炮台失守，马当镇尚未失。

召张丽门，面商工矿调整处可移渝办公。

截至六月二十七日止，内迁厂矿一百四十四家，内迁机器三万〇二百五十四吨，本处协助借款一百〇二万六千余元，代向银行借款四百九十万元。

**六月二十八日　星期二**

行政院第 369 次会议。孔又设湘桂水道整理委员会（水利工程局六千六百余万元，傅汝霖所拟），隶于国民总动员设计委员会，穆藕初之农产促进会亦隶该会。此会原非用人用钱之组织，今如此做，尽失原意矣。

何淬廉返汉。

盛蘋臣来谈购锡售美事。

以新设之实施方案备文呈行政院。

**六月二十九日　星期三**

卫戍总司令部召集会议，定大冶石灰港、启新水泥厂由经济部迁移，汉冶萍厂由迁建委员会迁移，官矿局设备由省政府迁移者，余剩部份组爆破队炸毁，以阎夏阳为队长。经济部派李景潞、王涛往办，由工矿调整处出款。

接见胡子昂、孙清波、陈大庆、徐韦曼。

电复黄旭初，言出口贸易困难事，已商陈院长考虑。

函宋子文，问中法合作工厂可否由建设银公司经营。

**六月三十日　星期四**

接见王志莘、谭金铠、杨继曾、李华英（少川，军政部参事，往大冶拆迁大冶铁矿)、李景潞、马克强等。

《抗战建国之经济建设工作报告》印成,共五百份。

**七月一日　星期五**

王志莘、Edgar Snow、梁士纯、何淬廉来谈 Industrial Corporations.

范旭东来谈。

与徐可亭、庞松舟、闻亦有谈廿七年下半年建设专款概算:资委会经费改入机关预算,重工业费改为每年八百万元,廿六年度照实用数补足二百七十万元。徐对何淬廉有资金而不用颇为不满。又议湘桂水道测量可交经济部管,先作灵渠工程,约五十万元。

孔处谈话:(一)张群提英大使来调解时不宜拒绝;王亮畴言宜有具体条件。(二)孔言,英借款中国曾提四方案:a 金融借款;b 矿产借款;c 信用借款;d 政治借款。现仍商金融借款,Rogers 为此往英,七月六日英国阁议商洽。又中美借款约已签,但款未收。(三)讨论地方制度。

**七月二日　星期六**

拟提倡节约办法。

Hall Patch 携徐新六函。

接见藕[穆]藕初、Van der Havel(拟研究用水抵御日军方法)、Prue、齐焌等。

在蒋廷黻宅谈外交方针。闻昨日蒋对 Daily Express 记者【谈】,和平以不损主权为条件(未及领土完整)。此见甚是。

家眷昨日到渝,桐书夫妇亦昨日到邕。

**七月三日　星期日**

见 Hall Patch,谈:(一)工业合作;(二)英曾劝日政府勿轻摧

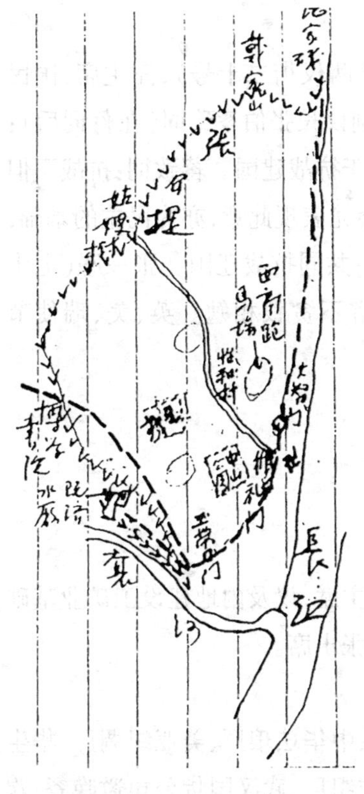


毁中国金融，华北汇业银行系一错误，在华中不宜再犯；（三）孔言工作已推不动。又见 Allay，谈工业合作办法。又见英大使，谈：（一）英给中国金融借款，五日阁议商酌，七日 Rogers 起身来华；（二）下午见蒋，尚未【见】孔；（三）又谈及军事及国民参政会。

与王志莘、何淬廉商谈工业合作协会组织章程及人选。

孙越崎、朱谦来谈。

**七月四日　星期一**

接见冷杰生，谈西康、四川划界事，并拟改名为建康。

偕秦景阳、何淬廉、范绍陔巡视张公堤。形势如左①。

晚宴竹藕舫、胡光复。

**七月五日　星期二**

行政院第 370 次会，讨论实施方案甚久。

下午，行政院招待参政员在盐业银行茶会。

胡石青、王幼侨邀晚餐。张伯龄［苓］面言，南渝屋不用时款可退回。

① 旁有自画示意图，注“张公堤长约四十里（20KM），宽约七公尺”。

**七月六日　星期三**

(上午九时)国民参政会开幕(两仪街二十号),汪主席,国民政府林主席训词(彭学沛宣读)。副议长张伯苓致词(在蒋词后):消极的议会不至捣乱,积极的贡献于抗战建国。蒋致词:抗战不但在军队,尤在政治的全国动员,此会尤表现此意,亦为民主的基础,民主即自由;亦不妨碍他人之自由;共同抗战建国。张一麐(七十二岁)致词,尤以武官不怕死、文官不贪钱相勉。英、美、瑞使节参观。

**七月七日[①]　星期四**

**七月八日　星期五**

**七月九日　星期六**

**七月十日　星期日**

国民参政会上午大会,张伯苓主席,议及内地建设工矿业基础及发展农业二案。下午审查会,代张出席。

黄汲清来谈地质调查所各事。

中国化学工业社、亚浦电器厂、中华珐琅厂、美亚织绸厂、华生及华成电器厂、鸿新染织厂、章华纺织厂、武汉国货公司邀晚餐,欢宴西南实业考察团。晤见徐闻梅、蔡仁抱、马启锠、李学瑞、李名岳。

**七月十一日　星期一**

**七月十二日　星期二**

日机炸武昌,城内胭脂巷、马道巷、长春观、忠孝门街、中和门、多宝寺街等处均受炸,死伤六百余人,省立师范、希理女中(美教士设)、省立医院皆被灾。

---

① 本日及八日、九日、十一日均无记。

国民参政会第七次会,汪主席,于右任报告。郑震宇、陈绍禹、王家桢等各提拥护国府实行抗战建国纲领案。陈绍禹(C. P. )说明尤为激昂,通过。傅斯年发言,批评财政部办法。

与马君武、傅孟真同午餐。约任叔永晚餐。

**七月十三日　星期三**

国民参政会第八次会,张岳军讲持久抗战。为讨论对德、意邦交事,李圣五、马来凤主张中国不应盲从苏联。共党代表陈绍禹、秦邦宪等大为反对。

午宴张禹九、张肖梅。晚宴参政员于金城银行。

故宫博物院理事会会议,孔主席。举孔为代理理事长,朱家骅、陈立夫、何键、蒋梦麟、傅斯年、罗家伦及余为常务理事。

**七月十四日　星期四**

上午,接见霍伯器(谈借款事,广西锡矿用庚款事)、卢作孚(商调用周茂柏)、王守竞、郭子勋、刘廷芳。

下午,国民参政会第九次会,胡景伊提"有钱者出钱"案,提出后讨论颇多。

陈诚、周恩来、张厉生请晚餐。G. M. Hall(National City Bank of N. Y. )请晚餐。

**七月十五日　星期五**

上午国民参政会第十次会,讨论宣言。

下午闭幕式。汪致词,极奋发有力。参政员由吴贻芳致词。孔处谈话:(1)建设专款预算通过;(2)陕甘宁特区,电三省派员商定;(3)何应钦提行政院之各部应定期迁渝。

贝安澜、孙越崎来谈英商承受售钨砂事。

七月十六日　星期六

大庾西北西华峰在600公尺内有钨脉47条；南虔南大吉山在500公尺内有钨脉41条；龙南东归美山在100公尺内有钨脉25条。每脉往往长1—2公里，厚自数公厘至六公尺。

七月十七日[①]　星期日

七月十八日　星期一

接见卢开瑗、王涛、钱乙藜（商华记水泥厂事）、刘廷芳、郭子勋、李正卿等。

孔请茶会。

七月十九日　星期二

行政院第372会议。（一）前建会移来欠斯可达款，商展期付还。（二）湘桂水道归经济部办。张群言，行政院不宜添新机关。（三）四川省雅安等十四县归入西康省。

张禹九谈植物油料厂公司。

龙云、缪云台来谈。

日机27架惨炸武汉，死伤一千数百人！

七月二十日　星期三

钱乙藜飞港，孙越崎赴湘。

接见Jean Van den Bosch、彭士弘（毅丞）、胡次威（长兴矿事）。与张丽门商华记水泥厂事。张禹九与秦景阳商购油池钢板。

蒋晚宴龙志舟主席、缪云台等，与龙谈中法合作事。

函燕娟。

谢天锡赠诗：声威并驾博望侯，手撷与机奠九州。聚米为山如

① 本日无记，仅抄录有张一麐杂诗。

指掌,乘槎航海快昂头。会稽富贵卑何数,襄汉勋名踞上流。两世论交情更挚,举觥满酌为君酬。

**七月二十一日 星期四**

龙志舟来访,未遇。王毓兰乘船往渝。

孔宴龙、缪诸君。

蒋作宾今晚结婚,闻夫妇相差二十余岁。

航快函询 Nicoletis。

(一)去年七月至今年六月止,敌机轰炸中国不设防城市 2472 次(内广东 903 次,江苏 428 次,交通线 429 次,余地在 100 次以下),投弹 33192 枚(内广东 11801 枚,江苏 5489 次[枚],余皆二千枚左右及以下),死亡 16532 人(内粤、苏二省四千以上,浙江 2484 人,余千以下),伤人 21652(粤 8900 人,苏 4420,浙 2897 人,余千以下)。(二)在同期内,日机伤害美国人:死 13,伤 19;英国人死一伤五;义国人死三;法国人死一。(三)侵害第三国财产,英南京和记洋行、徐州亚细亚公司、德和轮船,美美孚轮三艘、巴纳兵舰……德闵行游艇……法闵行游艇……(四)第三国慈善及宗教机关被毁,广州、海州、武昌、青岛、福州均有。

**七月二十二日 星期五**

接见 Rohrer、龙志舟(谈云南锡矿及中法经济合作)。孔对各部会长谈,香港英文报内 Gunther Stein 论马当华军不战而退,颇失望,中国外汇跌落,借款不成,尤因孔管理不当,屡造谣言,内政即应改组,财政部尤应改良。陈立夫认为挑拨离间,其实英人何至出此乎。余报告 Allay 对 Industrial Corporations 事拟邀 C. P. 参加主持,办法务应小心。张岳军言,二十八日各职员起身往渝,一日为止。

英王及后访法后返英。

俄日在俄满边界张高峰事形势日紧。

范熙绩辞别,往沙市视察。

**七月二十三日 星期六**

电钱乙藜:(一)缪云台盼中行派员往滇商纱厂事,又盼办水泥厂;(二)黄伯樵往欧察洽钨锑,回任主管。

午宴缪云台、卢永恒等。

晚,李正卿请晚宴。

签订启新借款合同。

日军在姑塘登陆。

**七月二十四日 星期日**

孔邀 Taylor、Donald、Allay、梅贻宝等午餐,商 Industrial Corporations 事。

接见卢开瑗、李正卿、李汉屏等。张肖梅、禹九来辞行。

**七月二十五日 星期一**

接见章乃器(谈皖北粮食及日用品之接济)、Taylor、Allay、刘广沛、梅贻宝等(工业合作)、傅斯年(言政府拟派胡适任驻美大使)。

比大使 Van den Bosch 邀晚餐。

| 桐油 Exp | $73378000 in 1936, |
|---|---|
| 四川 | 332635 |
| 湖南 | 302395 |
| 湖北 | 181437 |
| 浙江 | 181437 |
| 广西 | 90719 |
| other | 15120 |
| | 1103743 |

**七月二十六日 星期二**

九江已失。

行政院第373次会议,(一)《小工业设计委员会章程》;(二)钢铁厂迁建委员会预算交审查;(三)《合作事业奖励规则》。

日军在姑塘附近登陆者已达一师团,并由兵舰炮烧九江。

谈行政院迁渝开会事,拟于本星期六,如有要案,仍在汉开会。

宾步程辞湖南难民救济处长呈云:“坐食长沙,不服疏散,未来者不招自来,已来者麾之不去。是天之骄子,是特殊阶级。日食一角,生活优于湘民,告化三年,志愿薄为天子。以国家有用之金钱,养此社会寄生之虫蠹。疏散徒托空言,计划皆成画饼!”

**七月二十七日 星期三**

接见J. B. Taylor、梅贻宝、贺衡夫(商合办辰溪煤矿)、褚慧僧、屈映光、徐维荣(谈吕钦使街九号房八月份起退租)。

至中央电影院观《阳春白雪》。

通令各直隶机关职员,不得利用抗战时期营利渔利。

**七月二十八日 星期四**

拟《中国工业合作协会章程》送孔。

接见杭立武。电催郭子勋售钨。

拟《致经济部同人书》(公正、勤勉、清廉、进取)。

各省农业改进所补助费(今年七月到十二月):

| | 核定 | 实发63% |
|---|---|---|
| 云南 | 50000 | 31500 |
| | 7500 | 4725 |
| 贵州 | 50000 | 31500 |
| 广西 | 50000 | 31500 |

续表

| | 核定 | 实发63% |
|---|---|---|
| 湖南 | 30000 | 18900 |
| 四川 | 30000 | 18900 |
| 广东 | 29000 | 18270 |
| 陕西 | 30000 | 18900 |
| 湖北 | 30000 | 18900 |
| 江西 | 5000 | 3150 |
| □□ | 30000 | 18900 |
| 合计 | 341500 | 215145元 |

**七月二十九日　星期五**

廖树蘅(珠泉老人)主常宁水口山矿,绩效大彰。长子基植接其事,遵其成规,亦著劳勋。六子二女,长女廖基瑜,著《绎雅堂计录》,妙句天成。

**七月三十日　星期六**

行政院第374次会议,定下星期一再行会【议】,通过张群为重庆行营主任,王缵绪为川省主席。

接见钱新之(告以不易以四川全省油矿权授公司;又商湘江恩口煤矿合办事)。访余渊源,未遇。

接见Miss Freda Utley(News Chronicle,5 New England London in N. W. 3),Mr. F. M. Fisher(United Press Association,300 Lutheran Mission Bldg. Hankow)及季泽晋。

**七月三十一日　星期日**

偕秦景阳乘机飞渝,住南渝中学内寓处。

钱乙藜来谈,彼明日飞滇。

日军夺回张高峰。

**八月一日　星期一**

上午至经济部，下午至资委会（上清寺街 118 号）及工矿调整处（曹家巷 64 号）。

**八月二日　星期二**

上午到资委会，接见何北衡、黄汲清、李赓阳、金开英等。下午至经济部，接见唐宝志、周季梅、陈恩义、曹柏年、黄厦千、王檄等。

**八月三日　星期三**

接见华祖芳、石充、张心一、陈仿陶、胡光麃、中央通讯社记者刘德纯（铁板街二号，电话 158）、《国民公报》记者周本渊（珠市街，电话 734）。

张群到渝。

日军飞机攻汉口。

**八月四日　星期四**

邹秉文、卢作孚、何北衡、范崇实、何淬廉等，商收购及协助川丝公司事。

召集参事、技监、会计长、农林司科长，商编实施方案办法。

焦易堂、张知本、彭养光邀晚餐。

报上刊载《抗战期中之经济政策》。

**八月五日　星期五**

张群就行营主任职。汪精卫乘永绥舰，孔庸之乘飞机来渝。

召集主要职员，商拟《矿业施政纲要》。

张心田在陕北见共党萧劲光、高自立、李强直[①]（工业局长），商迁移陕北采油机至甘肃。

---

① 应为李强。

**八月六日　星期六**

接见杨培英粲三(谈聚兴诚拟购桐油盼保险,反对贸委会收买丝业公司)、叶秀峰(西康金矿)、何北衡(请赵连芳为川农所所长)、邹秉文(请促进粤丝事)。

召集职员谈工业实施方案。

**八月七日　星期日**

请薛院长夫妇为燕娟诊病。薛言,应俟痊后往小梁子李士伟妇科处检验。游行庙。

访张群。至工矿调整处。电张丽门商运女工事。

**八月八日　星期一**

国民政府扩大纪念周,汪讲演。

接见朱玉仑,商往滇调查锡矿事,拟二十日起身。

访孔,商武汉纱厂女工分运渝、陕,财部发三十万元。电张丽门速商定办法。

接见盛蘋臣、苏汰余(言裕华纱厂已至渝,不再迁陕)。

与各职员商商业施政方案。

王德森因筹办湘西煤矿,车途死难。挽联:

国难在前,尽瘁鞠躬,死而后已,忠勇如君能有几;

壮心自昔,服务从公,劳而不倦,怆怀当世念斯人。

**八月九日　星期二**

行政院第 375 次会在国府举行。(一)湖南水利会事,交审查;(二)黄河筑堤费,否决;(三)汉阳钢铁厂迁建费八百万元,通过;(四)经济部提出各追加预算案,通过。

沈君怡函,交通部派彼为川滇铁路局长,由沈昌代理。

核定《战时农矿工商管理条例草案》。

与各职员会商水利实施方案。

**八月十日　星期三**

赵巨旭(第四军团,放牛巷十八号,电话 584)代表邓锡侯,尹静夫(第 28 集团军)代表潘文华来见。

农本局呈组织"福生公司",令将组织办法呈部备核。

常宗会报告四川丝业情形,函送川省府,并令交农本局与川丝公司商洽改进。

贝安澜到渝。

电 Nicoletis。

派卢郁文往渝市府,接洽女工六千人安置办法。

接见姚心田、林祜光、周柱臣、曾世英。

**八月十一日　星期四**

接见 George、Bell,商由福公司任钨砂出口权事。

接见冷融、胡子昂、刘鸿生(拟在嘉定设贡华呢厂,云南设水泥厂)、严冶之、黄汲清(付还千四百元正)。

燕娟往观尼港日俄战事电影。

**八月十二日　星期五**

范庄(孔住处)谈话,张岳军谈邓禹[锡]侯、潘文华劝阻陈筑山为川省秘【书】长,胡次威为民政厅长,已说明可实到任。王缵绪径飞成都,声明须服从中央。

岳军言:为人须宁静、忍耐、勇敢。

**八月十三日　星期六**

吕超邀晚餐,去年开战纪念日,宴客论者多以为非。

**八月十四日　星期日**

偕淬廉、公弢游北碚,晚至杨公庶宅餐叙。

盛蘋臣来谈，孔怪王正廷，拟商陈光甫使美。

**八月十五日[1]　星期一**

**八月十六日　星期二**

行政院第376次会。张岳军言，王儒堂长外交时，既排日又攻俄，甚为失策；通过《农矿工商管理条例》；未通过新村建委员[会]。

访刘文辉、邓禹[锡]侯、潘文华，皆未遇。

闻十一、十二、十三等日敌机攻武昌甚烈，蒋及夫人因附近受炸，皆受震惊。

飞师尔请晚餐，会见Woidt、Preu，商中德两国交换货物实行方法。

乙藜返汉。

**八月十七日　星期三**

接见严爽、孙健初、Woidt、H. H. Preu、Carl、关德懋、于斌、Bell、A. J.、孙越崎。

**八月十八日　星期四**

电蒋，询顾少川电在法可购工厂机件，应派人前往。

**八月十九日　星期五**

孔宅谈话，张询行政院与行营间，对西南各省行政意见如何贯通接洽，孔言行营应遇事询主管部核办。

**八月二十日　星期六**

乙藜应宋子文电召往香港。

请Woidt、Preu晚宴。

---

① 本日无记。

## 八月二十一日 星期日

访蒋廷黻。

张岳军来南渝，与何淬廉及余谈组织经济建设委员会。

## 八月二十二日 星期一

参观大溪沟(国府路)各工厂。(一)华联炼钢厂，电炉每日出钢一吨，用綦江铁(含硫0.4%)略加锰或铬，制机器工具，有压机一架，重3/4吨。胡叔潜、胡子昂、唐之肃主办。(二)机关枪厂，旧华西公司创办，今归兵工署收管，现造华西式机枪，每只重七十七磅，二十五发，每月出二百支，新仿造捷克机关【枪】。过静宜、刘泽霖说明。(三)电力厂，英国制造电机二，每机各4500瓩，小发电机三百架，各一千瓩，共能发万二千瓩。大机现用一架，实用电四千余瓩，小机二。现拟迁往大渡口。每月支出七万元，收入九万元。石体元、程本臧。(四)自来水厂，原由西门子装，后经改良，每天能供水一万吨，现每日实用七千余吨。敬○○。

孙越崎来谈：(一)与言请英商销钨事须考虑易货；(二)托荐学采矿人员；(三)商诊所事。

## 八月二十三日 星期二

行政院会第377次，通过参加世界博览会筹委会规程。

## 八月二十四日 星期三

中航机“桂林”今晨自香港起飞后，为日机五架袭击，在中山县张家边堕水。徐新六、胡笔江皆死焉。

晚，赴宁芷馨[村]、周季梅、唐心远餐叙。

## 八月二十五日 星期四

张治中电请将刘廷芳免职，改派尹任先兼任。

免科员吴祯祺职，张正宗记过。

八月二十六日　星期五

孔宅谈话会，商定对下月国联会议中国要求盟约第十七条，事实上商成集体借款，并要求设法使远东得公平之解决。

蒋来电：锑业管理【处长】刘廷芳退职，尹任先兼任。

八月二十七日　星期六

国府祭孔。

参观第一纱厂（在磁器口），厂长陈树赓，又有一人名张复升（宜兴人）。可日用改良茧一千数百斤，有旧式缫丝机，女工坐缫。又有新式立缫机，上海寰球铁工厂仿日本多条式，丝销云南及法、美。

经济部购天府煤，原价 8.5【元】，兹加 1 元。

汪宅晚餐。

八月二十八日　星期日

参观水泥公司瑙玛溪厂，胡叔潜、徐宗涑、宁芷村导游，并参观木筒厂，又观中华制车厂。

至嘉州宾馆访仲枚。

电蒋、张文白，为锑业管理事。

八月二十九日　星期一

开会讨论修正《商会法》，工、商、输出业同业公会法实施方法。上午，余出席致词并招午宴，在银行公会。

接见陈仿陶、傅沐波、W. Stark Toller、顾毓瑔、郑朗昭、颜福庆等。

八月三十日　星期二

行政院 378 会议，褒恤徐新六、胡笔江、王宇楣。

接见卢作孚、贝安澜、孙越崎。

**八月三十一日　星期三**

自化龙桥渡嘉陵江，至猫儿石。先参观顺昌机器厂，马……导观，现作民生定造各件，至[自]沪携出图案三千余种，兼造枪架。稍南为大成纱厂地，机件尚未至。又南为龙章造纸厂，机件正在运送中，已到一部分。又南为天利、天盛、天原三厂，地颇宽，至界沟为止。同行者有龙章庞赞臣、地主颜伯华，及吴承洛、顾毓瑔等。

接见贝安澜、马理卿、刘贻燕、罗冕、关德懋、杨公庶。

**九月一日　星期四**

复蒋电，言易货钨锑价正与孔商洽，并告德派佛德 Woidt 来商易货办法。又函孔，商钨锑价。

派张含英为湘桂水道工程处长，宋澎为技正兼水利司科长。

接见钱端升（谈胡适之使美事）、胡焕庸（谈抽借曾世英教测量）。

康心之、心如邀晚宴（柴家巷四十五号），房颇高。

**九月二日　星期五**

招集胡西园（沪）、李振坤（桂）、杨性存（陕）、翟桐岗（甘）、李裕生（川）、易廷鉴（黔）、朱映杓（滇）茶点，谈工商团体法实行办法。

接见 M. Fischer，谈电约 Woidt 来渝商易货。J. G. 有汽车五辆，往来滇渝。

孔宅谈话，英国 United Steel Cies. 请交换钨锑，勿以全数允德。访刘鸿生，□□制麻公司、钨锑定价方法。

**九月三日　星期六**

电蒋：英钢铁公司请以钢铁制品与中国交换钨、锑、锡，似可订立合同，并请保权益；德国佛德新拟办法，德货价可不抬高，但意在尽得中国钨锑,宜慎,联英、苏更为重要;福公司代理钨砂出口,并请英政府保证。可否进行,均请电示。

晚宴康心如、心之、周季梅、朱镜宙、潘益民、刀培然。

**九月四日　星期日**

访钱端升。阅实施方案稿。

徐堪处(春森路九号)晚餐。王雪艇谈,蒋力催胡适为驻美大使,令王正廷速返国,并谓王借美款六万万金元未成,但介绍人三百万美金则言须付。

**九月五日　星期一**

徐宽甫自桂至渝。盛蘋臣来谈组织麻业公司,孔愿入巨股,由刘鸿生主持之。

钱乙藜自港飞滇,途中遇日机袭击,在柳州降落,乘客无恙,旋即飞滇。

**九月六日　星期二**

行政院379次会,通过设立梧州商品检验局、四川督垦规则。

与谭仲逵(主任秘书)、卓宣谋(第一组组长)、吴承洛(第二组组长)、寿景伟(第三组组长)等,商谈参加美国世界博览会办法。

在徐可亭处晚餐,谈丝业公司事,经济建设委员会组织,及四川农工矿业。

接见钱天鹤、谢家声、吴瑾良、周炳琳、宋希尚(明日往兰州)、甘绩镛。

**九月七日　星期三**

至工矿调整处,见卢郁文、林继庸、刁本卿,谈:(一)拟办一较大工程,使水泥增销路;(二)已复工之厂可利用四行贴放;(三)设法查询电、水等厂营业会计情形。

见胡焕庸、吕炯等，谈地理学会事。

在秦景阳、邓柯伯处晚餐。嘉陵江道桥需钢骨680吨、水泥五万桶及石多方，共约二百九十余万元。

此数日内赣失马回岭，鄂失广济，豫失固始，战事甚紧。

**九月八日 星期四**

电Woidt、Preu，说明钨锑国币价值之意义。

陈仿陶来谈富荣盐场联合发电办法，函介往见孔。

钱乙藜昨自港归，谈九月五日欧亚机遇日机袭击情形。

与钱安涛商谈垦务：（一）指导各省；（二）设法试办。又谈加功[工]植棉及调查蔗麻、试办蚕桑改良。

广播（聚兴诚六号），讲物资、时间及精力均应节约。

金沙江坡度最大处为铁厂滩、双龙滩，约千分之一三.六，白鹤滩约千分之八.三，自巧家以下无险滩，其坡度约千分之一至千分之三，屏山以下坡度约为千分之一。

**九月九日 星期五**

报载克复广济。

电蒋：拟以程义法任锑业管理处长，派杨公兆往长沙商洽。

接见P. Darnar（Humainité记者）及杨继曾。

日本输出美国的黄金

一九三七年美金元数：246463000；日金元数：849834000

日本输出英国的黄金

一九三七年金镑数：802000镑；日金之数：13000000

共计输出金额：860000000元。其中328000000元出于未评价以前（七月前），150000000元为新产金额（自三月起），412000000为特别资金。

九月十日　星期六

与蒋廷黻、何廉共谈拟发起双周刊，发表经济文字。

萧铮、陈长蘅、雷震来部，请何廉重起草实施方案。

阅广西纺织机械工厂合约及章程草案。

| | 日本产金额 | 日本政府及日本银行收买额 |
| --- | --- | --- |
| 1932 年 | 23014967 | 15812700 |
| 1933 年 | 25888894 | 19887599 |
| 1934 年 | 28577115 | 16995820 |
| 1935 年 | 34187338 | 28395480 |
| 1936 年 | —— | 33205301 |

九月十一日　星期日

孔生日。廷黻拟孔宣言，对国联会议提及盟约第十九条，措词颇严。亮畴、叔谟皆不赞成。

南渝开学，婵娟、珙书皆入宿舍。宅前新路成。

九月十二日　星期一

偕严冶之至圆通寺码头，乘民殷船，行 25 里，过九龙坡，又 25 里至杨家码头登岸，至钢铁厂迁建会办事处。又步行至大渡口，参观铁钢各炉地点。迁建会拟令李仲鳌管化铁炉，金涤庸管炼钢炉，翁德銮管轧钢厂。杨家码头下有落钟子，其间有地，为电力厂保留。

行政院派余兼参加美国世博会筹委会主任委员，张道藩为副主任委员，秦汾、邹琳、曾镕浦为常务委员。

九月十三日　星期二

行政院 380 次会。浙江战时政治纲领；陕西第二区平均土地办法；同济、浙江二大学及中正医学院迁移费……

昨日 Hitler 对国社党大会演说：德陆空军力甚足，面对西部国防正在大规模加急充实。民主国家之政府并不得全体人民支持，德政府则得百分之九十九之支持。日耳曼人共同一致。捷克政府欺压苏台德之日耳曼人，应实行民族自决。德不畏困难，坚持此旨。

闻嘉伦又为苏政府拘送苏京。

招集谭仲逵、寿毅成、吴涧东、卓君[宣]谋、刘式庵、程觉民、侯霭昌等，商议筹备美国世博会参加办法。

电胡适之，询对于焌吉意见。

**九月十四日　星期三**

徐新六、胡笔江、梁[王]宇楣追悼会，余往致礼。

接见 H. H. Woidt（德经济部特派员），来谈建议中国整理向德定货：分别缓急，华货价值实数与德定汇率折合数之差别，由各购货机关担任，在财部长指导之下，军、经、交三部组委员会，办理易货事，军械占总数盼不超百分四十。

与蒋廷黻、何淬廉同邀陶希圣、方显廷、张明纯、陈之迈、吴景超、吴涧东等晚餐，商办《新经济》双周刊。

接见 Alexis Romanoff。彼言：苏油矿专家二人拟往视玉门油矿，City of Derby 闻遇险；有用 Kleda 船否？（未有）

陈汉清来谈：（一）为刘鸿生代；（二）询中央博物院江裕记案。

**九月十五日　星期四**

蒋志澄（渝市长）来谈煤炭管理办法、重庆造桥。又接见孙恭度、Woidt、张星联、梅月涵等。

参加世界博览会（纽约及金门）筹委会开会，到者张道藩、秦汾、曾镕浦、邹琳、卓颂皋、陈念中、顾毓琇、谭熙鸿、寿景伟等。

拟请李庄寿为广西纱厂厂长。

以 Woidt 意电告蒋。

英首相 Neville Chamberlain 飞往 Bertesgaden [ Berchtesgaden ] 见 Hitler,商和平解决苏台党问题方法。

**九月十六日　星期五**

接见胡叔潜、胡子昂,谈华联钢铁厂办法。

代孔接见 H. H. Woidt。彼说明请中国早整理所定德华规定办法,担负内地市价超过世界市价之差款办法,早为运货往德。

今日 Chamberlain 飞返英国,捷克政府下令逮捕 Henlein 及其党中要人。

**九月十七日　星期六**

接见徐谟(谈中央博物院应付江裕记款事。此款李济之坚不允付,或须请人公断)、梅月涵(嘱为清华中学董事)、罗北辰(谈保险事)。与景阳谈资委会钨业管理及盈余分配亟待整理事。

接见濮禄普(Dr. G. Probst, Pedder Bldg, Hong Kong)及萧伯南 G. C. Schoepplein(昆明),皆为西门子洋行代表。

国府派胡适为驻美大使。

**九月十八日　星期日**

晨,偕须恺、郭楠、侯德均等,自海棠溪南行 84 公里,至綦江(先渡此江)县,又行 30 公里至盖石硐(距海棠溪 114 公里)。硐长约四百余公尺,拟筑二船闸。每闸每开一次可容五吨之船十二艘,每日可开十次,即每日可运铁砂六百吨。又行 20 公里至东溪(距海棠溪 134 公里),为綦江县之首镇,有永同面粉厂水力发电,綦江铁矿办事处在焉。午餐后行二公里至羊蹄硐(距海棠溪 136 公里),自高下望,水势湍急,拟于下口筑一船闸,高约五公尺。嗣即遄归。

接见王雪艇。

**九月十九日　星期一**

接见孙恭度、关德懋、李邦箕、彭瑞成、李若兰、杨成质(民生公司商运煤事)、H. Bos、Dr. F. A. Van Woerden(驻香港领事)、Dr. G. W. Drcrdijkink(荷兰人)、Alexis Romanoff(苏油专家,拟至肃州与华专家会见,并询 City of Derby 事)、钟道钟[铭]。

在顾一樵家遇见梅月涵、蒋廷黻。

**九月二十日　星期二**

行政院第 381 次会议,张岳军主席,孔有病。通过:(一)《敌货禁销办法》及《取缔资敌办法》;(二)行政院及行营召集交通会议;(三)《县乡银行法》;(四)陕西省公债一千二百万元……

接见林和成。在财政部遇见刘定五、王德溥等。

清华中学筹备会,董事翁咏霓○、徐可亭、吕汉群、程觉民○、缪剑霜、梅月涵○、周寄梅、吴泽湘(秘书)○、胡叔潜○、徐广迟、关颂声、蔡承新、罗北辰○、张昌培○、黄家骅○(○者亲到),推举翁、程、吴、胡、徐等为常务董事,罗为代理校长。

侯树彤住戴家巷四号,为匪徒枪毙。

**九月二十一日　星期三**

召集张道藩、邹玉琳、吴颂皋,商定征集出口规则……

电恽震、屠钦渭、黄辉,速运装郴县、宜昌电机,盼于月底或双十节前完成。

晚宴友人,商《新经济》出刊事,推陶希圣、吴景超、陈之迈为常委。

接见罗家伦、罗冕、陈沧来(蜀华实业公司协理,成都上华兴街四十号)、黄树煊朗斋(成都翕华织物工厂)、王道宣达甫(西北毛织厂长)、孟宪民。

**九月二十二日　星期四**

偕张道藩访孔,商以李国钦为驻美专员,并与孔谈请福公司代理钨砂贸易办法。电复上海 A. J. Bell。

接见民生公司李邦箕、李若兰。

“中华民国政府联合委员会”在“北京”成立,“临时政府”、“维新政府”各派委员三人。

英首相张伯伦再访希脱拉。

**九月二十三日　星期五**

接见俞大维、Woidt、钱端升。

孔接陈光甫电,美允借款,询桐油、钨、锑、锡为担保品。孔电复:(甲)桐油年产八万吨,值美金二千四百万;(乙)钨一万二千吨,值美金一千二百万元;(丙)纯锑一万吨,生锑五千吨,约共美金二百六十万;(丁)锡一万吨,约美金一千万,加以猪鬃、生丝,总值美金七千万元以上,请借现金美元三万万元,并另商棉麦、铜、电料、汽车及油一万万美金。

徐可亭托给三台县水利费五万元。

**九月二十四日　星期六**

接见蔡远泽、朱仲翔、童传中、梅月涵、张清涟、王文华、余[俞]大维等。

广播讲《节约与生产》。

**九月二十五日　星期日**

见钱乙藜、孔、蒋廷黻、关德懋(嘱告傅义德,孔将于二三日内请面谈)。

拟英文稿。

**九月二十六日　星期一**

接见朱介圃、Peck、关德懋、刘士林、何北衡（谈石燕煤矿）、孙越崎。

**九月二十七日　星期二**

行政院会议第 382 次，孔主席。不参加金门博览会；修正《勋章条例》……

接见 C. W. McDonald（The Times，34，Avenue Edward Ⅶ Shanghai）、Alexis Romanoff、司高磋、关德懋（言希脱拉有演辞）。

**九月二十八日　星期三**

敌机首次袭昆明。

**九月二十九日　星期四**

燕起身往贵阳。

Chamberlain、Daladier、Mussolini 同往 Munchen，与 Hitler 商约捷克苏台德区问题，订立四强公约，划苏台德区归德。

约张道藩、邹玉琳、曾镕甫、秦景阳，同商参加美博【览会】办事处通则、审查委员会规程。

田家镇失守。

国联通过对日本应用同盟约第十六条。

I. T. Streltsoff 请晚宴。

**九月三十日　星期五**

接见王治易（缵绪）。至参政会驻会委员会报告。

孔接见 Woidt，余及俞大维亦在座。

孔宅晚餐，岳军未到。

闻唐绍怡［仪］为人砍死！

十月一日　星期六

接见王维新(军政部织呢厂技师)。

地质学会开会,常隆庆、李善邦、方俊讲演。

卓宣谋、寿景伟明日起程赴香港。

何淬廉闻往江南岸。

十月二日　星期日

见孔(恙虐[疟]),商博览会谈话及审查委员。

孔宅谈话会。孔未出席,张群、张公权、俞大维、徐可亭等商交通会议。

十月三日　星期一

接见傅斯年、罗家伦、顾谦吉、Woidt、Preu、Van Den Bosch、沈宗瀚、朱玉仑。

见汪精卫、陈璧君,谈个旧锡矿及滇省畜牧。

燕娟在松坎未得汽车,由部派车往送。

十月四日　星期二

行政院第383次会,孔病,张主席。王亮畴言,民治国家英法现与法西斯国德意弃仇言好,中国须速改善对德意关系;通过《非常时期工矿业奖助条例》、《内地房屋救济办法》。

交通会议,张代主席。外省来者:陕,雷宝华;甘,陈体荣;川,何北衡、牛锡光;滇,禄国藩;黔,叶纪元;粤,徐景唐、沈鹤甫、陈鸿楷;桂,陈雄;康,冷融;西南运输公司,龚学遂;又行营,彭先蔚、胡玉川、陈凤韶。

九时余日机来渝,在牛角沱、菜园坝皆投弹,损失甚小;在广阳坝则投弹较多。

**十月五日 星期三**

汪宅晚餐。《新经济》半月刊社晚餐。

**十月六日 星期四**

交通会议,孔扶病致词,语多隔膜。讨论统一管理时,滇、黔、川均反对,勉强终会。

接见曾璋、黄伯耀、苏汰余、N. A. Van der Heubel、W. A. Sipprell (Director of Excition Affairs, William Hunt & Co.)、H. H. Woidt 等。

**十月七日 星期五**

接见 W. F. Carman (Metal Dept. Marsman Hong Kong), M. Lunenburg (Photogrammetric Dept. of "Rijkswaterstaat")、丁文渊(谈西门子借款事)、吴鸿哲(谈麻厂事)、冀朝鼎(Institute of Pacific Relations, 129 East 52 Street, New York City)。

宴请陈雄、王逊志、徐景唐、叶纪元、禄国藩、牛锡光、陈体诚、雷宝华等,并谈征集出品参加纽约世展及水利工程。

张群往成都。

**十月八日 星期六**

中国工程师学会在重庆大学开临时大会,蒋志澄主席,吴承洛代理会长,汪精卫、蒋廷黻及余均致词。

接见叶纪元、何绍南、黄汲清、颜耀秋、余名钰等(商购汽车)。

与徐可亭谈英美借款事。

**十月九日 星期日**

偕父、妻、谭仲逵同至歌乐山,与曾君商定,父借住云顶寺乡字第二号房,并拟另租住房一所。

偕文涛、文濔在四明宵夜馆午餐。

晚,外交部宴比、和、巴、葡四国使节。餐后,与张公权、徐可亭谈云南锡事。

**十月十日　星期一**

七时，国民政府国庆纪念典礼。

下午，接见比国大使纪佑穆及参事范登波。

父移住歌乐山云顶寺。

本日天晴朗，敌机未来，安度国庆。

义国参事亚力山(Adolfo Alessandrini)来访，未及见。

**十月十一日　星期二**

行政院384次会议。贺国光报告：德安西北张姑山等处，我军薛岳、俞济时、李汉魂各军大败日军101、106二师团。各该师团各有兵一旅团(二旅团共合四联队)，只逃出日军五百人，余者积尸如山。我得日轻重机枪一千三百余支，炮三十余门。又在豫克复柳林，在鄂夺回木石港。此诚为开战以来之空前大捷……通过《建筑法》；重庆市照直属市组织，增设四局。

接见United Press之Humphrey。张慰慈到渝，谈参加纽约博览会工作。

孔邀各部部、次长在财政部茶叙。

**十月十二日　星期三**

与曾璋谈探勘松、茂、理等处金矿事。曾仲鸣来商借钻机探个旧锡矿事(汪夫人意)，机尚在湘潭煤矿。

接见杜扶东，派何瑞轸为中福董事部办事员。

赴比大使Le. Baron Guillaume午餐。汪谈，比大使曾问彼，蒋辞职后彼是否继任当国。又赴德代办Fischer晚宴。

孔邀各外交官茶点，仍在财政部，地为王陵基宅(母墓在内)，建筑豪华，出于意外。

接见荷兰公使 G. W. de Vos Van Steewijk 及参事 H. Bos。

信阳失守。

**十月十三日　星期四**

燕自筑返渝。接见 Fifer, Hydrau electrical engineer,黄育贤。

召集参、司,商提国民参政会议案:(一)《非常时期工矿奖助办法》;(二)《抵制敌货及审查沦陷区域产物办法》;(三)《物价评定方法》。

**十月十四日　星期五**

王亮畴请葡萄牙公使晚餐,在行营,佩带[戴]勋章。

**十月十五日　星期六**

接见 Adolfo Alessandrini(义参事)、Woidt。

请万和佛、傅斯年晚餐,商派人赴荷兰留学。

**十月十六日　星期日**

【赴】重庆大学,对集训学生四千人讲话。

**十月十七日　星期一**

行政院纪念周讲话。下午,召集重庆各界百余人,说明参加纽约博览会意义,并催从速出品。

接见 Ganin(询交换货物用美金计价,严爽何时往肃州)。陈立廷、关德懋来谈对付德人 Woidt 事。孔嘱陈函德,合同不能签字,因军械不在内,每月华货八百万元太多,步枪及高射炮子弹价太贵。德人愤欲返国,余劝留,并嘱陈劝孔接谈,勿决裂。

惠阳已失,各路往香港皆断。闻白崇禧、张发奎往粤指挥。

**十月十八日　星期二**

至新村一号,与陈潜庵、徐可亭同午餐。陈赴滇,与缪云台商订中央收买滇锡办法,个旧之锡由富滇新银行收售,贸易委员会售出国外之外汇,全归云南省政府。

行政院第385次会议在下午四时开,八时止。孔主席,张尚未归。蒋嘱五院院长重加检讨中国方针。(一)交通会议议决案通过;(二)官营大烟案交审查;(三)儿童教养院;(四)侯树彤褒恤。

**十月十九日　星期三**

中央博物院建筑委员会在渔村开会,到者傅孟真、李济之、李润章、杭立武等。裘元善报告承包人江裕记(长霖)工作已达百分之七五,款项只付百分五十(李不认此说)。议定:江裕记工作延误之处备函告知,但借给款项二万元正,对美商贻康可不起诉,问题只三千元。

接见Lily Abegg。

孔请Fischer、Woidt、Busse晚餐。

《新经济》晚餐,到者不多。

**十月二十日　星期四**

在行政院开中法基金委员会,至者李润章、魏伯聪及余三人。

接见柳敏,谈煤气车用途。本年六月份,广西省梧区车15辆,邕区车12辆,柳区车6【辆】,共33辆。平均每车行驶1890公里,共驶62362公里,原需汽油4841加仑,每加仑值桂币3.77元,共值18250元桂币。兹改用木炭608担,每担价平均桂币3元,共值1824元,即仅合汽油价之10%。但为坡度关系,渗用汽油528加仑,值1990元,即合汽油总价11%,即燃料耗费较纯用汽油者节省79%。但此外增加司机奖金1580元,修理技工工资560元,炭水夫工资560元,专用材料660元,共加3360元,即合纯用汽油价18%。结论:经济节省共11076元(皆以桂币计),即61%。

七月份试验：邕区车 14 辆，梧区 13 辆，柳区 5 辆，桂区 1 辆，共计 33 辆，平均每车行驶 2972 公里，共驶 98086 公里，原需汽油 7476 加仑，共值 28184 元，改用 986 担（木炭），值 2958 元，合 10.5%，渗用汽油 679 加仑，值 2660 元，计 9.5%。司机奖金 2703 元，修理技工 426 元，炭水夫 620 元，专用材料 650 元，共 4409 元，合 16%。结论：燃料节省比较 22566【元】，合 80%，经济节省比较 18157 元，合 64%。

**十月二十一日　星期五**

政府令武昌、汉阳人全数撤退。封锁口以下航路不通，日军至增。

孔召集博览会筹委，说明中国古物不运往美，即电告李国钦。

**十月二十二日　星期六**

昨日下午广州失守，华军于退走前破毁珠江铁桥及士敏土等各工厂及建筑。日军至鄂城、黄冈、平靖关。闻蒋、何已离汉。

汪召国民参政员、经济专门委员会委员等在行营茶会。孙哲生讲：中国患难之交只有苏联，英国虽有美言，实不可靠。

接见 Lewis S. C. Smythe、周开基、丁文渊（谈赴德事）。

**十月二十三日　星期日**

偕徐景薇渡江至黄山，游碧涛山馆、云栖山庄等地。继往汪代玺宅（自海棠溪至此十六公里），晤何淬廉、何会静、范崇实、张纯明等。附近有王陵基山庄，颇精美。何北衡亦正在建筑住宅。

**十月二十四日　星期一**

偕钱安涛参观农业实验所，谢家声导观。蒋德麒新自陕西返，曾考察黄龙山（尤重洛川），已容垦民约三千。中央出十一万，省府七千元，农民银行放款约六万元，及凤翔、宝鸡垦区。沈……办农业经济调查,通讯者十四省,约六百县。又见穆藕初。

孙洪芬同午餐。见范熙绩、齐焌,均自汉来渝。

函胡适之、李国钦,托赵祖康携往转交。

晚宴参政员范旭东、胡石青……及彭学沛。

闻桐油价涨,纱布价落。

**十月二十五日　星期二**

行政院第386次会议,孔主席,张群亦到。通过:(一)《西南经济建设委员会组织规程》,送国防最高会议核定。张主隶属,孔言应属行政院。(二)孔提改进外交行政案。(二[三])《保甲长选用办法》。(三[四])经济部请追加四川丝业公司股本二万元。讨论对国民参政会应否提案,无结果。

与徐名材、许本纯、陈中熙商定廿八年度重工业建设预算,并定方针四条:(一)后方亟应举办事业应添列预算等;(二)各工厂应定短时期内生产办法;(三)工作进步较缓之事业,应从缓办或,力从节省;(四)规模较大、一二年内不能成功之事业缓办。

接见盛绍章,商办毛织厂。

资委会从昨日起在牛角沱办公。武汉失守。

**十月二十六日①　星期三**

**十月二十七日　星期四**

**十月二十八日　星期五**

国民参政会第二次大会,林主席亲临致词,蒋委员长电由王雪艇宣读。下午,国民政府茶会。

① 本日及次日无记。

**十月二十九日　星期六**

国民参政会。上午,孔作政治报告,仅略言各部工作,未提案。下午,张群作军事报告,何键作内政报告。

**十月三十日　星期日**

上午,国民参政会大会,孔作财政报告,答复问题为时颇久。原定余继作经济报告,因太迟,故改在十一月一日下午。下午,行政院招待参政员在财政部茶会,说笑话。

**十月三十一日　星期一**

蒋发告国民书。

国民参政会下午大会,张公权作交通报告,陈立夫作教育报告。

**十一月一日　星期二**

国民参政会开会,余为经济工作报告,讲二时有余。该会通过议决案,拥护蒋告国民书,持久、全面、主动的继续抵抗。

晚,凤书自昆明乘汽车至重庆,途中行八日,住家中。

**十一月二日　星期三**

国民参政会钱端升、周炳琳等四十人临时动议,设立特种委员会,审查贸易委员会及外汇办法。晚,孔、张公权及余邀第四组参政员至行政院座谈会。罗文干攻击贸易委员会甚力,彭允彝对交通部表示不满。徐柏园为财政部辩护。陈豹隐结束。

《新经济》同人晚宴,余不及参加。

"中华民国政府联合会"在南京举行第二次会议,王克敏宣言"铲共倒蒋"。

**十一月三日　星期四**

偕妻、燕、凤,至"留真"摄影。

丁文渊辞行赴德。孙越崎来谈川西煤矿办法。

陈湛恩控郑肇经代发前经委会职员薪,营私舞弊,派陈廷煦、王玮、吴培均查明具复。

令地质调查所:研究学术,始终不倦,诚信感孚,正己率人,学用兼资,励精奋发。

国民参政会举行特动委员会,派陈郁、张兹闿前往。讨论贸易委员会事,对邹秉文责备颇深,议至半夜二时。

电蒋:宜昌兵工署存四万吨,工厂一万四千吨,粮食五万担,棉花纱数千件,请派得力军队妥守,期三个月运入夔门。

**十一月四日 星期五**

孙洪芬自黔来,言明日即飞滇,托其由中基会在渝设图书馆,供给国际政治经济书。

国民参政会开,议决请取销审查原稿办法。

孔宅谈话,闻日本首相近卫(明治节)广播词内言:日本愿销[消]灭蒋政权下之反日共党力量,不拒与建立东亚和平之国府和平。陈立夫、蒋雨岩等皆主中国亦应有所表示,请孔发言。孔嘱魏伯聪、蒋廷黻起草,实系由廷黻起草。

凤起身往梁山。

**十一月五日 星期六**

国民参政会全院审查会,陈绍禹提节约费用,精诚团结……

孔宅午餐,到者孔、陈立夫、张公权、王亮畴、蒋廷黻、魏伯聪、蒋雨岩及余,谈商廷黻所拟孔谈话稿,拟在下星期一纪念周发表。

**十一月六日 星期日**

国民参政会特别审查会对孔极表不满,责其不负责、没办法、欠庄重。会后傅斯年言:在此形势下,在外国只有孔辞职或解散参政会!! 下午大会休会,汪致休会词极佳。又请张一麐致词。

午刻与张丽门谈话。

**十一月七日 星期一**

行政院扩大纪念周,孔讲话,有答复近卫广播之意。

与贝安澜在国际联欢社同午餐。

接见于斌(讲对意大利态度,议以象山港交意发表,请其助华)、江汉罗。

**十一月八日 星期二**

行政院第 388 次会,议决停止参加纽约博览会;又议决加强禁烟,张群所主张也。

**十一月九日 星期三**

接见黄任之、凌竹铭、石体元、刘航琛、Longway 等。

钱乙藜来南开新村,谈资委会章则,为时颇久。

**十一月十日 星期四**

闻蒋电孔:勿发表星期一谈话;又电令研究对日宣战。

请邓鸣阶、孟简涛、刘肇龙、张家祜、张丽门等晚餐,商重庆电厂在江南岸速设分厂事。

**十一月十一日 星期五**

胡适来佳电言:和比战更难百倍,除苦撑待变,别无路走,国际形势正好转,密呈汪、孔诸位,须立定脚跟。汪言:盼美、英、法有决心,或迫日言和满足中国,或迫华迁就日方,或如英对捷克问题,由第三者定办法,迫中日照行。要以美、英、法能切实表示决心为必需条例[件],美不必引苏联为同调。孔言:日方私自表示和平条件,并不恶,但中方切盼美作切实调停,庶较可信。

**十一月十二日　星期六**

晨七时，国府举行孙中山诞辰纪念会。

复胡适之文电，告以汪、孔对和战意见，孔仍力主和。

偕家游南温泉，试泉水温度C36°，F96°。

**十一月十三日　星期日**

至工矿调整处，与张丽门商谈协助内地工矿方针。（纸厂）龙章明年五月复工，每日出纸六吨半；嘉乐明年四月起日出三吨半；新蜀明年三月起日出一吨；永丰如复工可日出半吨；民丰如成立可日出六吨。四川土纸造纸在铜梁、梁山及……拟在铜梁设小纸厂，资本三万元，需时二月至四月，每年出纸六千刀（每刀一百张）。又就本地槽户三百家组织合作社，固定设备二十套，共需十五万至二十万元，另加流动资本。（毛织厂）刘鸿生拟设嘉定。又有盛绍章、王……等所提出者。（制革）待商。（糖）拟借杨公庶万余元。（猪鬃）待商。（桐油）植物油料厂公司榨油机二套将运渝，每天能出AAA油六吨。（钢铁）待商。

偕张丽门访张岳军，未遇。

船舶运输副司令吴嵎（杲明）。

长沙大火，历数日始熄。

**十一月十四日　星期一**

接见吴蕴初（谈拟购美国amino-acid为港厂用，又拟与美国America Product Co.合办，请勿误谓购日货）、叶秀峰（及二其他康建会委员，商请中央补助三百万元）、魏嵒寿（商酒精厂事）、王郁骏（商印黄河图说及上游工作）、常志箴、王幼侨（商豫民邓县及入陕垦荒）。

日军已夺岳阳，迫长沙。

与李竹书商订国营矿区管理办法。

**十一月十五日　星期二**

行政院第 399 次会议，(一)宜昌以下大轮船可准转籍；(二)水道疏浚付审查。

孔宅晚餐。孔谈：蒋在长沙见英大使时，切询英对远东问题真正方针。张公权言：川滇路法索滇省矿权，龙昆盼勿同意。川滇、滇缅路英求并办，索川滇二省矿权。余言：铁路已赶不及战事，即以前日在东三省，亦未得全省矿权。

**十一月十六日　星期三**

渔村晚餐，商谈《新经济》半月刊编辑、印刷方法及出卖、赠送方法。

接见杨适生（武昌县长）。杨言，徐源泉、萧之楚酝酿以徐主鄂政，并不服李品仙指挥。

**十一月十七日　星期四**

胡适之来电。

接见柳克述、贝安澜。

与孔谈，英大使明日面谈，并送阅胡电；又谈资委会钨锑款事。

**十一月十八日　星期五**

晨十一时半到国府路孔院长宅，孔、英大使 Clark Kerr 及其秘书、福公司经理 A. J. Bell、行政院秘书张平群及余。英大使首言：福公司为中国钨砂出口贸易代理人，合同及函件英政府均同意；遇日本破坏合同时，英国抗议护助各节，英政府均同意。Bell 说明愿承受意。余说明合同大意：期限十年，经手费百分之一又半，仍可交换货物及担保借款，设法使中国权益不受日本损害，并拟请委员长核准；合同函件应请英大使馆备案。英大使当允照备案。孔言同意,并力言对福公司之忠实友谊极为信任。英大使转谢。

与经济部所属各机关长官商迁移于他处事。

与须恺谈:水利人员应注重公务,勿闹意气。

**十一月十九日　星期六**

访Bell、孙越崎。告Bell:钨砂合同,孔盼antidali。又面商川西、湘潭煤矿加股及付息各办法,拟开董事会议决。

召集行营(刘肇龙)、兵工署(胡霨)、本部(吴承洛、张家祉)、资委会(陈熙中)、工调处(张兹闿),商定重庆电厂安全办法。

故宫博物院常务理事会商决:举魏道明为秘书;《四库全书》及其他文献寄存华西大学,亦可移存雅安;在渝大部不必移往贵州。

**十一月二十日　星期日**

偕凤书游老鹰岩新村。

孙越崎来谈。

**十一月二十一日　星期一**

报载,蒋因长沙大火将张治忠[中]革职留任,酆悌等三人枪毙。

接见郁国城、何孟吾(告以西南经建会内容困难)。

**十一月二十二日　星期二**

行政院第390次会,通过:(一)钢铁厂迁建会预算,本年度二百五十万元,下年度五百五十万元;(二)水道疏浚费五百万元;(三)叙昆驮运,期每日能运五十吨,渐增至百吨。

钱乙藜来访,往港时应与宋子文、钱新之面商各事。

接见范旭东。

**十一月二十三日 星期三**

杨公兆自粤、桂归渝,谈锑钨各事。

湘潭煤矿公司董事会第二次会议,孙越崎报告矿存煤五千二百吨,现存款六十五万元。议决组织嘉阳煤矿公司,开采犍为、石磷、阳屏山、黄丹矿区,资本一百万元,湘潭占七成,民生、美丰合占三成。

接见邹秉文、褚慧僧(商民丰造纸厂购机外汇)、林继庸(自宜昌返,告运输情形)。

接见 Gauin、Glouschanko[Gluschenko]。

令各职员:对贸易委员会隶属问题勿发议论。

**十一月二十四日 星期四**

电蒋,催问福公司代理钨砂贸易事。

接见穆藕初、吴蕴初。与郑肇经面商到部办公,彼畏陈湛恩攻击,可见彼等意气之深。

钱乙藜拟与中、交二行合作办法,拟不日飞港面商。

英总理张伯伦至巴黎,与法当局谈话。

**十一月二十五日 星期五**

法大使馆 William Georges-Picot 毕维廉来谈中国购法国汽车办法,可用出口货抵押,亦可用平津所存现银作抵。

孔宅谈话会,吴忠信对蒙藏事议论甚多。以 Picot 意见告孔,孔仅言原则上赞成而不想具体办法。孔言,宅内发现汉奸盗取文电稿及自藏地图,已交行营讯办。

与杨公兆谈:资委会有许多事应改良。

**十一月二十六日 星期六**

喜望公司(Gutehoffnungshütte Oberhausen Aktiengesellschaft)之

Director C. W. Eierau 徐乐来谈，持有公司委托状、康道夫函及德国代办介绍函，说明废止马鞍山合同。当于下午付以＄89432.02 元。

张彭春谈中美经济合作之可能。

蒋来梗湘侍参电："篠电悉。□密。英商福公司承办钨砂订立合同各要点可照准。中正。"

派郑肇经、张炯考察大渡河疏浚工程（即日起身）；宋澌代理司长；范熙绩（江汉工程局长）调用技正陈湛恩，准调往。

**十一月二十七日　星期日**

偕父、妻、燕及黄汲清，往北碚连升湾李泽章宅，兼往土壤保肥试验场及地质调查所新建筑。

电心源，询眷如何来渝。

**十一月二十八日　星期一**

孙越崎、贝安澜请午宴，向中福同人说话。

餐后至中福办事处，与贝、孙商谈经理钨砂出口事进行步骤。

**十一月二十九日　星期二**

贝安澜至部，以复函稿见示，并先允与大使馆洽定备案手续。以上事面告钱，以稿交杨。

电蒋，商请由资委会向贸委会购桂滇锡易货，并在桂设钨锑分处。

行政院第 391 次会议，（一）《节约救国储金条例》；（二）《国营矿区管理规则》付审查；（三）范筑先等褒恤。

**十一月三十日　星期三**

钱乙藜乘机飞越往港。

杭立武请晚餐，晤汇丰银行 W. C. Cassels、罗志希、王雪艇、张道藩。

**十二月一日 星期四**

与徐佩璜谈化工材料厂事。

以胡适之电送孔阅,并谈英法各事;又谈范旭东化学工业事应急办,但应分工;又告以范与德国 Eahu Co. 订约困难。

法大使请午餐,晤德、比、荷使馆人员及魏伯聪。Picot 言,钨可经越出口,汽车可进口,平津存银可担购物,但以银行存银能力为限。

W. C. Cassels 来访,谈滇越、滇缅路沿线矿产应商定具体矿区,依法合办,不宜统笼要求,不能办到。

访贝安澜,并与孙越崎谈西南实业协会不宜作负责决议。

**十二月二日 星期五**

孔宅午餐,与范旭东讨论以二千万元创办基本工业办法。范主或国营或民营,但决不可官商合办。

下午与 A. J. Bell 签订代理钨砂出口合同,作为十一月二十六日订立(即接蒋核准照签之后)。

邹秉文来访,商定桂省锡、钨、锑仍由资委会收购。

孔宅晚餐谈话,多数主速和,孔及陈立夫尤力。

**十二月三日 星期六**

A. J. Bell 至会,与杨公兆、林颂河商贸易方法。

接见寿墨卿、王性尧、王栋、储静明(新中国人造汽油厂),该厂日出代汽油三百五十加仑。新民代汽油厂主办人为邓永龄。何北衡来谈:(一)资中酒精厂可由资委会办,将来糖厂(商办)造成时,可合办,或让售;(二)商对资委会意见,办法实应改良。又言,孔令侃运货出口不结外汇,实大不公允。

**十二月四日 星期日**

黄育贤来谈水力发电事。

陶孟和来谈，国内尚有现洋二十万万元，华侨汇回款每年约二万万元。

孙越崎来谈，与范旭东、何熙曾面谈煤矿与化学事业分业合作原则。

**十二月五日　星期一**

范旭东来访，谈基本化学工业，盼有一银团投资，委托永利公司办理，款项由政府担保，可购法国机械，并告以可用津、平现银作抵。

电蒋，转陈胡适之电：请继续抗战，苦撑待变。

**十二月六日　星期二**

行政院第392次会议，通过：（一）《国营矿区管理规则》；（二）《教育会议规程》；（三）公路训练所；（四）《四川禁烟办法》。

上午见孔，面商：（一）工业合作中国如向国联请助，英Greenway愿电英代表协助；（二）范旭东所拟办理化学工业方法；（三）孔派秦汾、钱昌照及余拟具整理锑钨款项方法。

何淬濂邀晚宴，陈豹隐大醉。又晤戴自牧（亦醉）、章笃臣、李祖才。

**十二月七日　星期三**

函钱乙藜（往港），言：（一）中福公司现订合约不宜反复；（二）会务方针，合作诚意；（三）对外方针。

接见贺闿[恺]（嘉伊）、吴震寰（机房街70号，电话1164）、王芸生（谈话发表）、杨廉（思黔）、周大瑶（商酒精厂及糖厂）、王性尧（借款）。

**十二月八日　星期四**

接见范旭东（不愿与德Eahu Co.合作）、刘廷芳（拟往英）、孙越崎（嘉阳与永利关系）、颜福庆（对国联卫生协助不满意）、何北衡、周大瑶(糖厂及酒精厂)、戴自牧、章祜、李祖芬(英国GEC投资电矿业)。

晚,宴请范旭东(明日往港)、孙越崎等。

英政府在议会说明,愿维持《九国公约》及援助中国。

法德发和平宣言。

蒋至渝,住黄山。

**十二月九日　星期五**

接见齐焌、Preu、Bush、Zefferulek、钱宗泽(商购电机,办陕煤、设机厂)、傅孟真(告以胡适之电,劝勿攻孔)。

生生花园午餐,晤任叔永,谈中研院评议会开会事。

孔宅晚餐。孔谈:霍伯器言,中国财政难支。孔又言,卫生署致国联电不宜太激。

《大公报》发表余谈话:(一)国际形势正好转;(二)经济建设宜分别缓急;(三)金融、交通与经济三者应互相联系(此为余对王芸生所言)。

**十二月十日　星期六**

访任叔永、傅孟真。孔宅午餐,孔为美大使Johnson返美饯行。孔力言,中国不但为本国生存而战,亦实为民主国家及条约尊严而争,应告美国切勿坐视。詹森仅答谓,当以中国政府意转告,未言自己之意。彼奉美政府命自渝至滇、至缅甸,皆行公路,至仰光后飞至英国之South Ampton,然后再飞至美国。中国借美款事,美外交部有疑义,故令彼考察回报云。

财政经济专委联会,讨论范旭东提在四川设基本化学工业案,议决:(一)应速实行;(二)由财、经二部商由银行(四行及其他银行)投资,由政府保证。此会由徐堪主席,萧铮副之。

徐景薇请吃苏州菜。

十二月十一日　星期日

张伯苓、任叔永来谈。孙越崎请午餐。

傅孟真交阅七月十二日上蒋攻孔函，又十一月九日上蒋书，参政员五十二人署名，请：（一）明定各部署职权，以清责任；（二）严考诸大政负责人之功过与声名，分别进黜。后件署名者为：胡景伊、张君劢、范锐、傅斯年、张一麐、褚辅成、张澜、罗文干、王家桢、钱端升、罗隆基、梁漱溟、杭立武、张忠绂、马君武、胡石青、余家菊、胡元倓、王造时、梁实秋、杨振声等五十二人。

十二月十二日　星期一

行营扩大纪念周，蒋讲：振刷精神，任劳任怨；日军不取南昌、长沙，足见力疲；又言财政办法甚好，不应攻击。

张丽门谈，所购外来材料由昆明至泸州，运费每吨可省一百元，拟以汪泰经为材料库主任，郭可铨为副主任。汪驻筑，郭驻海防，柯俊驻昆明。

接见马景廉（《扫荡报》记者）、钟道铭、王冠五。

函陈聘丞，言：如温溪纸公司其他股东主解散，予亦同意，可以资本在内地另办他事，并询专门人才可转内地否。

十二月十三日　星期二

行政院第393次会议。

晚，戴自牧请宴，遇见英国通用电气公司总经理毕尔（Mr. N. Y. Beale, Managing Director, the General Electric Co. Ltd. 23&27 Ningpo Rd., Shanghai）。

十二月十四日　星期三

接见 Lion limon。

恩口煤矿公司创立会及董事会，到者：钱新之、黎重光、周星堂、苏汰余、杨公兆、许本纯及余。举钱昌照为董事长，杨公兆、苏汰余为常务董事，黎重光为总经理。

阆书起身赴滇。

**十二月十五日　星期四**

何北衡、张禹九请午餐，有卢作孚等。闻邹秉文欲由贸委会代作对外油料贸易，托植物油料厂公司在内地收买，并由富华公司加入股本（拟为二十五万元）于植物油公司。

邹秉文请晚餐。卢广绵讲西北工业合作，邹商调许元方任贸委会西北办事处主任。

卑尔、戴自牧、章祜、李祖芬、章显荣来访。

公布《国营矿区管理规则》。

**十二月十六日　星期五**

桐书携妻女自南宁来渝。

卑尔（N. Y. Beale）来谈甚久，告以资委会组织及事业及与福公司关系。陈霭士来谈，荐张镜予为统计主任。

接见金润庠、骆清华、陈晓岚，谈民丰纸厂事。

陈绍宽来谈与德人商海军设备事。接见法国记者 Mondourne。

美借款成功，由美国 Universal Trading Co. 借 U. S. ＄25000000 于中国复兴公司。此公司由陈光甫代表。

孔宅晚餐，为张公权五十生辰祝寿，孔读蒋交工作纲要。

蒋拟免粤省主席吴铁城职，改任李汉魂为主席。

**十二月十七日　星期六**

嘉阳煤矿公司创立会及董事会，举钱昌照、杨公兆、贝安澜、胡石青、刘燧昌、卢作孚、宋师度、康心如为董事，杜扶东、康心之、宁芷馨为监察人。

至复旦大学，讲《在欧洲考察经济的感想》，卫挺生主席。

接见王延松、杨曾威、邹秉文。

**十二月十八日　星期日**

蒋训话言：党政军人员应修身齐家，不准跳舞；美借款成，皆由前方努力，后方切勿懈怠，方能转危为安。又单独晋谒于中四路103号官邸，告以英法关系及建设四川、西南工业计画。

外交宾馆午餐，晤Chadourne，约其明日参观工厂。

邹秉文来访，拟请孔组易货委员会，矿产品归资委会，农产品归贸易委员会，对外贸易归复兴公司。同往见张岳军，谈经济统制方法。余盼先统制公路及水运交通，派要员专办，并予以实力；又农工商应利用已成机关。

光华同学会晚宴，余讲《应重做人方法》。

**十二月十九日　星期一**

再电恽荫棠，请来渝。

接见卑尔、李祖芬、章显荣，往天府，后往长寿，再往川西，允电黄育贤招待并发护照。

宴钱新之、杜月笙、王晓籁、金润庠、苏汰余、顾季高等。

闻汪因政见不合，往河内！

**十二月二十日　星期二**

见史维新，谈贵州水银矿。

核定与福公司商订售钨砂实行办法。

行政院第394次会，(一)重庆市府组织；(二)粤省府新人李汉魂为主席；(三)行政二年计画。

**十二月二十一日　星期三**

接见程宗扬、朱庭祜、郭可铨、Willys Ruggles Peck、章鸿钤、傅角今。介绍 Peck 与张丽门谈话。

经济部谈话会，商速拟二年计画大纲。

行营传委座令：严禁跳舞、赌博等不正当行为。

派汪泰经为材料库主任，郭可铨为副主任。

**十二月二十二日　星期四**

开定《开发内地》文稿。

见孔，面告明日赴川西，约年底返渝。

派秦景阳代理部务，杨公兆代会事，张丽门代处事。

电桂省，为资委会商收购锡、钨、锑办法。

**十二月二十三日　星期五**

偕林继庸、黄汲清自渝起身，经来凤驿、马坊桥、永川（出煤）、荣昌（出夏布）、安富镇（午餐）、石燕桥、隆昌，至椑木镇。晤公路站长谭作民、酒精厂长魏喦寿，参观酒精厂。自九月开工至今，共出酒精六万加仑，代汽油一万二千加仑。现日出酒精八百加仑，代汽油约三百加仑。每月用糖密五十余万斤，煤约二百吨。又经内江至资阳县城，宿于中国银行内。行长林伯芝尤重农村贷款，每年三十万元，月息八厘，贷于合作社。合作社转贷农民，月息一分二厘。

**十二月二十四日　星期六**

自资阳起身，经简阳、龙泉驿至成都。在春熙路中央□社午餐，遇何北衡。经双流、新津（有宽渡及小山，支路往西康）、彭山、眉山，至嘉定。晚住公园对面乐安旅社，在果腹饭店晚餐。晤第五区专员陈炳光，谈煤矿情形颇详；乐山县长刘芳（伯华）、孙越崎、蔡天章、郑权伯等。

**十二月二十五日　星期日**

参观嘉乐造纸厂。以旧纸及稻草为原料,每日能出纸约一吨。每令约一千张(幅小,西洋大幅纸每令五百张)。碾用石制。现拟扩充,每日能制四吨,明年五月间可成。又参观嘉裕碱厂,用彭山之 $Na_2SO_4$ 加石灰卵石及石磷炭制成碱(合 $CaCO_3$,约仅 60%),每年能产六百余吨。以上二厂每月各用煤 150 至 200 吨。碱厂旁有电厂发电,小者二只,每只 50KW,大者一只,200KW。现日间用小者一只,晚间用大小各小[一]。又往航委会保险伞制造所,主任许鸿儒(志鹄),自杭州迁来,全部自制,连绸亦自织,能每年自造伞二千具,每具重约十公斤,可不用外国之伞。下午,经牛华溪、云华镇、竹根滩,至五通桥,住局长岑立三住宅。岑为岑云阶(春煊)之孙。岑云:自流井产盐,月约二十数万担,五通桥六万担,牛华溪三万余担。五通桥盐场每月用煤约十五万吨。

见黄汉勋、蒋贵元、阎[严]立三、蔡天章、陈洪綦(子光)、谢学斋。

**十二月二十六日　星期一**

自五通桥行 9KM 至金山寺,参观广益灶。有三十六锅,每批十八锅,轮流熬盐。锅直径 1.5M。每锅熬二日,可得巴盐四百至五百斤。又行山路十里,至顺河街,观通海井、福裕井(有火气,熬盐四锅)、裕元井。通海井深百二十余丈,福裕井百二十丈遇火气,百五十丈得盐水。盐水皆出自侏罗纪地层。顺河街有机器井八口,各井之盐水皆用楗运至金山寺,熬制成盐。

接见宋廷俊(泽恩)、张钟俊。

专员陈炳元,派参事陈晋华来陪行。

**十二月二十七日　星期二**

自五通桥乘滑竿，行七公里至老龙坝道士观。由王公瑾、刘……导观永利化学工厂地址，平地约七百亩，山坡约五百亩，正平地，并已修码头。资委会蔡天章导观发电厂址，惜永利地址位不甚佳。嗣乘船行三十里，至石板溪。杨丹墀接候，同往张沟。行三十余里，乘滑竿，山峦起伏。张沟煤用人驮至石板溪。晚住张沟，晤车伯廷、但次衡、杨恩忠、杨丹墀、陈祥俊、阎［严］立三等。张沟各厂为杨丹墀所统划。自廿一年起，设有木轨路通至马边河旁马庙溪，长十四里，每吨运费约三元五角，养路费约每月六百元。现每日出煤约共六七十吨（或多至一百吨）。本地煤价每吨约五元，多售交玻璃厂。

**十二月二十八日　星期三**

晨起参观张沟。玻璃用磨碎砂石加以 5%彭山碱（$Na_2SO_4$）石质及木炭合炼，用人工吹成圆筒形，加以方形剪碎，入火熔软，做成平板。次观煤窑，顺倾斜下凿，再沿走向横采，水极少，亦不甚用支柱。一洞生煤，另用火吸气。次往马庙溪，途穿 J3 深峡，码头甚小而高，马边河极窄。嗣折往芭蕉沟，杨丹樨新开窑在国营区内。又往彼自营糠煤矿内。午餐毕即乘滑竿，约四十里至黄丹。到后即偕蒋福元往观牛尾沟。距大渡河之铜街子约 6.9 公里，高度差至少七十余公尺或至百公尺左右，拟即实施测量。大渡河最少流量，闻为每秒 260 $m^3$。以 100$m^3$ 通隧道，入马边河，可发电力五万 KW，需费约一千二百万元。招待者邓蜀辅、徐保衷、徐诹勉。

**十二月二十九日　星期四**

乘滑竿，自黄丹走小路，经太阳岭（山颇高，约五百公尺），四十里至铜街子，见三叠纪地质，相传为邓通炼铜地。在一砂滩上午饭后，自铜街子起身，行经青冈坪，至福禄厂（又名牟路口），行四十里。乐山第四区长宋森友及陈……招待。宋对地行［形］情形不熟悉。即住区署，街道极佳。石磷场以西及以北之炭，皆经此地及太平寺河运至嘉定。

**十二月三十日　星期五**

晨自福禄厂乘船（能容炭二十吨）下驶，途中望见采金几处，尤大者为葫芦坝，采者闻有千人。以每人每日得金二厘计，如年采一百天，约共得金每年四百两。金砂有颇高者，约离低水面 70 公尺。途经轸溪、李罗坝、雅江口，然后至嘉定。大渡河河身颇宽。至嘉定后，在上海金陵饭店午餐。陈专员、刘县长来送行，即乘汽车，当晚直抵成都，住沙利文旅社（东胜街第十号）。阅报，见二十六日蒋在纪念周训话长文，决定抗战不言和。

**十二月三十一日　星期六**

访王治易（缵绪）、邓晋康（锡侯）。偕何北衡参观新东门外农业改进所之农业化学组（主任彭家元）、食粮作物组（李先闻）、病虫防治组（周家璜）。所长赵连芳外出，晤副所长杨允奎。又往新南门外血清制造处及畜牧场。又偕谢霖甫往新西门外草堂迤西，参观光华大学新房。孙越崎往访何熙曾，商张沟矿事。

晚，仍住成都沙利文。

# 民国二十八年　1939年[①]

**一月一日　星期日**

自成返渝，行450公里。黄汲清、林继庸偕行，孙越崎自成都径往嘉定。

汪精卫自港发艳电（上月廿九日），主张近卫十二月廿二日所言调整中日关系，中国应接受议和。今日，中央议决除籍、撤职，以蒋十二月廿六日所言为唯一标准。

上月三十日，美致通牒于日，重申维护条约立场，但言修改约章应以会议商定。

**一月二日　星期一**

秦汾谈，奉孔命于十二月三十日发复兴公司注册执照，照上填为十一月三十日发。徐堪曾言，可照彼意办，不必请孔示。

陈之迈谈，周佛海、陶希圣皆从汪，故蒋令艺文研究社暂停，俟派人整理。该社已费去五十六万元，在港有林柏生、高宗武等任对日接洽。

张丽门谈：（一）化铁炉，民生于十二万元中出八万元，愿任董事长，大鑫不赞成；（二）张远南所有汽车（在港）已让归迁厂队，由

---

① 该年日记记于一商务印务馆所印制的民国二十八年日记册上，竖排，日一页，页十二行。每页上方有古今中外名人名言。每月前有“本月大事预定表”，后有“本月反省录”；每星期前有“本星期预定工作课目”，后有“上星期反省录”等固定栏目。

颜耀秋、庞赞臣等负责处借五万元;(三)钱子宁能造蚕种纸,似可用。

函 Chase Nat. Bank、Nat. City Bank 说明存款数目及在渝住址。

**一月三日　星期二**

接见盛蘋臣、周子竞、竺藕舫。

行政院 396 次会议,《内政部组织法》、《西康【各】县政府组织规程》、商船学校。

许静芝言,汪与滇龙有联络,又有王克敏代表曾于汪行前来渝,与汪面洽。

桐书自筑赴滇。

**一月四日　星期三**

接见《扫荡报》记者二人,TOR GJESDAL(Norwegian Arbeiderbladet)、F. Kenneth Partridge(卜内门)、张维城(代表危道堂)、黄金涛(请补中湘矿照及谈云南金矿)、朱伯涛(谈煤炭事)。

见 Bell、叶揆初、孙洪芬,请汇地质所沪存款至渝。

阅《蜀碧》,彭遵泗著,记张献忠乱蜀事。

**一月五日　星期四**

接见顾谦吉(言渔业研究所)、魏海寿(允发护照,调查南充金矿)、任宗德(介见金开英,商炼油焦)、J. R. Milligan。

访王雪艇。王言,汪曾电郭复初,请转电顾少川、胡适之,一致主和。

日首相近卫辞职后,平沼骐一郎继任,外相有田,陆相板垣,海相米内,文相荒木,皆照旧,内相兼厚相木户,藏相石渡,法相兼递相盐野,农相町田,商相兼拓相八田,铁相前田,不管部大臣近卫,书记长田边。

一月六日 星期五

接见姜震中、胡焕庸、盛蘋臣(谈电力制钢公司)、郑家俊(谈官麻局及农业所)、刘运筹、温少鹤、苏汰余、何文瀚、傅角今、W. K. K. Campbell。

孔宅晤吴达诠。孔言,拟请何淬廉辞次长,潘宜之继,并拟设采金局(刘荫弗、王子文),并嘱电钱乙藜早返渝。

一月七日 星期六

严冶之谈,迁建会迁汉阳厂物在渝不能炼钢,六河沟化铁炉或能成功,拟设20吨铁炉。

蒋处午餐。

接见马鹤天、张文凤。与吴达诠等同晚餐。

蒋六日手令:“经济部与兵工署会同拟立西南国防工业之最近三年内之计画。又,经济部关于本年整个之计画亦希呈阅。中正。一月六日。”

一月八日 星期日

至“千秋”照相。访中研院任叔永、周子竞。茶叶、植物油料厂、国货联运三公司午宴。

一月九日 星期一

接见孟宪民,谈云南锡矿;盛蘋臣谈电力制钢厂公司。

蒋廷黻托商孔,勿请何辞次长。杨继曾谈中苏协定。

与任叔永同宴朱骝先、王雪艇、竺藕舫、周子竞,商中研院评议会事。

一月十日 星期二

行政院第397次会议。(一)设立水陆运输联合委员会,以宋子良为主任委员,卢作孚为副;(二)各省市保管中央协助教育款项委员会;(三)沿公路设卫生站;(四)院令褒扬天原顾乃智;(五)何廉辞经济部次长职照准,派潘宜之为次长;(六)讨论二年工作报告。

许世英今日自港飞渝,适值空袭。

拟《资委会审核各厂矿业务办法》,交审议。

**一月十一日 星期三**

偕秦景阳访何淬廉。部中谈话会,商编报告。

与杨公兆、孟宪民商云南锡矿费数。

请 Campbell、Van der Henrel、穆藕初等晚餐。

**一月十二日 星期四**

与杨公兆、恽荫棠、张直夫、徐名材、吴兆洪讨论资委会事业机关业务审核办法。

接【见】王志圣、胡万里(胡文虎代表,道门口状元桥二十号,一〇六四号)、林超。

晤见李惟果、任叔永、甘乃光(与任谈周子竞与盛蘋臣合作办钢厂事)。

英张伯伦至罗马,与墨索里尼谈话。

**一月十三日 星期五**

国民参政会驻会委员会开会,余报告川西等各区经济建设进行情形。蒋亦到会。蒋嘱积极开发金矿。

部令:代理常务次长潘宜之先行到部办事。

以美国总统罗斯福演说全文及译文呈蒋。

**一月十四日 星期六**

接见金开英、沈昌(商与英、法人商建川滇路事)、钱谦。

与张直夫谈营业会计办法。

钱自港电:与宋、钱洽流通资金五百万元,以在滇事产为担保。复以:勿连滇省府之资产在内。

电 Bell:□□□。

英政府照会日本,其主张维持机会均等,修改条文必须协商,与美国照会用意相同。

**一月十五日　星期日　上元**

吴兆洪来商上蒋书,商应送苏联矿产品应为一千万美金二分之一或三分之二,及滇锡事。张丽门来谈工矿调整处各事。

西南实业协会四川分会在银行公会开会,到者张岳军、张公权等,何北衡主席。

接见 Beale、戴自牧、李祖芬等。

访潘宜之于小校场三十四号。(彼言不反蒋,听命令!)

日机多架炸朝天门等处,甚烈。

**一月十六日　星期一**

接见李木园、徐韦曼、孙越崎、皮作琼。

核定《资委会事业机关业务审核办法》。

财政部通告:海关担保债赔各款,应就所存税款摊付,中行不再透支偿还(已透支一万万七千五百万元之巨)。

昨日敌机空袭,警察局查明死 124 人,伤 126 人。敌机 27 架,华机 9 架曾应战。

**一月十七日　星期二**

偕秦景阳见孔,请核定《钨锑专款处理规则》,又送《工矿调整处第一年全年报告》。

接见盛蘋臣(请加浦心雅为麻厂筹委)、徐宽甫。

行政院第 398 次会议。(一)川滇西路铁路,工款五万元,行营计划由交通部办理;(二)边疆团体或代表来谒,当局应由蒙委会酌量介绍;(三)郭泰祺出席空航燃料免税会议。

湘主席张治忠[中]无庸留任,派薛岳为主席。

**一月十八日　星期三**

部务会议,提议派员考察西康、滇西农矿,以便筹划开发。潘宜之亦到。秦出席水陆运输联合委员会。

接【见】Allay、卢广冕、H. C. Maux。

宴请 Beale、戴自牧、李祖芬、章荣显、李法瑞等。

起草【廿】八年度工作计划完,交速抄。

**一月十九日　星期四**

财政部开各机关收购物资联席会议,徐可亭主席,到者:宋子良、邹秉文(贸易会)、寿景伟(茶叶公司)……(植物油公司)、盛蘋臣、骆清华(中央信托局)、戴铭礼(财部)、杨公兆(资委会)……贸易委【员】会与中央信托局互争,始终未能得有可行之结果。

晚宴 H. C. Maux(国联代表)、徐叔谟、宋子良、卢作孚、胡庆育、康时振、侯霭昌、秦汾。

贸委会与中信局同倚孔为靠山,惟利是争!

**一月二十日　星期五**

接见黄旭初、李任仁、黄钟岳、何熙曾、Gerard L. G. Samson。

孔欲电国联派拉西曼来华,实则国联因其人左倾太甚,正欲使其去职。

重庆大学讲演。

**一月二十一日　星期六**

中常会议决,国民参政会议长由蒋担任(非妥也)。

美国不参加日本侵略会十九日在纽克成立,以前国务卿史汀生为会长,欲将美国可助战事之物品一律停止运日。

国联于昨日议决,请各国采取切实有效之措置,以援助中国(关于中日战事,国联于1938年9月30日劝告各国个别援助中国,引用盟约第十六条所定办法;又于1938年2月2日议决,信任各国对此争端觅取公允解决方案)。

美国会决不讨论中立法案,但通过海军新预算近六千万元。

德国希脱拉免国家银行总裁沙赫特职。

与孙越崎商轻便路。自流井至邓井关约30公里,嘉阳有钢轨15公里,资委会亦30公里。嘉阳自需17公里,龙王洞13公里。

接见杭立武、王志圣。

**一月二十二日　星期日**

访王儒堂并遇董显光,谈贸委会、中信局争对外贸易事。

又访李德邻、黄季宽、黄旭初,均留片。

钱乙藜来谈资委会事。

访孔,嘱派员查长沙纱厂情形及查锑业账;又询对俄易货矿产品数量;又告以工矿调整处基金盼增加;又告以缪云台已同意电力炼钢公司办法。

**一月二十三日　星期一**

中央党部纪念周,蒋致词:党员应有智、仁、勇、党魂、党史、党德、党纪,须振作,勿作亡国奴……

邹秉文来谈,明日赴滇,请卢作孚代贸委会事,并谈办事困难及对徐可亭、盛蘋臣谈话。

**一月二十四日　星期二**

接见Maux。彼愿介绍潘履洁在法与Quelquejeu(Chief Ing. in

War Ministry)商购 Ditronitrotoluéne[Dinitrotoluéne]并函在安南之Coccuin。与杨继曾电话商议,杨认为暂可不必。

Bell 自港返,请彼午餐。

与钱谈钨锑专款处置办法。

**一月二十五日　星期三**

Bell 来谈钨砂贸易事,告以:依照合同,自签名日起中国之钨皆有佣金,已存在香港者不出佣金,因目前运出太少,可特在港存货内指定若干吨,先出用[佣]金,但以后应扣还。

下午,至五全大会报告,提:(一)调整不宜纷更;(二)迁移确有实益;(三)统制必充实下级组织;(四)宜集中力量发展经济中心。

晚间审查会,萧铮谓:财政报告只言孔一人;又言,徐堪为此会主席,所拟审查报告只知对孔恭维,不成体统。徐发言,对农本局何淬廉不满。俞樵峰言,宜速运粮食至湘西……

**一月二十六日　星期四**

张公权至五全大会报告。

西班牙 Barcelona 失守,为 France 军队所占。

接见董时进,允捐五十元。

**一月二十七日　星期五**

接见黄旭初、黄钟岳(商桂省钨、锑、锡办法)、范争波(仲明,工厂迁移事)、朱霁青(西昌垦事)、孙越崎(天府矿事)、傅韵笙(成镛,松理茂职校长)、W. Petro、H. H. Woidt、A. J. Bell。

陈辞修邀往国泰戏院,观《中国万岁》。

**一月二十八日　星期六**

商李木园(法瑞)应否就交通部材料司长事。

接见吴华甫(重庆工务局局长)、王冠吾、凌冰(托抄运苏矿产品数量)。

为程渊如(程中石之长女)及聂恒斌证婚,在粉江饭店。

**一月二十九日　星期日**

张丽门来谈钱子宁造纸事。盛蘋臣来谈,告以德国沙赫特拟来远东。

游校中梅林。

**一月三十日　星期一**

接见制纸专家钱子宁。

行政院召集黄季宽、熊天翼、陈辞修、吴铁城、黄旭初、鲁涤平商地方行政,谈及:(一)参议会;(二)行署与专员;(三)地方财政;(四)各省应设军事厅;(五)搜查间谍应顾全外交。

张岳军商调吴景超至国防最高会议任事,允商后再复。

接见 R. H. Scott。

**一月三十一日　星期二**

以对苏易货交苏矿产品数量及价值(去年四月至本月止,共二千二百余万元)抄交宋子良。

行政院第399次会议。(一)钨锑专款处理办法;(二)昆明电力炼钢公司;(三)中航公司十年期满,继续五年;(四)中缅航空英机可至港、沪;(五)国营事业修改公司法。

与蒋廷黻、顾一樵晚餐。

**二月一日　星期三**

经济部会议,商报告体裁,措辞宜忠实,体裁宜一致,以工作计划当提案,由院送国民参政会。

拟派任承统调查西康垦务。接见尚其亮(骐良,浙江兴业银行)。

黄旭初请晚餐。第一次在中国银行午[晚]餐。

《新经济》在渔村晚餐,有周炳琳、陈之迈自昆明来渝,问“外交问题”。蒋在五中全会演辞:英美一致,美俄一致;联苏不必“容共”,对共应感化指导而不宜合并;中苏交谊在民国廿[十]五年至卅[廿]年最密切;外交基础在美,用国联盟约与华府条约。

访孙哲生,谈中国应决心建设经济。

**二月二日 星期四**

资委会业务审核会议第一次,到者:钱乙藜、童受民、杜再山、杨公兆、单基乾。议定应制月报格式,工作标准,整理预算,定期发款,盈余分配……

接见范旭东、H. H. Woidt、林和成、章笃臣(明日返沪)。Woidt言,Klein现不能代表德国,或与荷兰人有关,不能干与易货事。

访徐可亭,商谈:(一)协助永利化学工业方法;(二)广西钨、锑、锡外汇办法,请孔批准。

**二月三日 星期五**

与范旭东面谈协助永利资金办法。与孙越崎谈 R. H. Scott 向 Bell 所提借款办法。接见蒋梦麟。

顾毓瑔、黄汲清商借汽车,未允。

**二月四日 星期六**

上午访 Bell,商售钨事及谈 Scott 会谈事。

蒋处午餐。蒋言:盼汪勿随便发言,即是帮助国家;日经济日艰,求和甚切,如能由国际会议公平解决,终有成功之日,汪亦与有光荣。

中华工商协进社在市商会开成立会。

钱乙藜来谈资委会管理广西钨、锑、锡办法。

日机大炸贵阳、万县市区。

**二月五日 星期日**

在钱乙藜宅,与杨继曾、杜再山、杨公兆、张丽门、林继庸、李博侯商拟《西南国防工业三年计划》,推杜再山起稿。

访傅孟真,谈水工招考事及政府组织。

**二月六日 星期一**

贝安澜来,与杨公兆、林颂河共谈售钨事。

与 Scott、Bell、Sun 午餐,商借款事。

接见姚念媛(Nier Y. Yao, Daily Express)、Louis Scheyven(Conseiller Anla Belge)、Jean Van Den Bosch(Secret. Amb Belge)、F. Tillman Durdin(N. Y. Times)、卢作孚(商贸易会与孔令侃关系,又商李法瑞事)、L. K. Taylor(William Hunt & Co. 商购苎麻及硫酸铔厂)、陈立廷(愿充国际劳工局理事)、江鸿浩(明日往港)、周大训、季泽晋。

比国大使馆晚餐。

珙书病,余卧于燕娟室内。

**二月七日 星期二**

中央研究院会议,留荷学员考试,取中陈嘉谟(水利工程)一名,航空测量决重行招考。

行政院第400次会在行政院(曾家岩)举行。(一)柳州—贵阳铁路约需30月造成;(二)经济部有中英庚款九万余镑,内可拨借四万二千余镑于交通部;(三)江苏整理地方财政公债八百万元;(四)评定物价办法;(五)辽、吉、黑、热查禁物品清单。

以 Scott 商谈借款事告孔,孔嘱照商。

接见喻玉田、吴蕴初。

二月八日 星期三

潘、吴二夫人至宅午餐。

部会,商防空办法。

接见 Richard Kenpe(Secretry, German Embassy)、O. Zwanck(Brockelmann & Co. 452 Kiangsi Rd. Shanghai)、陈守明、萧铮、萧守明、齐焌。

至徐可亭宅,与范旭东商谈接济永利资本办法。

二月九日 星期四

接见 Walter Günther、Egbert W. Hildenhagen(Otto Wolff Koeln)、H. H. Woidt(商见张群一商)、李景枞(商请以江西钨矿权授德人)、季泽晋(请绘宣传资料)、林和成。

"八一三"聚餐会,余讲《中国工业的改进》;胡景伊讲游历港、新、斐、越,汪精卫现住河内海防之三渡;穆藕初讲七七纺机。

二月十日 星期五

召资委会各处长,商开外汇详单。

接见张宗孟(统计家)、齐焌(彼言,孔对 Woidt 言,许德铁路权利,盼德极力要求日本言和)。

参加外交部招待会。

孔宅晚餐。张群言,国防最高委员会为党的机关,统一党政军指挥,代理中政会。彼为秘书长,陈布雷为副秘书长,机要室第一处长胡文凤,第二处长吕[吴]国桢,第三处长狄膺。又有设计委员会,彼自为主任,仍兼行政院副院长。又续谈四川政状。

闻日军已在海南岛登陆,英已许缅甸自治。

《大公报》译登胡适在美讲中国的抗战(十二月四日在纽约讲)。

**二月十一日 星期六**

偕Peck、Scott、张丽门、林继庸参观:(一)大鑫炼钢厂,电炉已开工,每炉三小时半,每月可出钢五百吨,即每日十三吨。现筹设轧钢厂十英寸。钢绳厂尚未完,现做手榴弹,日出千枚。(二)豫丰纱厂第一厂三千锭已开工,二十支纱,试用川棉。第二厂四千锭,第三厂五千锭,尚在建设,限于电力,拟只用万二千锭。(三)植物油厂,未开工。(四)永利铁工厂,以电焊著,现做植物油管及手榴弹。(五)合作五金公司,胡叔常,制钮扣、飞机炸壳,铁铲日出三千柄;新民机器厂现作Diesel发动机,每只八马力,又作机枪另件。(六)华兴钢厂,现作轧钢设备,修嘉和轮机件。(七)华生电器厂,现作无线电发电机,大者每只400元,小者每只260元;又作地雷套件;又作自动螺旋针。

折呈蒋,言方以钨砂商英借款,盼勿从李景枞请以矿权授德人。

**二月十二日 星期日**

国民参政会开第三届会,蒋主席,告二点:(一)勿提非必要之议案,如前次所提不审查著作原稿;(二)互信共信,勿相歉[嫌]猜。

在吴景超宅遇梁实秋。

与恽荫棠谈云南厂款,余并停付,钱以命令的函件认为,如不即付,即归失败,殊不合,如不改变,余惟有辞职。

杨继曾来商云南钢铁厂事。

王守竞谈机器厂工作办法及产品。

**二月十三日 星期一**

国民参政会大会,蒋主席。孔、何、王报告,蒋颇加赞美,谓三月以来之转危为安,实赖孔等之努力!

**二月十四日　星期二**

国民参政会大会，余报告经济部工作方针：（一）经济事业之管理；（二）军需用品之供给；（三）国产之利用；（四）十个经济中心之建设。

**二月十五日　星期三**

日机袭长沙，被击落八架。（何应钦在参政会报告，以前日机被中国击毁者共642架，连此为650架矣。）

北平住宅（新平路一号）售于都越周，契作于本日，王菊如为保证人。

**二月十六日　星期四**

燕娟有病。

**二月十七日[①]　星期五**

**二月十八日　星期六**

阴历除夕。蒋宴请各部会长及参政员全体，并广播新生活运动五周年演说，对礼义廉耻，重下战时的解释。

**二月十九日　星期日**

南京伪外长陈箓在沪被人刺死！

接见 L. B. Smith（Renter Lewiu，125Pei Hson Kai，Tel. 843）。

蒋在商会宴四川中学校长及保安队人员。

**二月二十日　星期一**

日机袭兰州，被击落九架（连前650架，今成659架矣）。

接见 Rogoff。

函 Herbert Cressey，托约美人协助西南建设。

---

① 本日无记。

拟广播《中日的经济战争》。

宴王志莘,商与交行合办事业。

**二月二十一日 星期二**

国民参政会第三届会议开会。

四川中学校长第八组谈话会,文宗岳、丁秀君等谈话。

盛蘋臣来谈,吴佩孚(一)不愿离北平;(二)要求日本在华北撤兵;(三)要求英、美、法同意后,彼方可出山;并告以徐可亭与何淬廉不和之可惜。

行政院第402次会议。(一)《协助永利公司兴办化学基本工业办法大纲》;(二)欧亚航空展期一年;(三)廿六年加冕特使团开支共三万六千余镑,国币六十余万元,合计国币一二一五九三一元九六;(四)《管理营造业规则》;(五)《征收营业汽车通行费规则》;(六)讨论实施方案与预算关系。

函蔡孑民,请电蒋,对中研院评议会致训词。

**二月二十二日 星期三**

请周子竞、盛蘋臣、周世泰、李竹书午宴,为中国电力炼钢厂公司开创立会,股本六十万元,云南方面任三十万元,以卢汉(永衡)、龙云(志舟)、缪嘉铭(云台)、陆崇仁(少安)为代表,经济部提倡股本三十万元,余由盛蘋臣、刘鸿生、周世泰、沈养吾、徐恩铭等分任。推缪为董事长,刘鸿生、沈养吾为常务董事,周仁为总经理,定三十[月]二十日前交足股款。

接见 Konrad Maurer(Deutsche Farber Handelsgesellschaft)、W. Faessler(I. G. Farbenindustrie Aktiengesellschaft, Frankfurt A. Main, 261, Sichan Rd. Shanghai)(谈小龙潭煤炼油事)、李耕砚(拟设小化铁炉,每日五吨)、孙越崎、金开英(嘱速出油)。

访秦景阳病。

二月二十三日　星期四

中央党部秘书处会议，张群主张各议决案应送交国防最高委员会处理，甘乃光不赞成，朱家骅赞成照办。

嘉阳煤矿公司股东会开会，修正公司章程，请钱乙藜代主席。

敌机袭兰州，被我击落六架。

二月二十四日　星期五

接见王显文、钟……（农民银行）、周介春、王恒升。

孔宅晚餐，谈西人批评滇缅路车辆停滞不动，交通部购料有弊，各机关在昆明用人太多；行政院各部会疏散地方（张群主在老鹰岩，北碚、永川之间）；共产党行政区域（张群主置之不理）。

二月二十五日　星期六

午宴穆藕初。又至蒋处。晚宴杨赉卿、金霞曙、陈晓岚、谈致中、尤巽照、张永惠等。

接见 Bowrdrey、G. C. Schoepplein、W. Armitage（Siemens China Co. 233 Nanking Rd. Shanghai）、郑贞文、范熙绩、任叔永、周子竞。

二月二十六日　星期日

阅《经济部实施方案》完，交抄。访秦景阳（病愈）、钱乙藜、任叔永、蒋廷黻。在钱宅遇孙恭度，谈上海一带经济情形；又遇张克忠，自德国回。

二月二十七日　星期一

小温泉党政训练班纪念周，蒋言，训练务重实行。会后，蒋又对指导诸员言，目的在自治，以县为单位，以经济、教育及组织为三大纲领，以合作社为重要方法。午餐时，以中研院评议会期告蒋。

接见西门子之 Anlage 及 Schoepplein，礼和之 Adolf Wiener

(AEG)及余无非(渝新丰街十八号,电话 415)、李书华。

请任叔永晚餐,并谈中研院事。

**二月二十八日　星期二**

访徐可亭,谈“中国兴业公司”事。

接见孙颖川、孙越崎。

行政院第 403 次会议。(一)张群报告,国防最高委员会常委会每二星期开会一次,星期四下午举行中常会,亦然轮流举行;(二)《禁运资敌物品运沪办法》。会后,与孔面谈:(一)合作事业管理局,孔言应只管促进监督,由农本局管金融,如蒋令所言;(二)中美庚款会由财政部月付十五万元,孔言可考虑;(三)电气工业公债,西门子要求停本付息,孔允考虑。(次日电告孙洪芬、周寄梅。)

**三月一日　星期三**

中国地质学会第十五届年会在重庆大学开会,黄汲清主席。余述地质学会十八年前成立学会,目的在传道解惑,同人应求真理,求团结。何鲁、吴俊升、罗冕、胡博渊、孙越崎先后致词。下午,黄之演说,公开说明煤、铁、油之所在地,殊为不智。又听王恒升论岩浆分异,丁骕论地形。

广播讲话:《论新生活及经济》。

在陈行宅晚餐,与徐可亭、傅沐波、胡子昂、胡仲实、胡叔潜商中国兴业公司事。余告以钢铁厂为主要,应陈明委座。次见孔,面告。孔接宋子文电,言数日内售出六十万又数千镑于上海汇丰,转售一部份于日籍银行。孔颇愤。

**三月二日　星期四**

地质学会在中央大学开会,朱森、李春昱讲构造。朱讲川北龙门山构造颇佳;金耀华讲以等炭线定油矿;阮维周谓三叠纪为四川油矿之 source beds。

至钱宅,与钱商个旧锡矿合办公司办法。

与谢家声、沈宗瀚商谈中央农业实验所中心工作,劝其振作精神,认真主持。

孔、张晚宴教育会议人员。蒋梦龄[麟]致答辞,言教育质量固不能尽满意,但振作人心,传播民族思想,故并非失败。又谓,只有常教育,决不能翻新为非常教育。

**三月三日 星期五**

偕燕及蒋廷甲往青木关(距渝 56 公里),汽车行一小时半。视察温泉寺及二温泉(热 36°6)。又往北碚(距青木关 25 公里),汽车行三刻钟。在区署午餐。午后,在地质调查所新建所址开地质学会。谢家荣讲富钟贺存锡共五万吨,已出二万吨,尚存三万吨。

广播讲演,讲《中日间之经济战争》。

孔宅晚餐,谈管理运输;整理英外汇购物;陕共党似由苏联直接供给军火(?),近又要求扩充边区政府范围。张群督促重庆疏散。

接见胡贻穀,转交张咏霓来函及商特使团考察报告事。

**三月四日 星期六**

审减英国出口信贷款内购置工矿器材,函孔。

至会仙桥七十一号中央日报社,讲《经济计划》。

会商棉麻交【纺】织公司,拟嘱先征询叶琢堂、刘鸿生愿否加入负责办事,认真计划,厘定后再为创立加股。

经济部献金五千元。

**三月五日　星期日**

往小温泉。蒋怪朱骝先对党政训练班教育处置欠善。渝市长蒋志诚[澄]亦受训练，面言：同人议论，受训时间服从命令，不论命令是否合理，但四星期后即可不理(!)

偕张岳军至清水溪何宅午餐，有王亮畴、张公权、吴国桢，后又来熊式辉。(何淬廉已起身往桂、滇。)

**三月六日　星期一**

往小温泉党政训练班讲二小时。

午餐遇顾季高，面介郑彦棻，拟来面谈。

与陈体诚面谈任司长事。

财政部来文，允先拨工矿调整费五百万元，由交通银行发。

西南经建研究所(SWEI)董事会会议，到者张岳军、张公权、川康滇黔四省主席代表。追认张公权、何淬廉为所长，岳军、公权及余为基金保管委员。

**三月七日　星期二**

往党政训练班讲二小时。罗霞天谈小组讨论办法，意见甚多，特别不切事实。

行政院第405次会议，(一)非常时期采金办法；(二)重庆商品检验局预算。

与孙洪芬、任叔永、梅月涵等谈话，孔约彼等七时叙谈。

**三月八日　星期三**

李济之来，谈裘善元对中央博物院款造假账，骝先主交法庭，雪艇、孟真主自行了结。盛蘋臣送来英大使1938年报告书。

地质学会理事会午餐，商组财委会。

孔宴地质学会会员。

孙洪芬来谈中基会事。

李润章、邹海滨谈中法庚款事。

**三月九日 星期四**

中央博物院筹备处史久颐窃款数千元逃走，干事裘元善私造假账报销，主任李济之知悉后颇着急。朱骝先、傅孟真主正式举发，王雪艇反对，但一律主向裘追还公款。李颇畏正式举发，拟追还公款后即了事。

**三月十日 星期五**

故宫博物院理事会。院长马氏办事多顾虑，不负责，理事又不识事实，恣肆批评。

以《西南三年国防工业计划大纲》呈蒋。

函发徐可亭，并附呈蒋，请示中国兴业公司钢铁厂应否协助稿。

**三月十一日 星期六**

乘中航机往昆明，中途因机坏乃驶返渝。

自今日起维玲断乳。

今日为精神总动员日。

日外交部发言，对英国借款事表示不满。

**三月十二日 星期日**

乘中航机飞昆明，朱骝先、王雪艇、张其昀、孙洪芬等偕行。在昆明住愉园招待所。朱骝先住巡津街郭宅。

下午，往省署见龙志洲[舟]。

**三月十三日 星期一**

中央研究院评议会第一届第四次会议在云南大学开会，推王雪艇主席，余为秘书，任叔永为院总干事。下午又开会。

**三月十四日　星期二**

上午评议会开会，选举朱骝先、王雪艇、傅斯年、陶孟和、叶企孙、任叔永为第二届评议员选举筹委，余以秘书资格兼主任委员。

下午游览太和殿（明代建铜殿，俗称金殿）及龙泉镇史言［语］所。

**三月十五日　星期三**

参观石庙子、普坪村各厂及茨坝机器厂，并游黑龙潭。

**三月十六日　星期四**

上午访缪云台，谈与外国合作方针，又商办钢铁厂公司。

往西山华亭寺及三清阁，游行时与陆子安（崇仁，财厅长）谈合办矿事。

是日下午，移住邱家巷二号蒋梦麟宅。

德军占捷克之 Budejovice，Morava 各地，以该国为保护国。

**三月十七日　星期五**

访张西林。张介函王同光，谈金鸡纳在南乔发展，须投资六七年方有收获。又介赵雁来，拟设化工研究所。

昆明市商会、西南实业协会、茶叶公司等请午宴。

参观地质所驻滇办事处，见禄丰所得之恐龙化石。

云南大学采冶学系设计委员会开会，到者熊迪之、张正平等。

在周惺庵宅晚餐。

夜访龙志洲［舟］，谈二小时。

**三月十八日　星期六**

在缪云台家遇 Lossing and Buck，谈美投资发展西南经济。

偕王雪艇、竺藕舫乘中航机返渝。

民国廿七年（1938）对外贸易：

国府控制下之各地，一月份入超￥1340000，全年平均每月出[入]超￥240000

被占领区域，一月份入超405000，十一及十二月每月入超1192500

国府控制下之各地，进口货减少82%

国府控制下之各地，出口货减少52%

被占领区域，进口货增多192%

被占领区域，出口货增多133%

**三月十九日　星期日**

访蒋廷黻。

盛蘋臣、钱乙藜来谈。

**三月二十日　星期一**

行政院召集简任以上人员举行国民公约宣誓，誓词不照五中全会，而照国民参政会所拟十二条。

会后与孔、张谈在滇与龙、缪谈话。又与徐可亭谈华联钢铁厂事。

接见Cosme（法大使）、Picot。又见Heyworth and Hansard（英大使介绍来见，拟在四川设厂）。又见李孤帆（邮局，拟往西北收金）。

核定《合作事业管理局规程》。

夜，与李济之、罗志希谈裘元善、史久颐舞弊事。李拟稿呈部报告。

**三月二十一日　星期二**

接见陈威（公孟）裕民银行经理，批评贸易委员会吴觉农甚力。

行政院第 406 次会议,(一)修正《过分利得税条例》;(二)技正管理局付审查。

孔允:(一)拨外汇十一万美金为滇电力炼钢厂用;(二)部股十五万元,可由工矿调整处垫发;(三)拟派黄宗勋为商标局长;(四)派陈立廷往日内瓦劳工会。

曾仲鸣在河内遇刺,死。

又传陈锦涛亦遇刺。(不确!)

**三月二十二日　星期三**

接见黄汲清、奈文(比大使馆参事)、陈立廷、韩安、沈昌。

部中会议,谈应注意前方各地经济,调查各省战时新机关职务及主持人员。

电缪云台,告电力炼钢外汇已由孔核准。

电王云五,请商温溪以一百万元办四川纸粕厂。

Lebrun(法大总统)夫妇访英。

米美尔又划归德国。

**三月二十三日　星期四**

宴请谢季骅、李竹书、黄汲清、杨公兆,谈各机关保持独立,增进合作。

接见叶秀峰、F. I. Glouschenko(Exporthlet)、H. J. Timperley(Manchester Guardian)、Jean Audinet(Paris)、J. D. Greenway(询中德易货事)。

傅孟真函谓,裘反密告,欲架[嫁]罪李济之。

**三月二十四日　星期五**

蒋宅午餐,谈欧洲时局及美国 Piffman 新中立法。拟派张彭春见 Piffman,希望欧美列强勿忘远东问题;准备五月间国际联盟开会,促成制日助华。

接见 Meloclle D. Mackenzie(League of Nations, Geneva)、Jean Saillens(Conseiller Commercial of l Ambassade de France)、胡子昂及叔潜。

闻日军增兵,拟攻南昌,奉新已失守。

孔宅晚餐。孔告何敬之:军政部购英染料价太贵。

**三月二十五日　星期六**

请国联派来之 Mackenzie, R. C. Robertson, P. Dorolle, H. Jettmar, W. K. H. Campbell, F. J. M. Bourdrez, H. C. Maux 等午餐。

派黄宗勋为商标局局长,刘荫茀为采金局局长。

英国海外贸易部 Hudson 至苏联。

**三月二十六日　星期日**

往看杨公桥防空穴,又看沙坪坝新村高射炮队。

至上石板街四十二号,出席中法比瑞文化协会开幕会,为主席团主席,举吴敬恒为会长,毛庆祥为理事会[长]。

函复 The Chase National Bank, London,收到账单。

**三月二十七日　星期一**

接见孔令侃、胡步曾、Willis[Willys] Ruggles Peck。

商拟实施工作进程表。

钱乙藜来宅谈。

汪在港《南华日报》发表《举一个例》(刊于四月一日报纸)①。

**三月二十八日　星期二**

Woidt 来谈,对中德易货不能实行,Klein 将到,所言 Schaft 调

① 原文如此。

解说未必可靠，诸事均有感慨之意，并言星期五即往香港。

午餐遇霍亚民，约星期四上午到资委会谈话。

甘典夔来谈：（一）漳腊金矿盼与政府合作；（二）发起大华实业公司，股本五百万元，盼经济部认十分之一；（三）报告整理四川财政情形。

行政院第407次会议，（一）《渝市疏建委会组织规程》……（二）广西六厘公债八百万元；（三）褒恤吕苾筹。

南昌已陷敌，熊式辉、罗卓英皆已先离省，省政府移设泰和。

比大使 Scheyven 邀晚宴。日机空袭警报，但未闻机声。

**三月二十九日　星期三**

黄花岗先烈纪念日，放假。

日机袭梁山。

往观经济部防空壕。

《新经济》晚餐，在蒋廷黻宅，有胡步曾、高叔康、萧公权。步曾讲，王克敏、何其巩颇明白（!）汤尔和抱大亚细亚主义；英大使在北平曾与吴佩孚面谈；华北民众爱国；第八路军活动甚好；复兴社亦活动，但力较弱。

**三月三十日　星期四**

霍亚民至资委会，与余及钱乙藜商洽组织公司办理滇省化学工厂，资本一千万元，借法债一万万五千万至二万万法郎，由政府保息……电港宋子文、子安商定。子安电复，盼法方加股合办。

与吴涧东谈生产会议应准备各事。

德大使馆 Kempe 邀晚【餐】，有 Woidt，知新合同孔已签署，陈立廷往欧后，此事归张平群经手。

接见 E. G. A. Brack，E. E. Delegate of Swiss Office，Development of Trade (Zurich),劳兆祺。

三月三十一日　星期五

接见赵人铿(照宇),谈收买豫金办法,W. J. R. Thorbecke Farmer Netherland Minister(商交换货物)、魏海寿。

孔宅晚餐。对轻失南昌事,孔、张等均表示感慨,并有人怪蒋不以军事为重,而偏费神致力于训练文官。

经济部防空演习。

四月一日　星期六

蒋宅午餐,谈欧洲大局,甘介侯颇主民主阵线从此强固,张君劢则不以为然。

介陈中熙与 Brack 谈话。接见 Roger Piérark(Havas)。

报载:昨日 Neville Chamberlain 在英下院宣言,保证波兰独立主权,决以一切可能方法予以援助。法国亦同此意,同时海空军亦作必要准备。又闻 Mussolini 演说,决不退让。又闻法众院通过对捷克表示同情案。

日本海军占有 Spratly 岛,法人认为法属。

捷克灭亡史:1931 年 1 月 30 日 Hitler 取得政权,1935 年 5 月 2 日法苏协约,同月 12 日,捷苏协约成立(法捷间在 1924 年 1 月 25 日已成立互助协定)。

Tiso 在本年 3 月 10 日被免职,即向德求救,向捷宣布独立,14 日向 Hitler 求保护,15 日德军向捷克推进,16 日匈牙利军占 Karpath Ukraine(德同意),即英文之 Ruthema。

四月二日　星期日

接见杨继曾,谈组织公司(资委会、兵工署及建设银公司)办理化学工厂办法。往外交宾馆,访 General Woodroffe。彼拟休息二三天后再访客。都越周、王维奕来访,都拟购北平住宅,价万五千元。林和成来访,送中英商约草案。

拟下列函电:一、函伦敦 Chase National Bank,请将存款(£ 299. 14. 11, U. S. $ 1066. 00)转存上海该行(80, Kiukiang Rd.)。拟四日发。二、电张悦联,电请北平住宅出售,价款汇存上海浙江实业银行,转告叶揆初、竹垚生。拟四日发。三、函张悦联,请向上海 Chase Nat. Bank 探询存款及说明北平住宅售价送沪事,询明见告。拟后日(即四日)发。

**四月三日　星期一**

昨日 Hitler 演说,国际谈判往往于德无益,但德实崇尚和平,《英德海军协定》基础已动摇,德当赖自力达目的。昨日,暹罗外相声明,决不侵略邻邦。美承认 France 政府,波外相 Beck 至伦敦。

偕任叔永至蒋廷黻宅午餐(以后每日午餐当到此)。

接见王竹泉(谈威宁煤铁及石膏)、Brack(商瑞士加入股份办大渡河水力发电厂)、Thome Beck(谈与荷兰易货,每年约五十万至一百万镑,彼可供给电机、糖厂、胶皮、金鸡纳等,约详单再商)。

偕叔永访徐可亭,询财部拨款中基会款事,即电港孙洪芬。

闻美国除已借二千五百万金元外,又借一千二百万金元。比国允借二千万 Belga。

**四月四日　星期二**

本日是所谓儿童节。

核定《资委会事业机关盈利拨补暂行办法》,嘱童传中等。

准备生产会议材料。派彭荣宾办易门铁矿。

行政院第 408 次会议,孔病,张岳军主席。(一)《合作事业管理局组织规程》;(二)《公务员服务规程》;(三)《越南、缅甸、香港旅费规则》;(四)《救国资金奖励规程》。余不赞成孙科所提指定区域收容犹太人。

续付李泽章北碚房租四百元(三月廿五日至七月廿五日为止)。

**四月五日　星期三**

《大公报》、《新华日报》登载汪精卫与日本所商协定办法,由日供给活动费每月三百万元,进兵至西安、宜昌、常德、南宁等地。至时汪可得二十师兵力,倒蒋议和,在南京成立新国民政府,并自任"反共救国同盟会"总裁。

与农、工、矿三司及农本局协理蔡承新、工调处李博侯、资委会徐名材等,面商答复实行五中全会议决案办法,一星期内完稿。

接见Bos、甘典夔(言大华公司招股事。甘拟自为董事长,杨灿三为经理)、黄昌穀。请Bell午餐。

沙王请晚餐,将离渝北返。

蒋批准协助中国兴业公司(胡子昂、叔潜、仲实)办钢铁厂,银行入股六百万元。

**四月六日　星期四**

至磁器【口】四川省立教育学院,讲《经济建设的重要意义》。院长高显鉴(咏修)。又遇詹纯鉴、张国维、王显为、王立夫、杜元载、陈创恒。

马相伯先生百岁庆礼在重庆银行公会举行,林主席亲到主席,吕超读国府令,吴稚辉、于右任、邵力子、吴南轩致词。蒋亦亲到,未致词。

复旦大学创设于光绪三十一年乙巳岁(一九〇五),时马已六十六岁,任校长五年后由李登辉继任,专心任事。近又由吴南轩继任,则以党部关系之故。马现居安南谅山。

派邓祥云为专员，在水利司办事。

**四月七日　星期五**

与苏联 Exportlet 之 Glourcharko[Gluschenko]签订交换货物合同。拟订美国购买矿产品，中国在半年内可供给之数目，送蒋、孔、徐、盛。中国兴业公司（胡子昂、叔潜、仲实）办钢铁厂事，函徐，商办法。

接【见】郭学礼（青海民政厅长）、赵佩（青省府驻渝办事处长，字德玉）、McNeil（ICI）、任承统、党刚等。

同盟社电，否认汪—平沼协定，谓系中国重庆政府的捏造。

卢作孚谓，天府矿业公司中中福机件估价事，原开七十七万元，曾减少三万元，现款廿一万元，尚余机价五十三万元，盼再减数万元。

**四月八日　星期六**

闻亦有来谈资源委员会会计制度。

蒋宅午餐。蒋言，应促成英、法、美、苏联合向日有重要表示，俾可开国际会议，商订远东问题。

接见陈立廷（复往瑞士）、陈汉清、乐颂云（拟设永川电器厂）。

盛升颐来谈，刺死曾仲鸣者，系戴笠所派，使汪更愤激，认为冒昧不当。又言，陈公博函孔言，只当[要]中央有办法，汪以党宜合不宜分，可返渝，否则汪为国奋斗，彼亦不惜牺牲为前锋。又出示徐拟孔发陈光甫电，拟借款，用矿产品分年偿还。

义军占 Albania 京城 Tilana，二日用兵已毕事矣。

昆明为敌机炸击。

**四月九日　星期日**

偕张丽门、李博侯至北碚，归途汽车跌至田中，余面受伤。先往李宝实处,后请马大夫缝二针。

**四月十日　星期一**

钱乙藜来谈:接严爽电,言玉门井遇油,四百余介伦。

张乃燕《世界大战全史》,民十五初版,民廿四五版。

R. Palme Dutt【著】,张弼译《世界政治》,民廿七三版。

袁道堂《最近欧洲政治史》,民廿三初版,民廿五三版。

**四月十一日　星期二**

胡子昂、仲实、叔潜来谈钢铁厂事。

阅 René Grousset:*Histoire de l'Extrême*,*Orient*,1929,内言印度、中国、蒙古、安南,尤重文化文字。书分二本。

何淬廉送来汪之《举一个例》全文。

**四月十二日　星期三**

爵年、延年来谈,华业和记火柴厂每日能出二十箱,每箱七千二百盒,每盒一百支,约占四川火柴三分之一,资本廿五万元,内刘鸿生加入者十五万元。

萧之谦:油厂现止出润滑油,每月约二千介仑,每介仑价七元;自六月起可出汽油,每日一千加仑(出足可至二千加仑),每加仑价四元二角。

**四月十三日　星期四**

复开始办公。函黄汲清、王竹泉、周柱臣。

国防最高委员会常委会第四次会议,蒋主席。(一)《公务员服务规程》,应使服务者深知力行;(二)《合作事业管理局组织规程》;(三)《非常时期过分利得税条例》修正,并准允实行;(四)兼差兼薪事,各部会查明纠正。

任叔永、顾一樵、钱乙藜来宅谈。任明日赴港。

徐可亭面言:中国兴业公司,孔已允任董事长,孔令侃须任常董。令侃曾拟以卢作孚任总经理,胡光麃等闻之坚决拒绝,故拟以陈潜庵任总经理。国事如此,而若干人犹往往看不破!可叹也。

华军反攻,开封车站曾收复,逼近城内。粤省亦得小胜。

**四月十四日　星期五**

国府令发行建设公债及军需公债各六万万元。

昨日,英首相在下院声明,对希腊、罗马尼亚二国以全力抵抗侵略时,英法当全力协助,并劝土耳其加入;对意占阿尔巴尼亚不满,认为不合英义协定,但仍忍耐,盼好转,并盼意在西班牙撤兵。法首相广播,意略同,并言当准备武力以维护自由与和平,并联络英、苏、波兰等国。

张宪秋来谈,彼昨日到渝。函穆藕初,询生产会议事。孔言:杨耿光(杰,驻苏大使)在巴黎时,被法警查出奸诱妇女和藏吗啡。乃彼来电,对顾、郭二大使反多不满,一切自行居功,实应撤换。

与 Bell 谈钨事。函甘绩镛:大华实业公司最好指定工作范围。

**四月十五日　星期六**

昨晚,美总统 Roosevelt 电 Hitler,并由 Hull 电 Mussolini,言欧洲已有三独立国丧失独立,非洲亦有一国失独立,远东亦有一独立国之广大领土为邻邦占据,传闻尚有某某独立国亦时受侵略。大祸已不在远,全世界均受痛苦。深信一切国际问题均可在会议席上解决,但当事国之一如欲在事前得保证,使会议结果定有利于该国乃止戈息武,则与吾人吁请和平讨论之旨背道而驰。又讯,美政府电请德义保证十年之内尊重欧洲各国主权独立、领土完整,则美当要求其他各国与德义合作,助其取得必要原料。

穆藕初来谈,生产会议不至过份批评,拟另组机关,考查经济工作。余告以政府应诚意提倡经济,使人心来归,不宜过于琐屑,使人厌倦。访吴乐府于贝安澜住宅。

**四月十六日 星期日**

我军反攻,克通许、柳林及开封附近(河南),从化、塔城、江门(广东)、高安(江西)及钟祥附近(湖北),及君山(洞庭湖内)。

**四月十七日 星期一**

乘中航机至香港。上午十一时二十分自渝起飞,二时至桂林,行二小时又四十分。下午二时半自桂林起飞,五时至香港,行二小时又半。吴铁城、陈裕光、吴贻芳同机行。沈君怡、李木园、郭子勋来接,住九龙半岛饭店523号。

报载,德义拟不受美国不侵略要求。

中基会董事:蔡孑民、周寄梅、施植之、金叔初、翁咏霓、胡适之、任叔永、孙哲生、李石曾(徐新六)、Monroe、Greene、Bennett、Stuart、Baker。

**四月十八日 星期二**

陈聘臣、王云五来谈纸厂事。

访李赞侯、蔡孑民、沈君怡。

报载,法军舰多艘往直布罗陀,英舰往马耳太。

**四月十九日 星期三**

周寄梅来谈贵州企业公司及中央股份由经济部加入事。

与周寄梅、任叔永、孙洪芬谈中基会各事。

访宋子文。宋谈,永利办四川化学工厂应由银行入股参加,不便纯作借款。又谈中国兴业公司拟办钢铁厂事,谓不宜滥用外汇。

黄柏樵、罗文柏来谈。

请 Rupert Grimshaw 及郭子勋晚餐(葛林脱)。

**四月二十日　星期四**

接见秦慧伽、叶琢堂、刘鸿生、王文伯、Grimshaw。金叔初、施植之自沪来。

王云五请午餐,陆费伯鸿、金润庠、罗杨伯、陈聘函等商川西纸粕厂事。

访国际贸易事务所及购料室。

中基会非正式预备会议。

**四月二十一日　星期五**

接见李雪初、林景帆、宋子安、刘景山、邓云鹤、熊学麟(47, Pak Tai St. Kowloon, H. K.)。

上下午及晚均开预备会议。

**四月二十二日　星期六**

上午预备会,下午正式会。蒋梦麟来谈。

**四月二十三日　星期日**

St. Georger Day。往香港蓝增道 32 号,访丁夫人。

中国工程师学会香港分会在天厨味精厂开会,午餐。吴蕴初为会长,余参观并讲演。又往钱新之、杜月笙处午饭。

**四月二十四日　星期一**

与沈君怡谈,与中、交□合滇钢铁厂、宣威煤矿、川西水泥、叙府电厂、汽车厂各事。电秦景阳、钱乙藜。

周寄梅邀 Gloucester Hotel 午餐。访范旭东,商购汽车厂及告以宋子文所言银行愿加入化学厂股份意。

温溪造纸公司董监联席会列席。川嘉造纸公司创立会及董事会,王云五为董事长,陈聘臣为办事董事,张善扬为经理,金翰为协理。

周、任邀大华晚餐。

见吴办农(F. F. Urbanek, Skodaworks, 28, Humphreys Bld. of H. K. 河内道)。

**四月二十五日　星期二**

香港总督 Sir Geoffrey Northcote 请午餐。香港大学 Sloss 谈日本人极爱国,但与香港大学中国学生谈话,则不知 Patriotism 为何物(!)又言,日本在缅甸极有工作,中国亦宜有所活动。

刘竹君、尹仲容来谈建设银行公司缴款事。

接见张竹平、米星如(出品协会常委)、林景帆(谈 Marsman)、陶孟和、蔡孑民夫妇。

中基会送旅费港币一千元,据告渝至港机费三百五十元,实收六百五十元。

**四月二十六日　星期三**

接见邓云鹤、熊子麟,二人拟暂不往重庆。

往宋子安宅晚餐,子文作东,有李广钊、吴昆吾、刘竹君诸人。

**四月二十七日　星期四**

偕李广钊往 De Vos 家午餐,商金矿事。

向张国祥讲与斯可达接洽。刘竹君、尹仲容请签建设银行公司所拟办法协定,余不允。

访计荣森,谈地质所事。

接见 F. F. Urbanek, A. G. Pisarevsk (Skodaworks), 248, Prince Edward Rd. H. K.

**四月二十八日　星期五**

住香港。

英政府提出《征兵法》，经国会通过，又提出预算 £ 1280000000，亦通过。皆昨日事。

Hitler 在柏林国会演说，取消《英德海军协定》及《德波不侵犯协定》；反对英国包围政策；索还殖民地；对法国已无领土问题；对英彼仍可谈判；拒绝美总统国际会议之提议，并言只对德国人负责；说明但泽问题解决办法。

**四月二十九日　星期六**

自港四时半起飞，至十一时半到渝。

朱家骅邀与英大使晚餐。

**四月三十日　星期日**

访孙越崎。胡焕庸、邹秉文、卓宣谋来访。

蒋宅谈话。

**五月一日　星期一**

接见陈仿陶、李任坚、程致远、高远春。

复李国钦函，言远东大局及各问题。

**五月二日　星期二**

刘兴亚谈宣威打鉴[箭]坡煤矿，陈皓民谈宜宾及自贡电厂。

令董纶专在会办事，不兼天河煤矿。

行政院第 412 次会，(一)督办滇缅铁路公署，曾养甫为督办，共需至少二万万元，三年完工；(二)财政部《管理全国茶叶出口贸易办法大纲》；(三)筹议国营垦区计划及中央补助各省难民移垦经费办法；(四)盛世才电蒋，新疆对中俄运输竭诚协助，财、交二部电措词不当，请查明。蒋令调整。

参加西南经济建设研究所第四次讨论会，余提请西洋专门筹划建设，张岳军极赞成。

与王雪艇、刘驭万谈太平洋国际会出席人选。

**五月三日 星期三**

接见 Clark Kerr、齐焌、Campbell、Bell、穆藕初、陈杰夫、邱昌渭。

请陈雄、刘广沛、郝景盛晚餐。

日本飞机四十八架(又说为□十六架)炸重庆,太平门、储奇门一带尤甚。

今晚为阴历三月十五日,月食。重庆尤重迷信,各家敲锣燃烛。

中国驱逐机被日机击落五架。

**五月四日 星期四**

接见 Hans Klein,面交 Hjalmar Schacht 亲手函(二月十五日写)内言……

中央大学青年节纪念会,罗家伦讲:五四内除国贼外争国权,现应改否认、怀疑、反抗为肯定、信仰及纪律。余讲《中国经济建设之必要及其途径》。

第一次空袭警报,旋即解除。第二次警报,日机二十七架来袭,甚烈。

**五月五日 星期五**

重庆电话多不通。昨晚鸡街、都邮街、柴家巷、七星巷、领事巷均大火。

闻蒋派何应钦负责办理救济、警戒事宜,何拟每晚举行会报。张群谓,何对各机关应均用命令。何谓仅任八天十天。

各机关汽车多运送难民。

今日各银行多关门未开。

**五月六日 星期六**

接见张西林、龚浩、孙绍宗。

水泥厂之变压器及高压线四日被炸毁,由华生修理,约二星期可完。

**五月七日 星期日**

全国生产会议,孔主席,蒋未到,张代读林训词。孔以会议规程讨论修正,审查会于原定农、工、矿、经济四组外,加列交通组。又添派刘广沛为副秘书长。

访陈之迈,晚餐。

**五月八日 星期一**

接见杭立武、毛承澜(叙昆路叙州材料库库长)、刘驭万(太平洋国际学会)、Georges Picot(往法,辞行)、Andre Negre(attaché)。

侯德榜电:美 Assembling plant 价美金十万元,另加运费及员工共十六万四千美金。

**五月九日 星期二**

行政院第413次会,(一)重庆居留证、出入证办法;(二)湘桂南段借款(共为一万万五千万法郎);(三)许世英反对令官吏捐俸。

**五月十日 星期三**

接见胡子昂、仲实、叔潜、赵自新。

Bell 请晚餐,为 Georges Picot 饯行,闻天府矿有 Explosives。

至党政训练班讲演。

生产会议大会。

**五月十一日 星期四**

至党政训练班(浮图关)讲演。王雪艇谈太平洋国际协会事,函商傅孟真。

孔宴生产会议会员。孔词冗长杂乱,穆藕初词谀媚卑陋。吴蕴初代表致答。张岳军未到。

**五月十二日　星期五**

接见伍廷飏、赵曾钰、蔡灏、邓植仪。

晚六时半,日机炸江北城及弹子石,南洋兄弟烟厂被毁。日机被我击落二架,又一架受伤而去。

**五月十三日　星期六**

生产会议闭会,蒋致词。

与张岳军谈国防最高委员会设计委员会聘外国顾问办法。何应钦谈,拟派人与水利司长商黔到川川运(赤水河及綦江),又拟派陈渠珍(近与陈诚及薛岳不和)为湘西金矿局长。

蒋宅午餐。蒋手令,通令西南各省禁烟(孔、邹以为如何!)。

燕娟住翁之镛宅,明晨赴蓉。

敌占鼓浪屿。屿有各国领事,其地性质与上海公共租界相同。

**五月十四日　星期日**

自家至新桥,汽车行15分钟。自新桥至华严寺,轿行50分钟,约十里。寺颇大,有僧一百五十人,为丛林,腊八传戒。拟用此寺者有经济部、最高法院及四川省银行。秦景阳、潘宜之亦往。

又至北碚。

孔宴Klein,Eckert,Prince。闻昨日下午德人Zeffernick在国府附近测量,恐其为日本作间谍,为宪兵所拘。Klein言Schacht曾至Simla,受印度总督招待十日,自Simla往Calcutta行。

**五月十五日　星期一**

接见万和佛、Sloss、杭立武、蔡灏、孙绍宗、虞广绵、Bell、穆藕初、盛蘋臣。

路透电载，苏联对华提出要求数项。

英土协定，土耳其允与英共保地中海之和平，并认地中海为各国公有，不能为一国独占。

波兰政府发表声明谓，凡夺占但泽市者，波军必起而应战。

贺国光就重庆市长职。

**五月十六日　星期二**

邹秉文来谈，茶叶公司董、监人选曾得孔批准，乃经济部昨接行政院公文，院长谕又一律照旧。同一事而两不相同如此！

行政院第414次会，（一）渝市平抑物价，责成重庆市商会办；（二）西康农林研究所不设立；（三）孔子诞日定为教师节。

齐焌、关德懋面告：Schacht至仰光，接德政府令，速即返德，因此不能至中国。Klein等虚此行矣。

杭立武邀午餐，见Sir Archibald、Sloss等。

**五月十七日　星期三**

接【见】霍亚民、杨继曾，商化学工厂事。又接见邹秉文、陈立廷、杭立武、Michelson（现入中宣部）、孙越崎、朱伯涛、丁文浩等。

徐可亭电话：由财政、经济二部召集新的中茶公司股东会。询以院传院长谕董事人选是否照办，彼言，此系旧公司而言云（！）

函英大使，送*Summary on the Economic Development*。

派张兹闿明日陪Sloss参观工厂，英大使或亦同往。

**五月十八日　星期四**

张丽门、姚南枝陪Sloss，Pridean，Drum参观工厂。

余于上午十一时余吐泻大作，返寓。电燕娟，盼早归。

鼓浪屿日水兵登陆者142人。昨，英、法、美三国陆战队亦以

142 人登陆,日军大半退去。

**五月十九日　星期五**

养病在家。

**五月二十日　星期六**

养病在家。燕娟自成都乘飞机返沙坪坝寓,谈宪秋拟往 Kansas 留学。

盛蘋臣(升颐)五月廿日函,拟四川钢铁厂(中国兴业公司)经理由吴任之任,并以孔为董事长,余为副,徐堪、陈行、傅汝霖、胡仲实、盛蘋臣为常务董事,钱新之、贝淞生、叶琢堂、王缵绪、邓锡侯、潘文华、赵季言、吴任之、吴光镳为董事,孔令侃为主任监察,唐寿民、周佩箴、胡子昂为监察。

盛同日又函,拟中国毛织厂股份有限公司发起人为邹琳、叶琢堂、杜月笙、钱新之、唐寿民、孔令侃、刘鸿生、盛升颐及余。又拟股额如下:经济部、中信局各提倡股卅万元,交通、农民二银行,一任卅万元,一任十五万元,商股四十五万元(共计一百五十万元)。

国事如此,人事如此,可慨!

**五月二十一日　星期日**

仍住家休养。燕娟往北碚连升湾。素英自北碚至沙坪坝。

阅《世界政治》,Palme Dutt 著,张弼、邵宗汉、宾符译,材料甚丰,思想颇新,以为非由共产主义,不易得世界和平。

金仲华编《国际政治参考地图》,颇得要领。

高廷梓《中国经济建设》,颇重历史的观察。

普式庚逝世百周年纪念集。

Guenther Stein: *The Yen and the Sword*.

**五月二十二日 星期一**

刘[张]丽门来谈，拟任傅锡禹为专员，陈唯英为麻织厂厂长；又谈在滇设橡胶厂公司，资本一百廿万元，内大中华及工调处各四十万元，交通部及滇省府各廿万元。

都越周来谈北平房价叁千元正。

素英往北碚。

**五月二十三日 星期二**

行政院第415次会，秦代往。(一)设垦殖局，直隶于行政院；(二)孔祥榕为黄水会委员长；(三)张群忽反对各机关疏散。

接见 André Negre, Paul Dumant, Djin Dsang Li, Jabob[Jacob] Berglas(建议移犹太人十万来华，又拟设中外合办银公司)。

**五月二十四日 星期三**

访张岳军，谈建设要政设计委员会办法。

牛角沱十九号永园胡宅晚餐，到者徐可亭、陈潜庵、傅沐波、胡仲实、胡叔潜等，商中国兴业公司组织事。徐言，孔为董事长，常务董事至少七人，最好不设总经理，于董事长之下分设营业、技术等部。余言，以院长之尊直接负许多执行责任，种种麻烦势难尽免，实不值得(万一回南京，事又何人处理)，且许多事非都要常董决定，亦于业务有害无益，实以设立经理、协理为宜。徐不愿从，陈又附和之。以银行之钱入股，而私人偏据为已有如此！徐又议股款于本月底交齐，六月四日开创立会，提傅沐波、胡仲实、孔令侃为筹备员。陈潜庵言，非有孔令侃在内不可，因银行信用攸关也。呜呼，是何言乎！

**五月二十五日 星期四**

邹秉文来谈设农林署事。

下午四时，日机过宜昌西飞。六时十五分，重庆空袭警报。六时三刻，紧急警报。七时至七时十分，沙坪坝高射炮轰击，并见汉奸信报红光十余处。九时半解除。川盐银行（经济部）附近发十三弹，皆炸弹，无燃烧弹。工矿调整处房屋全毁，幸档卷已全移出。

**五月二十六日　星期五**

接见 René Cassin（Pof. Univ. de Paris，Délegmé à la Soc. dis Nations）。顾少川介绍，段茂澜陪来。此人颇主法在安南速增兵力并助中国，并言十月以后当见效果。又接【见】I. C. I 之 V. fr. J. Killery（副董事长，柯乐礼）及 F. K. Partridge（柏德立，居重庆）。柯言，愿以美价售镍，不专为贸利，并可以货物交换。彼颇愿得水银，并询以磷灰石。彼托代告孔。邹秉文同来。

经济部改订办公时间，自上午七时起至下午四时止。

**五月二十七日　星期六**

蒋宅午餐，面告经济部附近被炸情形，及 Borndrey 在金沙江被淹，已电滇查明。

云南钢铁厂及汽车厂，蒋准照办。

黄汲清来谈。

阅 Wheller，Sulton，Sun《西北油矿地质报告》，并函复顾少川。

访孔，尚卧病未起。

**五月二十八日　星期日**

偕妻至北碚，吴至信夫人及女同往。由碚至白庙子。

与王竹泉、曾世英、侯光炯、黄汲清、周杜臣等谈话，以 Wheller，Sulton，Sun 图说交周存所。

归途车坏，改乘红卍字卡车返。

**五月二十九日　星期一**

接见孔仰恭、万辟、盛蘋臣、寿勉成。

何淬廉邀晚餐,见 Drs Balfour,Grant(R. F.)及 Balfour 精 Malara 及 Rriltentrol。

函卞美年、Teilhard、黄汲清。

美、英、法三大使及三海军司令在沪会见。

**五月三十日　星期二**

接见伍廷飏、赵家钰、吴蕴初、刘鸿生、翁文漪。

行政院第 416 次会议,(一)本月份重庆被轰炸死人 4779 名,伤 4721 名;(二)航空委员会委员兼主任钱大钧免职,周至柔为主任,唐生智为委员;(三)准备撤销驻捷克使馆,派梁龙为驻罗马尼亚公使;(四)英大使馆文言,以后天津租界获有重大政治犯,当移交当地事实政府,情节较轻者驱逐出境;(五)王晓籁等参加美国博览会,补助国币十万元。见孔,谈 Killery 意见及商邹长农林署事。

张群宅晚餐,西南经建研究所第八次讨论会。

**五月三十一日　星期三**

接见 Edward Clark Carter(123, Boulevard de Montigny, Shanghai;129, East 52 Str. N. Y. City)、John Hersey、季泽晋。

著 *Reconstruction in War Time China* 函送董显光,托转寄 China Compaign Committee。

《新经济》聚餐,在留园。王正廷在美借款时,允美人事筹一百万美金,现由该美人索款。杨杰在法购军械,故昂价值,现有法人告发。

孔往南温泉休息。

昨夜,地质调查所北碚房屋倾坍。

苏联外相 Molotof 演说外交政策。

**六月一日　星期四**

接见刘鸿生、徐宗涑、朱希亮、孙洪芬、王橄、朱森。

王守竞谈:汽车厂拟每日出三吨半车五十辆,成本每辆约美金一千元,国币七百元。每辆用轮胎七个,约值二百美金。

王橄谈:巴县石油沟已钻深1202公尺,730至740公尺出煤气,每小时可得10800立方英尺。

朱森谈徐克勤、王曰伦、张兆瑾、李庆远成绩。

Molotof[①]在苏联国会演说,指斥不干涉政策,要求保障波罗的海各国。

**六月二日　星期五**

接见张锡羊(伯苓子),请助创办威远铁厂(日出十余吨)设备之外汇二万五千美金。又接见Preu,Kock。彼言,德代制中央钢铁厂机件原已付一千五百万马克,兹收回一千万马克,资委会可定工业各货。草拟《国防经建委会规程》;改拟《国防最高委会设计委会规程》,皆张群嘱拟。

英王及后自坎拿大赴美。

接见罗志如(兼任国防最高委员会统计室工作)。

**六月三日　星期六**

接见严立三(请任任承统为湖北农业改进所所长)、徐士珙(晋建厅主任秘书,第二战区经建会秘书长,请小工业贷款)、鲁潼平(请给经济资料)、吴涧东、谢蔼窗、邹秉文(陈光甫复电,请全力办贸委会事,不允兼任农林署长,对卢作孚事未提)。

陈皓民、鲍国宝商与瑞士合办水电厂公司办法。

---

① 后文亦作Molotoff、Molotov。

以留美经济地质审查报告送孙洪芬。

以国防经建会及设计委员会规程草案送张岳军。

孔仍居南温泉未回。

德政府热烈欢迎南斯拉夫摄政王 Paul。

**六月四日　星期日**

往北碚，谢蘅窗偕行。与黄汲清、侯光炯商地质所建筑事，并往看其平土，地方并不佳。

请丁龙骧、金公弢、李宇洁、朱子元、张宪秋晚餐。

1926【年】11 月至 1939【年】1 月，人口增加：苏联 15%，美 11%，意 9%，德 7%，英 5%，法 2.7%。美国定造军舰廿四艘，共值三万万五千万美金，内主力舰（各四万五千吨）二艘，航空母舰一艘（二万五千吨），巡洋舰四艘各六千吨，驱逐舰四艘各一千六百三十吨，潜水艇三艘各 1475 吨。主力舰配备十六英寸大炮。每小时 28 海里。须五十二月始完工。

**六月五日　星期一**

张炯尸已在巧家金沙江内寻获。

报载，汪精卫于五月终旬赴日本，六月二日返上海。

上海唐有壬夫人电蒋、孔谓：汪赠千元，非不当受，免伤先夫之意云。甚可怪。

许世英前一人住香港，上月来渝，兹又飞港，不知在港有何公务也！

日军拘留英军官 Sfear 在张家口，Cooper 往视，亦被扣。

王正廷为大使时，许 Rudolf Hecht 借款成功赠以巨款（亦曾得孔同意），由王之律师函告。现此人要求一百万美金！

**六月六日　星期二**

为李迪俊(出使古巴)手册题字。

访贝安澜,并见及斐文明。接见章笃臣、戴自牧、刘兴亚。

行政院第417次会议,(一)各部重检讨公路、铁路计划(星期六);(二)停止出品协会参加纽约博览会(胡大使反对);(三)给复性书[学]院基金十万元(马一浮主讲,又闻四川有名学者赵熙);(四)公务员飞机捐六月期满后停捐;(五)余报告,在部长任期内不兼任合办公司董事长或董、监【事】,行政院准备案。

行政院院长及各部长欢迎内政部长周钟岳(惺庵)晚餐。

孙哲生前次在法时,组织一会,赠[购]军火,用美人 Lipman 为干事。近时,杨耿光在巴黎强奸此会法女打字员,被告发,查出有大烟等物,又军械故赠[增]价值。Lipman 用英法函孔报告。

**六月七日　星期三**

罗家伦来谈,盼顾毓瑔不在中央大学校旁设皮革【厂】,余托欧阳仑转商。电王云五,商川嘉造纸公司事。接见胡光麃、范旭东。访克兰,谈 Schacht 事。晚六时警报,但无紧急警报。闻日机至万县而去,华机一架落地。

德与 Latvia、Esthonia 订不侵犯约。

法国参谋总长 Gamelin 往伦敦。

英王及后至美国。

英拟派司长 Sliang 往 Moskow。

胡适之至纽约哥伦比亚,受名誉学位。

**六月八日　星期四**

中国国币价跌至八便士 1/4 以下。

上海英人 Tinkler 因受日人枪伤而死,日人称日机在香港东受英舰炮击。

至农本局。孔宅开会,到者:孔、邹秉文、卓宣谋、庞松舟、盛蘋臣、卢作孚、寿景伟、徐可亭及余。孔询茶叶出口(及对苏联易货)茶叶公司能否负责,款项可由财政担任。寿答愿负责办理。孔言,此后全交茶叶公司主持,贸委会遂反脱离矣。邹后电话谓,真出意外!

中基会执行委员会议,任叔永、孙洪芬及余。

接见沈宗瀚、彭荣宾(谈易门铁矿)。

设西昌办事处,派技监胡博渊兼主任。

国府令,汪精卫通敌祸国,严缉法办。报载,汪五月三十日由沪飞日,六月二日到东京。周佛海已于五月廿六日先往。

国府令褒【扬】徐世昌。

**六月九日　星期五**

至工调处在南开图书馆之办公处。

令所属机关,不得抬价争用职员。

下午六时三十五分,日机袭渝,八时二十分解除。城内交通银行等被炸,又闻黄葛垭及北碚皆落弹。日机被击落三架。

津英租界内杀程锡庆嫌疑犯四人,中国要求勿交事实上地方政府,日人则强硬要求即交。

**六月十日　星期六**

上午,行政院会议铁路问题,张岳军主席,到者:张公权、徐可亭及军政、军令、后勤各部司长及处长。商洽滇缅铁路仍应建筑,其正轨办法(公尺轨,重三十公斤)及轻便路(公尺轨,十二公斤),均由交通路[部]拟具款、时及运力说明,提出下次会议。

蒋宅午餐。对外汇事,蒋主不必维持定率,徒利日人。张公权以为,应加维持,以免动摇物价,影响人心。论及日本政局,蒋言,日内阁初决不加德义同盟，继又变更，正在要求条件，尤重对付苏联。王芃生说明日本商洽详细情形。

晚请王雪艇、任叔永、孙洪芬、陈之迈等晚餐，并谈中研院评议会事。

接见Carman(Marsman C.)、胡光麃、范旭东。

廿八年五月调查：

1. 机器制造厂。廿五年十月开始筹备，廿七年春由湘迁滇，机器已到者95%，已装齐者55%，本年内可装齐80%(透平本年不能完工)，本年内预算出品如下：

| A 抗战器械 | B 普通器械 |
|---|---|
| 迫弹全套40000套 | 汽车零件40吨 |
| 迫弹引信10000套 | 茶叶机30部 |
| 榴弹引信180000套 | 车床、铣刀、磨钻等件 |
| 飞弹零件30对 | 其他零件 |

初期预计资本6000000元，已领5653231元，已支4500000元。支出中成分：建筑10%(厂6%，其他4%)，机器设备60%，薪金7%，办公费4%，其他8%，制造成本11%。

2. 电线厂。廿五年秋筹组，廿七年春由湘迁滇。本年五月底，拉线及绝缘间装齐，八月底辗压间完成，五月出硬铜线，八月出软铜线，十月出橡皮线、六公厘铜杆、镀锌铁线。本年出品统计：各式裸铜线约704吨，值1267200元；绝缘线六种2365260码，值140000元；花线三种278500码，值6000元；军用被覆线435000码，值6000元；镀锌铁线120吨，值84000元。共1503200元。

预计资金2000000，已领1750000元，已支建筑35%，机器63%，薪金2%。

3. 昆明电力厂。廿七年三月筹办,本年二月完成500马力柴油发电机,五月完成第一组汽轮发电机,七月完成第二组汽轮发电机,年底装预备锅炉。本年发电度数如下:

7月份239000度,8月份345000度,9月份401000度,10月份420000度,11月份475000度,12月份480000度,共2360000度。

成本:电每度约计0.04元。

资金预计1750000元,已领1256814元,已支建筑22%,机器设备63%,薪金2.1%,办公费1%,其他……

4. 昆明炼铜厂。廿六年九月在湘筹备,廿七年五月迁滇。五月第一号熔炉开始烤烘,熔铜,六月电解槽装齐出铜,第二号熔炉不日建筑。预计电铜出产:7月12日至19日每天1吨;7月20日至27日每天2吨;7月28日至8月5日每天3吨;8月6日起每天4吨。本年共出铜约643吨,每吨成本1700元。

资金900000元,已领818852元,已支建筑21.5%,设备71.5%,薪金2.5%,其他4%。

**六月十一日　星期日**

张丽门、黄汲清、李承三(拟辞中大教职入地质所)、卢祖荫、李学清、徐渊摩来访。钱乙藜亦来谈。

六时四十分,日机来袭。七时一刻左右,沙坪坝炮声甚烈,日机廿七架。八时三刻解除。相国寺、上清寺、曾家岩、菜园坝等皆受炸,损失不甚烈。

成都华西坝亦受炸。传闻敌机在渝落二架,蓉落三架。

Hans Klein言,宜使宋子文、张岳军等有友谊,组成在蒋左右之重要人物,彼正宜草拟工作方法。

**六月十二日 星期一**

潘宜之等来访。

资委会准李木园返交通部任司长，派蒋易均为购料室代理主任。

**六月十三日 星期二**

接【见】褚毅生、吴京、徐镇北、任国常。

行政院第418次会议，讨论缅滇铁路问题。经济部提请抚恤Bourdrey一万元，张炯、胡运湘各五千元。

以《国营事业与民营业事业之关系》稿交吴景超。

校改《二年来之经济》稿，送宣传部及政治部。

**六月十四日 星期三**

邹秉文谈，孔已准派卢作孚为贸委会副主任委员。

盛蘋臣谈，孔怪宋子文、贝淞生在港决定停止出售外汇，七日实行，八日始发电，孔九日始阅悉，派彼赴港（明日行）密查；又建议应为经济事业设立银公司。

日人自今日起实行封锁天津英租界。

至党政训练班，讲《国民经济建设运动》二小时。

接见Carl Crow。

**六月十五日 星期四**

至党政训练班，讲一小时。朱骝先谈生活书店事。

接见刘广沛（谈中国工业合作协会共产嫌疑事）、胡竞良（谈制轧花机事）、沈宗瀚（拟偕寿标同往苏联）、李赓阳（地质学会征书事）。

**六月十六日 星期五**

接见童蒙今（果顺，谈外汇事）、叶楚伧（谈生活书店）。

阅昆明检验 F. J. M. Bourdrey 尸体报告。

草《中国抵抗日本经济侵略的任务》稿成。

**六月十七日　星期六**

蒋宅午餐,有李汉魂。蒋言,如美国有相当表示,日军封锁天津英租界事可和平了结。张忠绂言,此事宜盼英、法、美联合一致,而日本对立,形势虽恶,于我有利。蒋嘱王亮畴电胡适之,与美政府接洽。

**六月十八日　星期日**

邀 H. Klein、齐焌游北温泉,在彼午餐。Klein 言:(一)Thomas 电劝彼八月返瑞士,迟恐途中难行(恐九月战事发生),并劝中国现宜多备军火;(二)日本军人之激烈派盼日加入德义同盟,而东京政府未允,故日军压迫英法,期成险恶形势,庶日政府不得已而先加入;(三)宋子文、张岳军、叶琢堂等(Anti-Confucias)宜互相联合,造成大力,助蒋建国。Montagu Norman 不喜孔!

妻返沙坪坝。

孙越崎宿余家。

**六月十九日　星期一**

农矿工商管理问题研究委员会开会讨论:(一)各省物资管理处;(二)中央管理事业。

与刘治万、庄智焕(仲可)、黄修青、任国常、杜再山、杨公兆等谈话。

**六月二十日　星期二**

行政院第 419 次会改于上午八时举行,内长周钟岳首次到会,通过《公库法施行细则》,自十月一日起实行。

与杜再山、杨公兆谈话。与杜谈滇钢铁厂事。

卢作孚来商贸易委员会事，拟由中茶公司任生产及收购，不必增资，以一部分出口贸易归中信局，贸易会总管其事及担任易货，必要时请光甫来电。

电刘驭万：太平洋国际学会，孔允助美金一万五千。

函郭子勋，商钨贸易。

**六月二十一日　星期三**

准宣传部、政治部及党部秘书处函，为生活书店事。部函渝市政府：查明办理见复。派赵冠送交吴泽湘收。

接见 Marcel Renard，Banque Belge Pour l'Etranger，讲中外合办铜矿事。彼言，可有比国工程师先来视察。

告陈中熙，William Hunt 代表 Taylor，拟来谈龙溪河水电厂事。

日军在汕头登陆，占领其地。

**六月二十二日　星期四**

会见叶楚伧、朱骝先、陈立夫等，商生活书店事。

偕林继庸、欧阳峻峰、张党人往弹子石（在江南岸，下游）视察永川电器厂。造灯泡，能出每日千个，以后每日能出四千个，预计价每百个四十元。用煤气烧制，自造玻璃，打气能至百分之九十四五。又至建华机器船厂。又至电力公司新发电厂，石体元、胡仲实、程本臧等招待。又至华业火柴厂，设备可制火柴，每日二十箱，每箱七千二百盒。现缺女工，每日只出三箱。

接见戴自牧、李祖芬、谢家声（谈农业促进委员会所引起之困难）、胡光麃、陈邦彦。

**六月二十三日　星期五**

【至】国民参政会驻会委员会，报告经济部工作，提及保兵险事。

招集童传中、张峻、杨公兆、陈中熙、徐名材,商钨锑专款预算。

与党刚商谈与华联关系。

**六月二十四日 星期六**

接见张剑鸣、庞赞臣(谈龙章造纸厂事)、熊子麟、孙洪芬(向四行借款合同已成)。

在 A. J. Bell 宅午餐,谈中福矿在焦作事。

**六月二十五日 星期日**

著 *The Economic Significance of the "New Older in East Asia"*。

请黄汲清、李春昱、计荣森、金耀华晚餐。

**六月二十六日 星期一**

英法海军将领在新加坡会议完毕。暹罗政府金货十万万镑运送伦敦,暹罗海港均可供英法利用。

克兰谈委员长左右宜有重要枢密人员,又谈欧洲现势。余告以盼德国勿与南京、北平伪政府联络。

接见戴自牧、李祖芬(商合办龙溪河电厂)、阎增才、Dr. G. Probest(上海南京路 233,Hongkong,Pedder Building)、G. C. Schoepplein(Chungking)及杨英。

蒋令:干部训练团拟用华严寺,仰即日移让。呈复:请令另觅他址。并函张岳军、贺贵岩,请转为说明。

**六月二十七日 星期二**

至党政训练班,讲华侨投资问题。访尹任先,商业司长事。彼因新任财政部考核委会主任秘书,故不便改就。函蒋:国联穆和请见。

函复贝安澜,告钨砂存量。训令林颂河、郭子勋善办钨锑贸易。

**六月二十八日　星期三**

与徐可亭商谈中茶公司改组办法，卢作孚、彭浩徐亦来参加。

与吴哲生、林继庸商谈云南橡胶厂公司章程。

接见杨英、Probest、Schoepplein。

请戴自牧、李祖芬晚餐，谈借款办法大纲及合办龙溪河水电厂。

电速西运赣钨。

**六月二十九日　星期四**

日军封锁温州、福州。

在财政部，与徐可亭、卢作孚、邹秉文、彭学沛、寿景伟商贸委会与中茶公司合作办法。下午又招邹秉文谈话。

接见朱玉仑、朱庭祜、朱森、刘祖彝(刘谈湘西金矿甚好)。

报载：汪精卫往天津。

**六月三十日　星期五**

张丽门已返渝，陪 Maux 见蒋。

**七月一日　星期六**

合作事业管理局局长寿勉成请午餐，余及邵力子致词。

孔在范庄茶会，欢迎美国大使，晋乐及戏法。

孔请苏联代办等晚餐，蒋参加并致词，欢迎合作及庆商约成功。

**七月二日　星期日**

偕 Dr. & Mrs. Richardson、沈宗瀚、张乃奢至北碚，陈恩凤、李连捷、侯光炯等陪参观土肥试【验】场，并谈合作办法。归途遇 A. J. Bell 及孙越崎。

**七月三日　星期一**

秦景阳昨日下午飞港。

财政部公布《非常时期禁止进口物品办法》，又公布《出口货物结汇领取汇价差额办法》(桐油、茶叶、猪鬃、矿产四项,由政府机关以优惠价格统筹收购运销,此外货物无论机关或商号,须依法价,将所借外汇售予中、交银行,由银行付予法币,按市价结清。外汇与法价之差额,得向结汇银行领取法币)。

郑振文为滇地质矿产调查所索补助,每年万元。

至三民主义青年【团】讲演。

**七月四日　星期二**

访叶楚伧,劝对生活书店事不【必】太甚,适可而止。

行政院第 421 次会议,通过交通部分设公路管理局及运输分工办法,但未通过财政部主持之各省经济委员会组织草案。

接见贝安澜(商钨砂)、普莱(言即将往港,电话厂价可归入换货)、戴自牧(即往港)、李祖芬、谭寿田(愿任易门铁矿)、汤元吉(嘱往滇)、齐焌。

昨英王演说:We are resolved to leave nothing undone to maintain our country's security.

Neville Chamberlain 广播讲演。

**七月五日　星期三**

张岳军请 Klein 午餐,有何敬之、张嘉森、公权、Eckert、Prince 诸人。Eckert 言不拟返德,拟在昆明久住(何意乎?)。

访徐可亭,谈中茶公司、大华公司、保工厂兵险、中国工业合作协会。

阅《希脱拉征服欧洲【的】计划》完(原著 *Hitler over Europe by Ernst Henri*,孟用潜译,民国二十四年初版,二十五年三版)。

夜半,日机来袭戴家巷、嘉庐等处,至下半夜三时始解除。

**七月六日　星期四**

与卓宣谋、寿景伟、钱天鹤、王玮、杨埙商明日中茶公司股东会日程。

邹秉文、盛蘋臣先后来谈。托盛蘋臣向孔代辞中茶公司董事长。

托 Marc Chadourne 洽商化学工厂事。

夜半,日机来袭,川盐银行旁中行新楼被击,碎片波及经济部靠窗各室,水管破,水溢。

**七月七日　星期五**

中茶公司股东会,余主席,通过新章。经济部派卓宣谋、钱天鹤、蔡承新……为董事,王玮、杨埙为监察人。孔面告,愿自为董事长,与徐可亭商。

接见贝安澜、齐焌。

罗家伦来谈,托电文波允任教授;又商黄汲青[清],合聘李承三;又评 Kung。

**七月八日　星期六**

出席战地党政委员会议,蒋主席。李济琛说明统一战地党政军机关职权办法,甘乃光颇多纠正。蒋宅午餐。

接见 Haus H. P. Melchers(Manger Transocean 34 Ave. Edward Shanghai)、William Lange(South China representative, Transocean, Room 56 St. Georges Bulding, Hongkong)、季泽晋、Jacqucs Anthoine(住大溪别墅邓以诚宅)、萧文熙、Hans Klein、关德懋、骆清华、寿景伟、杨德先。

Melchers 言,德可得苏联谅解,不至开战。Anthoine 言,滇化工厂,法可借。余电询潘履洁实在情形。Klein 今晚应蒋邀晚餐,拟建议重用侍从顾问,藉以改进行政工作。

**七月九日　星期日**

阅 Kenneth Edwards 著 *Uneasy Oceans* 书之 *World War* 章中言：远东战事英决不能敌日，即新加坡虽有要塞，亦因缺乏军舰，极受压迫，但美国不至坐视，虽日必不取斐列宾，并力取美欢。

往北碚参观民众教育馆，关于煤层展览之方法甚佳，又有盐井模型，亦可取。

邹秉文、胡仲实来，皆未遇。

**七月十日　星期一**

中国兴业公司创立会在永园开会，举孔为董事长。凡总经理、协理、各部经理、总工程师、总会计，皆由董事长提出，极非事业化之大观。又闻傅沐波、陈潜庵皆有任总经理之望。徐可亭、盛蘋臣主张颇多。四川王主席要求加入省股一百万元，故总股改为一千二百万元。

**七月十一日　星期二**

行政院第422次会议。

**七月十二日　星期三**

接见闽[闵]天培、陈国梁（川建厅长）、吴蕴初（商化学工厂）。

《新经济》晚餐，在蒋廷黻宅。

重庆防空演习。日机炸奉节。

徐可亭、卢作孚来劝任中茶公司董事长。

**七月十三日　星期四**

盛蘋臣、骆清华拟出任中信局，王华为中茶公司协理（！）。

钱乙藜来宅谈话。

**七月十四日　星期五**

中茶公司改组后董事会第一次会议，在财政部参事厅举行。

徐次长可亭先说明:孔院长坚推余为董事长。举寿景伟为总经理,唐叔璠、朱羲农为协理,王华为总稽核,吴觉农为总技师,并通过贸委会、中茶公司会订办理茶叶办法大纲。

至国际宣传处广播室,用法语讲 La lutte contre l'aggressivr。王慎名、陈耀东招待。

克兰邀晚宴。

西南经建所评议员会议。

**七月十五日 星期六**

农矿工商管理问题研委会会议,商定应行管理各物品,分拟具体实行办法。

蒋宅午餐。余告出口货物因易货等用,使收入之现金为数减少。

接见严冶之、吴蕴初、张平群、孙越崎。

日本盛行反英运动。

**七月十六日 星期日**

文涛来言,因工程事忙,拟不往美。

在家阅陕北、四川、玉门油矿报告;又改金耀华著《各国纪要》。

往华严寺视察新建筑。

**七月十七日① 星期一**

**七月十八日 星期二**

行政院第 423 次会议,(一)孔言,外汇平衡基金会以英人 Rogers 为主席,基金已完,复用中、交五千万镑为续,已决不再维持外汇,恐国币价将更跌。(二)通过经济部提工业奖助标准;(三)财政部提派员稽查各机关账目,张群、陈立夫反对,未通过。

---

① 本日无记。

张岳军宅午餐。与岳军、淬廉商国防经建会规程。

**七月十九日　星期三**

永园举行中国兴业公司董监联席会议，董事长孔就职。张伯苓致词，言：华西基础甚好，成小事易，成大事难，董事人数甚多，不懂事者应少管事。孔举傅汝霖（沐波）为总经理，胡子昂为协理，胡光麃为总工程师，李达为总会计。

偕 A. J. Bell 访孔，谈英借款以钨为担保。孔望一千万元。

闻国币价已自六便士余跌至四便士余。

见梁方仲，拟在陕甘考察土地。

**七月二十日　星期四**

国防最高委员会会议，孔代主席。徐可亭报告，外汇动摇，但谓国币价值不专在此，外汇虽停，并无关系。（强词夺理！）余报告陕川甘油矿情形及酒精厂及植物油提炼轻油之结果。冯玉祥、白崇禧皆到会。

**七月二十一日　星期五**

接见寿墨卿（国货联营公司）、何兆青（四川省银行经理，谈大华实业公司中央入股事）、余纪忠（胡宗南之秘书）、俞大维（谈云南钢铁厂事）。

孔召集市长贺国光、社会局戴经尘、美丰行长康心如等，长论外汇无关国币，纸币在战前十五万万元，现约三十万万元，各业勿贪特利，勿动人心，维持公平价格。

徐可亭宅内，张公权、庞松舟、戴铭礼等谈商财政。张主公布中、中、交、农各行财产（不动产、生产事业投资），扩充发行准备，保管委员会每日公开查明。徐主扩大金融网，多收储蓄，政府保障存款，并言中国银行至少存有外汇二千万镑。

七月二十二日　星期六

接见王尚志、陈良知(侨民)、胡光麃。

工矿调整处奉蒋令,据顾祝同、黄绍竑、熊式辉、陈仪电请,分设办事处,拟约财部派员会商。

工矿调整处移至牛角沱新租房屋。

七月二十三日　星期日

在家著《中国液体燃料之生产》与《政府机关的设置与其工作效率》二文。

贝安澜来谈。

苏联 O. Tanin、E. Yohan 所著 *When Japan Goes to War* 一书,中文有二译本。一为生活书店出版之《当日本作战的时候》,刘尊棋译,白话文,颇明晰。二为商务印书馆出版之《日本作战力》,张肖梅译,文言。二书皆于民国二十六年出版,生活书店本有再版本。

七月二十四日　星期一

接见张星联(介绍见张君劢)、杭立武、Marlin(United Press)。

Woodroffe 电 Bell,本星期末将对 House of Commons,Committee of Foreign Affairs,询蒋、孔及余有无意见。余以此询孔。

七时一刻,日机来袭,八时三刻解除。炸两路口及江北,闻死三人,伤廿余人。

蒋在纪念【周】演讲:友邦为正义不至变更方针,中国以革命精神继续抗战,不因困难而中止。

七月二十五日　星期二

行政院第 424 次会议。孔[王]亮畴报告:英政府已对日允认,不妨害日本在中国之利益及不协助日本之敌人。张岳军言:法必赞成,可见中国实不能专跟着民主国走。孔言:最近一月支出二万万元,收入一千万元。银行不听财政部指挥,财政极可忧虑。

接见贝安澜,嘱电复吴乐夫,请英国会外委会速助中国。又见张兹闿,自云南返。又见张星联,来商自贡电厂事。

起草《欢迎华侨投资国内生产事业》。

英国已在东京承认中国有大规模战事,对日军不作有妨碍之行动。

**七月二十六日 星期三**

经济部召集戴铭礼、李嘉隆(副处长代表)、李竹书、刘治万,会商增加收金产金办法。

接见钱佐麟(交通部会计司帮办)、林文英(送阅叙昆路地质图)。

美政府照会日政府:撤消 1911 年之美日通商及航海条约,六个月后(明年一月廿六日)即实行停止效力。

**七月二十七日 星期四**

接见松潘番民卅万请缨杀敌代表团曲登堡等三人。李海澜、冯云仙偕来献旗,题曰"裕国经边"。又接见 A. J. MacDonald, Leighton Stuart, Anve(United Press)(谈美国政府停止 1911 年订美日商约,极见抵抗侵略,主持正义伟略)。

贝安澜送 Woodroffe 来电:□□□。

**七月二十八日 星期五**

孔宅晚餐。徐可亭拟《健全金融办法纲要》。孔、何、张皆攻击宋子文。可叹。

妻自北碚至沙坪坝。

**七月二十九日 星期六**

接见虞仲言、MacDonald。

蒋宅午餐,报告 Woodroffe 代商借款事。

**七月三十日　星期日**

读 Adolf Hitler, *Speech Delivered in the Reichstag*, *April 28th 1939*,约六十页。此文颇有精到之处,说明德国受 Versailles 条约之束缚,精诚自强,国际会议空言无效,其中亦诚有相当见解,但政局一人专断耳。

【接见】朱骝先、丁龙骧、黄汲清。

**七月三十一日①　星期一**

**八月一日　星期二**

行政院第 425 次会议。(一)孔提充实准备稳固外汇办法及健全中央金融机构办法。张言,蒋已交人研究,行政院不宜议决必行。(二)孔提战区各省经委会及财政部派员查账办法,皆未通过。(三)《中苏哈阿航空公司章程》修正通过。

**八月二日　星期三**

在 Bell 家与 Rogers 谈话。R. 极不满意孔,谓孔不去位,无法得英国实在援助中国财政;又颇致慨于蒋不信宋,谓去年蒋曾由宋译告彼,不愿去孔。蒋夫人又曾面告,蒋、孔二人决不宜分。又,蒋曾以枪毙胁宋。宋如离中行,必有许多其他行员灰心离去,西洋亦将全灰心。孔所传中行大卖外汇,全系怨诬,中行并未有此行为。

**八月三日　星期四**

请苏联代办 Severy,商务代表 Glouschenko, Petroff,其他外交官 Tanabalin, Romanoff 等,在牛角沱工商[矿]调整处晚宴。

与苏联代表 Glouschenko 签订 Nov. 1939, Oct. 1940 易货合同,矿产部分共应值八百万美金。

---

① 本日无记。

夜十一时，日机十八架分二批来袭，浮图关受炸。

妻及女自沙坪坝往北碚，接素英、维玲来沙坪坝。

白健生至资委会访谈。

**八月四日　星期五**

素英携维玲乘机飞往昆明。

至中央训练团军事政治研究班（南开学校）讲《增进战时生产》。

夜半，日机来袭，架数不甚多，在牛角沱投弹，工矿调整处新址被炸。

本日下午，请参政员莫柳忱、姚仲良、黄任之、冷御秋、林隐青等茶点，谈川康经济事。

西南经建研究所开会。

张群言，四行联合库[处]理事长由蒋自任，不由孔任，此实对人事计也！

接见 L. K. TAYLOR（William Hunt & Co.）（卫利韩公司），谈龙溪河电厂及川油。

**八月五日　星期六**

为中大拟聘王竹泉事函致黄汲清，不赞成。

函周寄梅，商聘 C. R. Ronnett 返华，管中基会财务。

俄 Glouschenko 请晚餐。

日机未来。

蒋宅午餐。蒋言，应大批收购沿海粮食。彼不知外汇之难也！

**1937 年各国空军比较表**

| 国　家 | 轰炸机架数 | 机　名 | 飞机师数 | 战斗员数 | 1937 年新添 |
|---|---|---|---|---|---|
| 英 | 4000 架 | | 4500 人 | 52000 人 | |

续表

| 国　家 | 轰炸机架数 | 机　名 | 飞机师数 | 战斗员数 | 1937 年新添 |
| --- | --- | --- | --- | --- | --- |
| 法 | 3600 | | 4000 | 50000 | |
| 苏 | 3400 | | 15000 | 150000 | |
| 意 | 3200 | | 3600 | 43000 | 2000 架 |
| 德 | 3000 | | 2200 | 22800 | |
| 美 | 2200 | | 2600 | 28600 | 676 架 |
| 日本 | 2000 | | 2300 | 22000 | |

**八月六日　星期日**

张岳军、张禹九、张肖梅来宅，谈后余及燕、珙至华严寺。午饭后至老鹰岩山洞旁，与张等闲谈。

**八月七日　星期一**

国府纪念周，蒋勉官吏切实工作。在部召集参、秘、司等，切言迅速处理公务，勿推委，勿拖延。

接见参政员张表方（澜）、张剑鸣、马亮等。张表示[方]力言合作社宜改良，加办生产合作及运输合作。

孔函，允钨锑锡加价自即日实行。电速运矿产品至安南。

**八月八日　星期二**

行政院第 426 次会议，（一）《财政部组织法》；（二）默认中法租界设特别法庭审理政治犯；（三）设国立西北大学。

接见朱庭祜（嘱勿为自贡电厂更加为难）、Taylor、夏世安、居辉华、范旭东、何淬廉。闻徐可亭往港。

**八月九日　星期三**

接见章乃器、张赉卿（为函王云五，应早定英国设备并养成办事成规，对外定货由经理具函）。

呈经济部:中国兴业公司发起人酬金应归部收用。

Bell邀晚餐。焦作英人极受日人压迫,余已呈蒋。

与杭立武谈Rogers意见,及中国工业合作协会与C.P.关系之歉也。

**八月十日 星期四**

核定部中文件,交合作事业管理局审议办法。

闻中(十万万元以上)、中(七万万元以上)、交(五万万元以上)、农(三万万元以上)纸币发行共二十六万万元。

接见L.K.TAYLOR,交阅水电二函稿。

**八月十一日 星期五**

接见沈宗瀚(商洽川牛瘟)、冯泽芳、Jean Audinet欧德南(谈法允出口信用担保六万万法郎,每三个月中国还货值美金一百万元)、William Herrmann(Carlowitz昆明经理)、Adolf Wiener(同上,重庆经理)、丁佛尘(华总经理)、Edgar Snow、朱羲农、彭石年。宣传部叶楚伧、潘公展请聆歌及观电影,并劝征印《总理遗教》及《总裁言论》。余认四十部。

**八月十二日 星期六**

孔为余五十寿日午宴。与何淬廉约请范旭东等晚餐,商《川康建设方案》起草办法,定以一月为期,于九月十三日前交卷。

函William Hunt & Co.(交L.K.TAYLOR转交),商加股或借款办龙溪河水电厂,以三个月为期,请予确复。

孔谈,孙中山在北京卧病时,托彼照顾宋庆龄,嘱何香凝与同志等同心合力,勿反对基督教。又详言,汪草拟遗嘱读与孙听,临死时由孙妻宋氏代签。又言,孙曾言胡展堂too sharp,汪精卫无担当,廖仲凯挡不住,皆不能为彼之继任人。

蒋告士绅教育界书:(一)厉行国民公约;(二)整理地方财政。

今日下午大雨。

民国廿七年十一月三日近卫广播,十二月二十二日声明。

汪艳电:“善邻”,“共同防共”,“经济合作”。

周佛海本年七月二十日《回忆与前瞻》,在南京未陷落前,彼等已主和,以汪为中心。低调俱乐部,彼之同人为陶希圣、梅思平、高宗武等。

**八月十三日　星期日**

今日又暴雨。接见鲁潼平,允以部存统计表图使 Gloreschenko 携往苏联农展会,并谈及玉门油矿事。

阅 Jean Escarra:*L'honorable Paix Japonaise*(《日本之所谓御和平》)。

接见许传经(愿入水利机关)。

**八月十四日　星期一**

张岳军、公权、肖梅、何淬廉、方显廷等请午餐,蒋廷黻请晚餐,皆为余寿日。今日为阴历六月廿九日,余在光绪己丑年(一八八九年)之生日也。

接见 J. Audinet、J. M. Bertram (Manchester Guardian)、Colin Ross、周柱臣。

访 Ludwik Rajchman 于两路口予园。彼谈中国应有一 Programme economique,决定一外汇率,假定欧战或起或不起,各有一定方针,极力增加滇缅运输便利。汪之和日反共,可利用之以威胁英国,应要求共保华领土完整。

四川军人拟逼主席王缵绪退位,昨日贺国光赴蓉,闻为调解此事。

**八月十五日　星期二**

行政院第 427 次会议，中苏商约，中苏航空公司，法租界特别法院。孔与港督开始通话。此为渝港电话之始。

张群女公子在美结婚，往张宅致贺。

与孔谈云南事，并又往滇新化学工厂。缪钟秀来谈，请建议对法还债改三年为二年，极同意之。

函郭复初，告孔肯托与吴业夫（Woodroffe）商借款事。

**八月十六日　星期三**

至浮图关童子军教师训练班讲演。

接见赵士从（广西贸易处协理）、沈昌。

闻意国提和平解决 Danzig 问题方法。

以借款 Memorandum 函商之 Bell。

我军先后克复明港、长台，闻及沁源。

敌军占深圳，在宝安县境上陆，取包围香港形势。

**八月十七日　星期四**

接见沈立孙，谈法国愿合作办滇省矿产。

接见 Armand GANDON（法大使代表）、Andre NEGRE（随员）。又见刘竹君、Alfred FRANÇOIS（ing. der Ports et Chaussées）、Jan Morrison、张恩锽（奏农）、祖兴让（竞生）、刘广沛（谈彼在中国工业合作协会无实权，各组主任皆为 Allay 所用，其人行动极特殊，诚为 Front Populaire 之景象。正拟整理，请余荐管钱之人。余谢之，但嘱其认真整理，勿畏难）、郑葆成（请令邱玉池设 puddle furnaces）。

**八月十八日　星期五**

至南温泉三民主义青年团夏令会讲话，途中见货运汽车颇多，约有百数。

孔宅午餐,谈吴忠信往西藏事。

接见 Taylor、Audinet(法借款可分二部份还,军械三年,工厂五年)、François 等(应记昨日日记)。

法国轰炸机□攻英国各地,英机抗御,演习竟日。

**八月十九日　星期六**

空袭警报,上午十时廿分,至下午二时半解除。日机袭嘉定,炸击极烈,死二千余人。闻日机来者甚多,华机亦起飞六十余架。

接见 J. B. Taylor、Adolfo Alessandrini、江汉罗、卢作孚。

请 Bell、张丽门晚餐。

**八月二十日　星期日**

偕燕、婵往北碚,偕幼往北温泉,当日返。

报载,英决不在东京会议讨论法币及存银,会议有停顿之势。

**八月二十一日　星期一**

虚报空袭,日机实未来。【日机】袭沅陵、辰溪。

西南麻织厂公司创立会。经济部投资六万元,何北衡为董事长,何不在时,卢作孚代,常董张兹闿、卢作孚、浦心雅及川省府指派一人。

访 Rajchman,谈滇案□后事。

收《地质论评》第五卷第一期(重庆新印第一期)。

**八月二十二日　星期二**

行政院第428次会,经济部西昌办事处经费通过,归入部之预算内。续开交通会议,俞樵峰言,行政院水陆运输联合委员会不应有执行之权,交通职权应统一,有军事急需时,应征调民用车。又聆章笃臣报告。

孔电:会商光华大学请补助事。

与颜福庆、徐□□等商谈国联技术合作事。

晋城又为华军收复。

海通社消息,德国已与苏联商定《互不侵犯条约》。

桐书友王竹亭夫妇及子女来住我家。

**八月二十三日　星期三**

接见 Audinet、H. J. Prideaera Brune(与商请港政府协助钨砂缉私事)、沈洁如、陆养浩、宋子良、龚学燧[遂]、Rajchman、Theodore H. White、James L. Stewart、François、柳敏、郭楠。

下午五时半警报,七时十分日机来,八时半解除。

Rajchman 提议组织 China Institute for Study of lnter Relations,以宋子文为会长,余及 R 为副会长。

《德苏互不侵犯条约》由 MOLOTOF 及 Ribbintorp[Ribbentrop]在莫斯科签字,即生效。

但泽参议会举 Forster 为但泽市元首。

**八月二十四日　星期四**

与王野白、许粹士商接办湖南煤矿途径。与魏岩[喦]寿、张季熙、陆宝愈商酒精厂办法。

在欢迎尼赫鲁园会中遇见 Rajchman。

孔对陆崇仁、缪嘉铭训示(!):省主席等皆为中央【任】命,更与中央一体,不讲条件,应服从全国通行之办法,购军械及富滇银行中央皆可负责,外汇亦归财政,执行应归中、交,锡亦归中央支配。声色颇烈。陆言,二人不能作主,须请龙示。滇人行后,孔言:参政员拟弹劾彼为中国兴业公司发起分红利。又商应付法人 Audinet 方法,约明日再谈。

**八月二十五日　星期五**

接见缪云台、陆子安。

孔命陈炳章代签法国六万万法郎信用贷款原则上认可之函件。

偕孙越崎访贝安澜,催速商借款及钨砂贸易。

蒋宅谈话。蒋言:中国不宜攻击(言论)任何外国。

美国Roosevelf电意王、波总统、德国Hilter,力倡和平。比王亦倡和平,教王亦然。

英国国会通过国防紧急法,绝对多数信任Chamberlain政府,授以全权。Chamberlain说明对波兰保障仍有效,有必要时只得以武力抵抗。

**八月二十六日　星期六**

接见赵可任、贝淞荪、蔡咸章。

行政院招待Nehru,孔欢迎词对英语多失体。Nehru态度甚佳,言□□□。

王亮畴言,欧洲必战,不能免,德或劝苏日订约……余与钱乙藜谈后,由吴兆洪拟稿电郭子勋:运钨锑至马尼剌;颜任光加速运器材至海防。

燕娟乘船往北碚。

**八月二十七日　星期日**

访蒋廷黻。彼言:欧战如起,英法攻意,德攻波兰。因德法间各有坚固防线,一时不易下也。又言,苏联斯大林早有联德之意。

潘钟祥送绵竹煤矿图说来。

**八月二十八日　星期一**

薛桂轮来访,将任中国兴业公司矿业部经理。此公司孔力行自任董事长，又使创立会议决彼为发起人，章程中又规定红利中之部份应给发起人，实可笑。余已呈部，将此种收入悉数归部公用矣。孔至今日犹如此行为，可悲。

【日机】日夜三次来袭，小龙坎无线电材料库被毁，豫丰纱厂、大公职校均受弹，但未受损失。

**八月二十九日　星期二**

行政院第 429 次会。新到苏联大使 Panaouchkine① 要求速见林主席，因其颂词中有重要方针之表示也。又接开交通会议。张公权要求：(一)西南运输处实组公司，彼自任董事长，宋子良任总经理，归交通部管理。何应钦、宋子良皆不赞【成】，孔亦不许。(二)行政院水陆运输联合委员会改为设计机关，隶于交通部，孔亦不许，仍隶行政院，但拟改以张公权为主任委员。

与 Rajchman、吴稚辉、李石曾、钱乙藜商谈组"中国国际学院"，不甚有味。

张岳军晚宴缪云台、陆子安。缪大醉。

**八月三十日　星期四**

接见李石曾(谈孔、宋二人，及顾、刘二使对峙之苦，及中法合作，两方内容皆不一致)、郑道儒(不往河北省府)、赵从仁。往见徐可亭，商滇省出口办法。

与陈辞修谈两湖建设，首都在武昌，汉口为大商埠。

罗家伦来谈。

夜间十二时，日机来袭，炸弹皆落渝市外，闻炸老鹰岩旁之飞机场。

---

① 后文亦作 Paniushkin。

日内阁改组。新阁阿部信行为首相兼外相,陆相畑俊六,海相吉田善吾,内相小原直,藏相青木一男,商工兼农林伍堂卓雄,旧阁无一人留任。

最高苏维埃暂不批准德苏不侵犯条约。张伯伦在国会发表演说。

**八月三十一日　星期四**

接见宋渊源(荐人、索款!)、李文采(自德归来,电炉工程师,似可用)。

与徐可亭邀请缪云台、陆子安,会谈滇省出口物品由中央收购及结售外汇办法纲要草案。彼等允返滇请示,再来商定。

**九月一日　星期五**

今日……时德军攻但泽,德空军炸华沙。Hitler 赴前线带兵,并言死后由戈林继任,戈林死后由墨斯继任,不得胜利不止。

中法庚委会在行政院开会,李石曾报告特委会工作。议决:停发中法工商学校补助;中法比瑞文化协会补助以二千元为限;与财政部商借款,请主席相机办理,如款不足,各事业比例照减。

夜十时空袭警报,二时解除,闻炸广阳坝及万县。

蒋宅谈话。李石曾言,英法必胜。有人问:如英劝中日言和应否接受?未得解答。

孔宅谈话。张群言,参政会开会当最重外交及金融问题。

**九月二日　星期六**

德军三路(东普鲁士、上西里西亚、斯洛伐克)侵波,宣布归并但泽。苏德不侵犯约,两国均正式批准。

苏新大使潘友新 Panaouchkine 昨见林主席,颂词言:苏以实力助中国抗战,不是口惠而系事实。

**九月三日　星期日**

往北碚一行，即日返。

英首相张伯伦向国会声明：英法已通知德国，立即撤退侵波军队，如不照办，则英法全力援波。二国已下令全国总动员。英公布英德谈判经过。美总统呼吁，勿炸平民及不设防城市。意大利不参战。

财政部公布取缔收售金类办法，又定关税只收三分之一，不得收伪币。

夜半，日机三十六架来袭，在重庆大学、土潭等地投弹。军政部纱厂棉花被焚，裕丰新房一部被毁，无线电厂被毁，余无恙。

**九月四日　星期一**

英昨日已向德宣战，法亦然。英战时内阁如下：□□□。

王竹亭夫妇移居城中。

**九月五日　星期二**

行政院 430 次会议，王亮畴未到，张岳军中途离去，皆应蒋召往黄山，商研中国外交方针。（一）改行政院水陆交通联委会为设计机关；（二）黄水会委员；（三）商酌吴忠信赴西藏时之对藏方针。

贝安澜请晚餐。

近时大局甚紧，中国颇感应付为难（！）

Nehru 起身返印度。

**九月六日　星期三**

日本对欧宣言"不干涉"not to meddle in European water [war]，但不言"中立"，并速决中国事件。意国则宣告中立。

令郭子勋在马尼剌存矿砂。

英飞机向德投传单。法陆军侵入德 Siegfried 防线，德军渡过

Vistula 河。

**九月七日　星期四**

波兰迁都于 Lublin。法波订立互助协定。日本要求英法撤退驻华兵队。我军克复潮安。

苏联大使潘友新 Panaouchkine 来访。宋子文至渝，住牛端[角]沱永园，往见一谈，正会商财政。

接见杨克毅（学地理，自英返）、凌道扬（拟往西北）。

孔发表对时局谈话（内容空洞）。

蒋代电，嘉勉资委会工作。

邓锡侯、潘文华、王缵绪自蓉至渝。李宗仁、白崇禧亦同到渝。

**九月八日　星期五**

德军占波兰南部要地 KRAKOW，又在 WARSA[WARSAW]西北二面作战。法坦克 600 辆突破德西防线，推进七哩，进至萨尔若干村落。英法对德作经济战。

美国务【卿】Hull 发言，注意远东形势，对日要求英法撤退驻华军队事极为重视。

外交部已遵蒋令电驻德大使陈介返国，孔认为不确，嘱面陈缓行，并不对德表示。

西南经建研究所开会，张岳军言，分别计划川康经济事已奉蒋批准。

穆藕初面论交部人员及各路局长舞弊奢侈，并对张公权不满，太息久之；又商沪交易所对部报账改每月为每六月。

**九月九日　星期六**

国民参政会第四届会开幕会在重庆大学举行。蒋提三点：（一）后方建设；（二）巩固抗战军事；（三）注意欧战，讨论对外方针。张一麐答词:(一)团结一致;(二)普及国民知识;(三)对外政策。

闻港禁货物出口,越进出口运输全停。宋子文下午飞港。国府公布,特派蒋为中、中、交、农四行联合办事总处主席,孔、宋、钱为常务理事。又,国防会核定之《巩固金融办法纲要》亦公布。英派 Leith Ross 为经济部长。

张悦联来电:尊英镑户口转美金,按四七.〇七五。截至六日止,美金户余额连转入计,共二四五九元零三分。

**九月十日　星期日**

国民参政会开会,孔作政治报告约三刻钟,语多空泛;何作军事报告,词较切实,一时半。蒋主席。

日机一架,至渝侦察。马君武、任叔永来访。

港政府指定银行十家办外汇,中国银行亦在其内。

英 Helifax 对郭大使言,英远东政策不变,使华海关收"华兴"纸币,英对日抗议。美略增西太平洋海防。Warza[Warsaw]有已被占说。

张宪秋来渝。

**九月十一日　星期一**

国民参政会大会。余报告经济工作,内分:(一)充实国营事业;(二)奖助民营工矿;(三)发展农村经济;(四)管理经济事业;(五)加强经济抵抗。

孔报告财政,发言未完,因空袭警报停会。闻系泸州被炸。

接见刘鸿生(彼言,孔告彼应令四川水泥公司加入官股,增加产量,办法仿照中国兴业公司例,以刘为经理。余告以此例不可滥援,仅可劝告增产)、程年彭、颜耀秋、潘经世(商汇款至沪事)、陶昌瑞(商冶金工作)、邵象华、丘玉池、戴礼智(钢铁专家)、丁骕(谈地理研究所事)。

**九月十二日　星期二**

行政院第431次会,(一)致吴忠信赴西藏训令;(二)内政部禁烟办法未通过;(三)经济部各省合作社管理通则未通过(寿局长要求合作社皆移归建设厅管,而不归省主席领导之委员会,恐多纷纠,故不即改)。

今日上午,孔至参政会补为财政报告,质询方始,即因空袭警报停会。日机实未至渝,闻炸万县。

参政会大会,张公权报告交通,王亮畴报告外交。

陈辞修晚餐,到者有邓晋康、潘文华、王缵绪、何淬廉、钱乙藜。

**九月十三日　星期三**

前数日天气犹热,在一百余度,今日起天气骤凉。

日本大本营设置中国派遣军总司令,以西尾寿造大将为总司令,以前陆相板垣征四郎中将为参谋长。原任华北军总司令杉山元大将调任参谋本部附,驻满大使梅津美治郎中将兼关东军司令。阿部内阁为宇垣系,少壮派首领板垣趁此握征华实权,闲院宫为之护符,即关东军司令原任大将之阶级者,今亦改为中将。

德军尚在华沙郊外相持。

美国政府于上星【期】六通知日本政府,对片面的改变上海租界地位绝对不能容忍。由Hull向日大使提出。

接见陈国梁、甘典夔、刘鸿生、林天骥。

国府公布(八日)《巩固金融办法纲要》及《健全中央金融机构办法纲要》,又公布(十二日)《节约建国储蓄券条例》。

**九月十四日　星期四**

阿部因解决中国事件之重要，在不违反宪法及天皇大权之范围内，应授予首相以超越各阁员之最高全权，并对国务总负全责，上奏天皇。

英法首相等在法境开最高会议，决以全力对德作战。英远征军已抵法。

行政院请参政员午宴。下午大会，蒋主席。对孔财政询问案宣读后，蒋起立谓：参政员应知抗战环境，统一后一年余即抗战，实行至今，全靠财政。参政会应平心静气讨论，不宜误会。对财政询问当用书面答复……（如此凌厉态度，压制正当询问以护孔，实非领袖所宜出，深为国家前途忧慨！）孔仍口头答复，语无伦次。继讨论川康建设方案。末后，张澜（表方）说明：以委座亲兼主席，固感川省重要，但我辈尊重国家民族，亦即极重为国家民族所托命之人之尊严。以前政府过重军人，现任各厅长或贪污或幼稚，如何治理，甚可担心。蒋答：为国家，为四川，为个人，均甚感谢，自兼川省主席曾有此说，并未决定，具体办法以后再为报告。此一幕足见爱国有人，又可快慰。

**九月十五日　星期五**

中苏文化协会欢迎苏联大使潘友新。国民参政会议。

英陆军已于十三日正式在西线参加作战。走廊被围，波军突围反攻。法国组成战时内阁，Daladier 为首相兼陆长及外长，以前驻德大使 Conloudry 为外交机要秘书。

邓锡侯、潘文华昨飞返成都。

贝安澜、孙越崎来谈，商钨砂出口事。

徐可亭言，龙云于陆、缪返滇后函孔言，陆、缪至渝，商洽无成，至为叹息。外汇仍应由富滇办理，以三分之二归滇。徐今晚约刘震寰(显臣)商谈。张平群来谈苏联索茶叶事,袁道丰偕来。

**九月十六日　星期六**

接见Kaploun、Ageeff、I. K. Taylor、罗文柏等。

国民参政会议,蒋主席。宪政案,发言者张君劢、李幼椿等,主加"结束党政[治]"四字(原提案人为孔庚、陈绍禹、左舜生、张君劢、章伯钧、江恒源、张申府、王造时、张君劢①等)。孔庚谓,开始宪政即系党政。陶百川、陈绍禹等亦发言。照审查案通过。案文如左:

甲、治本办法。一、请政府明令定期召集国民大会,制定宪法,实行宪政;二、由议长指定参政员若干人组织国民参政会宪政期成会,协助政府促成宪政。

乙、治标办法。一、请政府明令宣布全国人民除汉奸外,在法律上其政治地位一律平等;二、为因应战时需要,政府行政机构应加充实并改进,藉以集中全国各方人才从事抗战建国工作,争取最后胜利。

宪秋、燕娟今往北碚。

**九月十七日　星期日**

上午,国民参政会议。蒋主席,说明意见:(一)外交。波败太速,英法进攻甚缓,苏日又订停战协定,环境变化甚多,但中国军备较强,继续坚抗,即使西南、西北交通断绝,尚能抗战二年。(二)内政。公布宪法,实行宪政,参政院[会]既经决议,政府自当实行。但宪政之时并非全无训政。以前亦有国会,但因办法不良,缺乏礼义廉耻,有实无益。此后宪政自当力矫前弊,即如本人拟自任

① 原文如此。

川政,年长诸君婉委力劝,此亦训政之一例。下午继续开会,参政院[会]对各部报告以对财政部指摘最多,责以"财政当局在过去二年余,未能尽理之可能而谋事之尽善"。对内政部报告,认为过于专重周部长个人意见。对经济部工作尚为奖许。

收到《我们初到华西》及《耕罢集》。

徐可亭以所拟《云南出口外汇办法》见示(以外汇三分二许滇)。

**九月十八日 星期一**

上午,蒋偕参政员在南开阅兵。下午参政会闭幕,蒋亲读闭幕辞。

函蒋:世界大局现分二集团,极权集团(苏、德、日……)欲破现状,重分利益;民治集团(英、法、美……)欲维持现状,保持权益。中国宜向苏联请转向日商远东和平、中国主权独立,如不能成,继续抗战,求苏协助,赠以西北利益,相机加入民治集团,争取最后胜利。此时宜速刷新内政,不宜徘徊观望。并译附海通社莫斯科消息。

**九月十九日 星期二**

读完张君劢著《立国之道》。

孔庸之六十寿辰(阴历八月初七)。刘湘国葬期。

行政院第432次会。(一)《藏行蒙委长[蒙藏委员会委员长]行辕组织规程》;(二)驻英贸委会委员郭秉文、王景春、Bernard、Guinnes;(三)增加战区省委名额;(四)县各级组织纲要实施原则;(五)财政部委托中央银行代理国库契约(试行三个月)。

接见曾养甫(商湘南煤矿)、胡美恒(湘财厅长)、M. E. Sheahan(Vice Pres. Treasurer, Keeshin Freight lnc. Chicago,谢安)、A. B. Bassi(Chief Eng. Keeshin Freight Line,白熙)、C. W. Van Patter(Maintenance Supriuser, Keeshin Motor Express, lnc, Chicago, 范百德)、潘光迥、Julius Edguer(Transocean)。以 Edguer(中德间关系,又由德苏向日言和)谈话函呈蒋。

苏军已至波兰 Brestlitovsk、Lwow,进行甚速,波兰政府已至 Rumania.

电胡适之,询美有何作为。

**九月二十日　星期三**

接见刘文腾(Leeds D. □□)、孙清波、沈宗瀚、L. K. Taylor(商议购肥料厂事)、Dr. YOS(谈金矿事)。

孙越崎来家,谈颇久。

昨日 Hitler 在 Danzig 演说,言德之欲望有限,对法无仇,怪英好战。

美军机自 Hawaii 飞至 Manila。

蒋自【兼】川省政府主席,贺国光为秘书长。

**九月二十一日　星期四**

中茶公司常董会议,到者卢作孚、庞松舟、戴铭礼、倪遂吾、朱羲农、缪钟秀等。议决:(一)尽先运对苏易货所需之茶,由贸委会速拨汽车二百辆协助运输,具体办法双方商定;(二)请加商股股款者,以股款已收足,均暂缓收。

下午,中研院评议会选委会,傅孟真、任叔永会商选举标准,及候选人候补人推举办法。接见 Ludwig Werner(彼提议,德方以一半现款一半工业设备购取钨锡,答以应由彼与孔径商,余无权决定)。

外交部长宴请苏联新来大使 Panaouchkine。傅孟真、李润章谈及时局内忧外患,均极悲观。王亮畴、徐叔谟对各国不讲信用甚为慨叹。何敬之言,闻汪请施肇基为彼之外长。

**九月二十二日 星期五**

闻孔有病。接见宋希尚,请其协助采油机件运输。

西南经济建设研究所会议,商洽川康建设方法:(一)四行联合总处设生产事业投资委会及工商业票据贴放委员会;(二)川康企业公司。

张星联来渝。

Rumania首相被弑。闻因严守中立,不允波兰政府入境后再有政治活动之故。

**九月二十三日 星期六**

访王儒堂、李组绅于交通银行。请Robert de Vos、刘治万晚餐。接见王正廷、谢霖、王道隆、竺可桢、周仁、胡光麃、孟信之。

Warsa[Warsaw]犹在波军坚守中。

数日前高安失守,华军数师受重创,闻蒋力责罗卓英作战不力。今日闻高安收复,日军受创。

**电工器材厂每年出产**

| | | | |
|---|---|---|---|
| 昆明 | 第一厂(电线) | 裸铜线 | 每年2000至5000吨 |
| | | 镀锌铁线 | 每年1000至2000吨 |
| | | 橡皮绝电线 | 每年350吨 |
| | 第三厂(电话)设备未全 | 携带皮盒电话机 | 每年6000部 |
| | | 携带胶木盒电话机 | 每年3000部 |
| | | 磁石电话机 | 每年2000部 |
| | | 共电电话机 | 每年2000部 |
| | | 交换机 | 每年5000部 |
| | | 感应线圈 | 每年3000 |

续表

| 昆明 | 第四厂(电机) | 输电变压器(500—1000KVA) | 每年 5000KVA(莫机未到) |
|---|---|---|---|
| | | 配电变压器(1—300KVA) | 每年 5000KVA |
| | | 小型变压器 | 每年 1000KVA |
| | | 无线电手摇电机 | 每年 1000KVA |
| 桂林 | 第二厂(电管泡) | 收发电讯用电子管及录派整流管 | 每年 80000 只 |
| | | 真空及氩气电灯泡 | 每年 300000—600000 只 |
| | | 氧气 | 每年 1000—2000 筒 |
| | 第四厂 | 交流感应电动机 1/2—1/5HP | 每年 2000—4000 具 |
| | | 交流同期电动机 3—50KVA | 每年 100—200 具 |
| | | 直流发电机 3KW—5KW | |

**九月二十四日　星期日**

访 Lossing Buck、傅孟真、蒋廷黻。

德军总司令 Fritsch 在 Warga 阵亡。意政府向德及英法调停。

**九月二十五日　星期一**

往华严寺,经济部举行纪念周,顺往张家湾视察工调处新址。接见何淬廉、盛蘋臣(谈孔主与日言和)、张平群、严冶之、金瀚(请设亚硫酸木粕厂,资本三百九十万元)。

**九月二十六日　星期二**

行政院 433 次会议。《中苏联航合同》,另有纪录:"公司对中国政府飞机(蒋委员长或交通部长之飞机)给以何种便利,应于第一期建设完成前,照互惠原则讨论决定。"蒋廷黻认为,交通部长超越权限,应不准行。主席张岳军(孔因病未到)交审查。又通过农本局购粮办法。

资委会内讨论重加考虑建设外汇办法。

**九月二十七日 星期三**

今天是中秋,天气尚好。

访孔,谈:(一)矿产品经香港输出,对运往国度,对英诚实无欺;(二)对德好意表示欢迎,但考虑实际运输困难。

邀集周子竞、杨继曾、严冶之等,商云南钢铁厂推进办法,筹委会应早成立……

在徐可亭宅会见刘显臣(震寰),商滇货出口办法。明日庞松舟与刘同飞滇。

经济部令:所属机关对军委会文,例应由部核转,如有径呈者,应录副呈部。

**九月二十八日 星期四**

电缪云台:收购滇省矿产,资委会当设专处,请彼主持。又由T. V. 电托极力设法。

接Werner及张平群告,以德购华货纯用现金,中国只能运至中立口岸,由德向中立国购取。

卢作孚邀晚餐,与张禹九等商桐油出口办法。卢提原则:植物油厂特重工业,贸委会任运销收购,各地因地制宜。

日机来袭(四时),闻炸广阳坝。夜半十二时又有警报,二时四十分始解除。闻广阳坝蒋机毁。

**九月二十九日 星期五**

孔请晚餐(补庆中秋也!)。

八时半,日机来袭,未闻炮声。

Ribbentrop已至莫斯科,苏、德二国正商洽大计矣。

有潜艇(波兰?)在 Esthonia[Estonia]领海炸沉苏轮一艘。

**九月三十日　星期六**

周寄梅来渝。

苏德成立新约,力劝英法停战言和,订立划分波兰疆线,发展两国经济关系。苏爱订立协约,互助及通商,苏在爱境设空海根据地。

《新华日报》停刊,闻因日前陈绍禹论文之故(但十月一日又见出版)。

**十月一日　星期日**

中基会执委会开会,周寄梅、任叔永及余三人,议决:(一)顾临请增在美训练费美金四千,照发;(二)贵阳医学院请增八千二百元,照发;(三)补助湘雅一万元。

守华沙波军投降德军。

蒋就四川省主席职。《公库法》实行。渝市参议会开幕。

妻由北碚来沙坪坝宅。

日机袭成都。重庆警报自夜十一时半至四时半,一夜未能安眠。

**十月二日　星期一**

中央通讯社开始发行英文消息,内载外长王宠惠曾向合众社记者 Morlis 谈,中国最爱和平,不得已而抗战,如美政府能调解,中国自乐接受。前任罗斯福商得日俄和平,甚盼现任罗斯福能谋得中日停战。美国务卿 Hull 答客问言,对此尚未研究。消息又言,美国务院如知中日双方皆受调解,可以为力。美大使詹森适来谈,对此事彼言尚无 official action。盛蘋臣来谈,曾对孔保许世英向日本谈话。又消息言,魏道明赴港,即为和平运动。

空袭警报自夜十时半至四时一刻，炸宜宾机场。事后，中国战机九架飞往汉口，炸日军机场。

**十月三日　星期二**

行政院第 434 次会。（一）中苏航空换文解释；（二）合作社各省设处事，交回经济部与各省洽商后再办；（二[三]）结束前建委会债务办法；（三[四]）李家沱、九龙坡间码头及公路预算；（四[五]）补助农会预算。

何北衡向何敬之、张公权及余诉说王缵绪证告不实情形。张岳军言，王缵绪纪念周言，蒋代省主席，彼仍留任。此席重要，别无他人能任，故不得已由蒋自兼之。（可叹！）

张公权言，昨日四行联总处开会，以徐可亭兼秘书长，徐柏园为副。

□拉外相皆往莫斯科，土罗外相仍在。

波兰政府在法成立，以前参院议长拉克维兼为大总统。

安南运输仍通。长江一部英舰因日求撤退。

白健生自衡阳来电话。夜十二时半至二时一刻，日机袭渝，无甚损失。

**十月四日　星期三**

郭德华到部办公。接见夏宪讲、王竹泉。

徐可亭面谈：（一）四行联总处组织；（二）怪钱乙藜；（三）叹张岳军叫昆明章元善电话未着。

晚宴王正廷、杜月笙、钱新之、浦心雅、王次[志]莘等。

蒋手令资委会：尽先供给兵工署需要。

**十月五日　星期四**

四行联合总处理事会第三次会议，孔主席。宋谓，食衣等供给及平价工作均应交经济部负责，由四行供给必需款项。孔提四行收外汇额存款，宋、钱不赞成，交金融委员会研究。

电昆明：收购滇产出口；所谓贸委会分会内，应有资委会、中信局加入委员。

访 Bell（今自沪返）。

谢树英自成都来，谈西康产铜、四川收铜事。

**十月六日　星期五**

日军越汨罗河，占湘阴、平江，续进至桥头驷、永安寺，距长沙仅十八公里。华军突起反攻，日军损失极重。湘阴、平江均已收复，汨罗江南岸几已肃清，我军进驻白水。此次战绩为我军空前胜利。闻蒋三日起程赴前线。山西克芮城，惟长治、长子尚未下。河南我军冲入开封，毁省府，旋退出。汪精卫本拟于十月十日在南京就职，日政府令暂缓进。

盛蘋臣言，孔力主和，蒋尚未允。本月三日，华机四架袭汉口机楼，在六千公尺投弹，毁日机廿四架，伤四十余架。又焚敌大量汽油，敌空军人员死伤颇众，损失达二千万元。

闻苏联仍力主中国继续力战，不可向日言和，苏联对华继续协助。日军舰四十五艘在夏威夷，又拟派飞机二百架前来。

**十月七日　星期六**

孔宅，中国兴业公司董事会，通过组织章程、办事通则，薪给二十至八百元。孔提办水泥厂。刘鸿生来谈毛织厂。何淬廉来商经济事与银行。

Hitler 演说，对英求谅解，对法无冲突，对各邻邦皆友好。

英大使 Archibald Klark［Clark］Kerr 到渝。

中央电工器材厂出口：

桂林:电子牌真空管(收讯、发讯、整流),日月牌电灯泡(15W-100W)

交流感应电动机(1/2HP-100HP),交流发电机(15KVA-50KVA)

直流管电机(1KW-10KW),日月牌干电池及蓄电池

养[氧]气、淡[氮]气及压缩空气

昆明:各种电线,箱带式电话机,变压器及开关设备

重庆:日月牌干电池

渝:中一路四德里一号,电报挂号 4242

滇:邮箱 100 号,电报挂号 1000

桂:临桂路 86 号,电报挂号 1026

港:毕打街四楼四号,NARECU

**玉门油矿产品 Gallons**

| 月别 | Crude oil | 汽油 | 灯油 | 瓦斯油 | 蜡油 | 渣油 |
|---|---|---|---|---|---|---|
| 3 | 2013.00 | | | | | |
| 4 | 3345.00 | | | | | |
| 5 | 14266.00 | 88.00 | 100.00 | 110.00 | 6.00 | 94.00 |
| 6 | 10690.00 | 159.00 | 191.00 | 205.00 | 11.00 | 164.00 |
| 7 | 11842.00 | 112.00 | 136.00 | 152.00 | 8.00 | 126.00 |
| 8 | 16386.50 | 284.00 | 338.00 | 376.00 | 19.00 | 318.00 |
| 9 | 20303.00 | 418.00 | 454.00 | 597.00 | 22.00 | 437.00 |
| 10 | 19994.65 | 1007.00 | 1064.00 | 1820.00 | 42.00 | 1186.00 |
| 11 | 16010.00 | 1007.00 | 1044.00 | 1972.00 | 43.00 | 1189.00 |
| 12 | | 1000 | 1000 | | | |
| | | 4075 | 4327 | 5232 | | |

十月八日 星期日

徐厚孚、吴兆洪来宅,谈滇锡办法及运输情形。

Hitler 六日演说内言,波兰之战,德兵死者 10572 人,伤者 30222 人,遗失 3400 人。波兰俘虏送至伯林者 694000 人。

路透电称:本年前八个月二十天,日本对非日元集团出口商务共 1253000000 日元,进口共 1608000000 日元,入超 500000000 日元,较上年同期减少 20000000 日元。

蒋昨在成都接省主席事,秘书长贺国光亦就职。

十月九日 星期一

接见麦慕尧、赵天从、云照坤、阮励予、穆藕初(管纱布事)。

与刘鸿生同见孔。刘办毛织厂,请结购美金三十万元。孔允十三万元,电郭大使催询,交经济部协助。

请刘鸿生、孙越崎、林天骥、徐谟君、周泰初、支秉渊晚餐。

盛蘋臣送阅密电:日内阁盼孔令侃往议和,不令汪精卫上台,即盼渝政府速议,目的在防苏联。驻华日军总司令部内有今井可洽谈(!)。沪《大美晚报》亦论及日政府现又愿与国府言和。盛言,拟使许世英往港为之。

十月十日 星期二

国民政府纪念会,林主席,蒋未到。

著《日本侵略他国的史实》。

上午九时半空袭警报,十一时解除,但无紧急警报。

报载,昨晚克复修水。

十月十一日 星期三

与资委会各组长商:(一)重开钨锑专款预算;(二)商酌外汇缓急用途。

商务司司长寿景伟免职，参事章元善改任该司司长，郭德华为参事。

接见吴礼卿（不日往西藏，决定达赖承继人）、Sir Arthur Blackburn（包克本）、Mr. W. Y. Hayter（海特）、Mr. Alfred François（傅朗朔）、Mr. Ehkwain Denn（邓益光，成渝局长）、K. H. Teou（涂光华，建设银公司）。

访 Buck，概谈中国建国需要。

何淬廉、张纯明邀晚餐。

**十月十二日　星期四**

【至】浮图关训练班第四期，讲《抗战时期之经济建设》。

公宴吴礼卿、贺贵岩、章行严等。

接见 Alfred François（及涂光华），谈对于叙昆路沿线矿业办法之意见。

收到行政院赠《以介眉寿》书册；张宪秋留学证书；上海美商会反对 Universal training Corporation 之议决案。

十日晚，Daladier 广播演说，仍主战争，但未提出 Hitler 演词。

英首相张伯伦演说，对和平应有保障，回［恢］复波兰为先决办法。

**十月十三日　星期五**

四联总处理事会第四次会议，孔代主席，钱、贝、王、霍、周、徐、徐、翁等到。（一）上海乏券，汇丰代运为难，可发一元券，就地加印新票，并发庄票；（二）外币定期存款办法，交钱新之、贝淞生、陈潜庵、徐可亭再研究；（三）商办银行之管理，交钱、贝、陈、徐研究。余银行业务案数件。

徐可亭、庞松舟面谈在滇交涉经过，可亭颇怪乙藜在宋子文处进言失礼。

访侯致本(新自美返)。

**十月十四日　星期六**

盛蘋臣面告,孔派胡……在沪与板西言和。板西谈后赴京,与西尾、板垣商洽,复返沪,今日与胡再谈。铣日板西赴日,日似诚意言和。

接见 Werner、徐士珙、何淬廉(纱布)。

广播讲《合理的国际关系与远东真正和平》。

**十月十五日　星期日**

颈间流水作痛。妻赴北碚。

昨日,中国飞机又往炸汉口日本机场,闻毁日机百余架。

广播讲《日本侵略他国的史实》。

阅 J. M. Keynes:*Essays in Persuasion*。

蒋发告川民书:(一)全省贤达转移风气;(二)休养生息,勤劳严肃;(三)誓必肃清烟毒。

**十月十六日　星期一**

马金堂诊颈疾,用 lodes 搽,又吃红药。

Campbell 邀午宴,彼日间返英。

章元善就商业司长职。

晚,朱骝先、王雪艇、杭立武宴英大使 Archibald Clark Kerr 于外交宾馆。

**十月十七日　星期二**

行政院会议,(一)查禁敌货施行办法;(二)补助光华大学八万元。四联总处理事处第五次会,蒋言:四总行本月内迁渝,增加金产,调节辅币,外币储蓄。

院派潘宜之为粮食监理委员会主任委员会①。

蒋由蓉返渝。

**十月十八日　星期三**

李组绅来谈在滇洽个旧锡矿及化铁炉事。

与许粹士、金开英、夏勤铎、张心田商玉门油田外汇数目。与汤元吉谈电石厂办法。

电缪云台，商与法人商洽【叙昆铁路】沿路合办矿产办法。

前日，孔接见美记者 Morris 言，盼美总统调解中日言和。今日，中央通信社记美国国会讨论及此。

**十月十九日　星期四**

瑞、那、丹、芬四国元首在 Stockholm 开会，美总统电为维持。

接见韩德勤。

英加强新加坡空军。

水力发电委员会开会，致词。

**十月二十日　星期五**

与蒋廷黻谈，经济部建设预算仅三千八百万元，不宜删减。

西南经建研究所开会，讨论四川建设计画。

请韩德勤、徐士珙、赵棣华、陶洁卿晚餐。Preu，Werner。

借给张宪秋留学费美金一千元（大通银行支票二张，开十一月七日期支付）。

**十月二十一日　星期六**

贝安澜谈英借款事。沈昌谈叙昆路事。

蒋宅午餐。请水力发电会委员晚餐。

---

① “会”似衍字。

十月二十二日　星期日

往北碚,同日返,妻同返。孙越崎同行,讨论中福合组公司及投资合办滇钢铁厂。

日本招待美大使(十九日)。席上,大使Joseph Grew,新自美返任,明言,美国不接受日政府之"亚东新秩序",力持美国在华权利,反对日华[本]在华行动,坚持机会均等,措辞极为畅直。

美国务卿Hull宣言(二十日):对上海工部局之行动,美国当在各方面合作援助。

十月二十三日　星期一

国防最高委员会纪念周,余讲经部工作(充实国营事业宜创制度,动员民营工厂,管理经济事业,农业工作)。

Bell家午餐,与Rogers谈借款事。

孔请英、美、苏大使及其他外人茶会。

十月二十四日　星期二

行政院第437次会议,(一)乌江工程三百三十万元;(二)西南运输处,□州分处长全权办理卸船等事。孔不承认曾对美记者要求美总统为中日言和。

四行理事会,蒋主席。蒋嘱努力采金。

在张公权家午餐,与Fransçois谈叙昆路矿产办法。

在Bell家与Rogers谈借款事。

七时半,空袭警报,夜中一时始解除。日机在巫山、奉节、遂宁下炸弹。

十月二十五日　星期三

在Bell宅午餐,有英大使Archibald Clark Kerr,Rogers等。

昨日,德外相Ribbintrop[Ribbentrop]在但泽演说,攻击英国,但谓对英法除殖民地外,他无所求。

美国轮船"福林特城"(City of Flint),为德人所拘留于苏联摩尔曼斯克港。

**十月二十六日　星期四**

请郭泰祯(往滇,加入贸分会)午餐。

邀集财政、交通二部,农本局,工调处人员,商洽纱布平价办法。

与贝安澜、孙越崎商谈:(一)英借款;(二)中福改组;(三)参加滇钢铁厂。

恽荫棠、陈中熙、鲍国宝报告水力发电会议结果。

钱乙藜自港返渝。宋子文亦到渝。

**十月二十七日　星期五**

【至】中央银行训练班讲演。

接见 Alfred Fransçois、Ian Morrison(British of Chinese Corporation)、刘景山、祖兴让,谈 Principles for corporation in the mining development the Kunming Suifu railway Zone。

接见魏勒(Adolf Wiener, Carlowitz & Co.),谈德国购买矿砂,由苏联运德。

蒋赴前线布置军事。

**十月二十八日　星期六**

阅章元善拟平价办法草案,嘱其访徐可亭一谈。

偕杜殿英参观重庆炼铜厂(厂长叶渚沛)。现在陕西来铜料及其他铜料四百余吨。炼铜炉(用矽砂岩造)大小各二,温度烧至1400°以上,烧炼已二星期有余。每日能成铜板六十片,含铜99.2%。用此铜板入电化炉,再制成铜片。每片约重 80 镑,成分含铜 99.96%—99.97%。每日现能出精铜三吨,原定售价三千元,现拟加为三千五百元。又往动力油料厂，汽油部份尚在修理，月内可完，日产一千加仑，烧至450°分解。新添蓄油池三，每池蓄七千二百加仑，拟更添一池，四池可共装二万八千余加仑。润滑油新添一单位，旧者月产千加仑，新者一千五百。大柴油厂正在建设中，成后每日出三千加仑，每日需菜油约二百吨。

**十月二十九日　星期日**

邀张丽门、林继庸、熊祖同、周景白、孟信之午餐。

廿七日，美参议院通过政府所提中立法，63票对30票通过。

英国存美金元1225000000，坎拿大300000000，共计1525000000美金。

**十月三十日　星期一**

国府纪念周，冯玉祥讲演极佳。

钱乙藜来宅谈话。（对曾养甫态度极烈！）

接见孙越崎、王野白、张禹九、俞建章。又盛蘋臣来谈，孔曾以派人在沪与日人板西藤开谈话，各电亲送蒋阅。蒋称为措辞极得体，未托续商，亦未嘱停止。即由盛电所派在沪人员，继续商谈。如此，则此时诚和战二方同时并进矣。良以和少把握也。又盛言，孔派易敦白赴日（？）

**十月三十一日　星期二**

行政院第438次会，（一）建设专款预算（余提请加列农本局资本六百万，请删“合办事业成绩不佳”一语）；（二）准助甘肃省工厂二十五万元。

四联总处理事会第七次会。行政院秘书处函，以函送政府主持收购屯储粮食机关，建议由政府指定经济部统筹办法一节。查办理屯粮机构，表面上虽有隶属关系之不同，而实际负责主持与指定由经济部办理者无异，且正分头进行，似不宜更张，复请查照转陈……孔决应退回不收。平价【处】提平价购销办法，付审查。永利借款由渝处商拟合同，仍俟旧债银团同意。

张宪秋偕燕娟启程往滇。

**廿八年度资委会各事业经费预算及实发比较表**（十月二十五日止）

| | 预算（元） | 实发（元） |
|---|---|---|
| 重庆炼铜厂 | 200000 | 141093.63 |
| 滇北矿务公司 | 600000 | 250000 |
| 彭县铜矿 | 300000 | 303394.91 |
| 平桂矿务局 | 700000 | 326962.77 |
| 云南锡矿 | 1850000 | 1583007.73 |
| 贵州矿务局 | 250000 | 82557.64 |
| 明良煤矿公司 | 350000 | 600000 |
| 宣威煤矿 | — | 100000 |
| 甘肃油矿 | 400000 | 460442.25 |
| 四川油矿 | 350000 | 86279.85 |
| 动力油料厂 | 150000 | 145745.88 |
| 资中酒精厂 | 300000 | 200000 |
| 化工材料厂 | 1150000 | 247745.23 |
| 中央机器厂 | 1600000 | 648209.92 |
| 电工器材厂 | 2000000 | 904333.71 |
| 龙溪河电厂 | 800000 | 459327.41 |
| 昆湖电厂 | 1150000 | 769201.07 |
| 贵阳电厂 | 400000 | 287000.00 |
| 兰州电厂 | 200000 | 199320.42 |
| 汉中电厂 | 30000 | 30000 |
| 湘西电厂 | 170000 | 150000 |

续表

| | 预算(元) | 实发(元) |
|---|---|---|
| 岷江电厂 | 1000000 | 637123.89 |
| 柳江水力电厂 | 50000 | 22481.48 |
| 新电厂工程处 | 45000 | 31500 |
| 水力测勘费 | 85000 | 46000 |
| 川康青金矿 | 750000 | 254500 |
| 钢铁厂 | 400000 | — |
| 硫酸亚[铔]厂 | 530000 | — |
| 预备费 | 120000 | 63318.24 |
| 共计 | 16000000① | 8979546.03② |

**各事业已领外汇统计(十月二十日止)**

| | | | |
|---|---|---|---|
| 电工器材厂 | £ 23703 | 平桂矿务局 | 5000 |
| 中央机器厂 | 28820 | 川康铜业处 | 1292 |
| 纯铁炼厂 | 3562 | 宜宾电厂 | 2495 |
| 钨铁厂 | 1328 | 昆湖电厂 | 8781 |
| 动力油料厂 | 2081 | 贵阳电厂 | 2050 |
| 云南锡矿 | 8670 | 万县电厂 | 250 |
| 四川油矿 | 276 | 兰州电厂 | 1444 |
| 甘肃油矿 | 2600 | 岷江电厂 | 2175 |
| 贵州矿务局 | 378 | 龙溪河电厂 | 718 |
| 滇北矿务公司 | 175 | 新电厂工程处 | 484 |

共已发十一万九千[九万六千二百八十二]余镑。

① 数字有误,应为1593000000。

② 数字有误,应为9029546.03。

英国出口信货已定£ 219768。

**各事业核定及实领流动金表**（十月三十一日止）

| | 核定额(元) | 已发(元) |
|---|---|---|
| 电工器材厂 | 1200000 | 468421.05 |
| 中央机器厂 | 1000000 | 221421.05 |
| 重庆炼铜厂 | 400000 | 420917.80 |
| 动力油料厂 | 360000 | 360000 |
| 资中酒精厂 | 300000 | 200000 |
| 四川酒精厂 | 120000 | 80000 |
| 贵州矿务局 | 1470000 | 1000000 |
| 滇北公司 | 500000 | 300000 |
| 昆湖电厂 | 150000 | 50000 |
| 兰州电厂 | 50000 | 50000 |
| 昆明炼铜厂 | 500000 | 250000 |
| 纯铁炼厂 | 80000 | 23800 |
| 无线电机厂 | 200000 | 200000 |
| 电瓷厂 | 150000 | 70000 |
| 江华矿务局 | 150000 | 107000 |
| 川康铜业处 | 1200000 | 650000 |
| | 8610000① | 4451559.90,52% |

## 十一月一日 星期三

钱乙藜坚持以强力对付曾养甫，争湘南煤矿。托孙越崎面商曾养甫共组公司，曾又坚持不允。余力主善为磋商，勿伤情感。

① 数字有误，应为783000000。

钱拟随宋子文往成都、自流井一行。

邀孙越崎谈中福参加滇钢铁厂事。

函中研院评议员筹委会,商选举人名单。

昨日,苏联最高苏维埃大会,Molotoff 演说,责英法好战,迫芬兰接受条件。英国帝国会议开会。

昨日,意内阁改组,Mussolini、Ciano 二人留任外,余皆更换。意并力助巴尔干各国组中立国集团。

蒋尚未返渝,闻仍在湖南。

**十一月二日 星期四**

接见英大使 Archibald Clark Kerr。彼言,借款事应俟美借款成后提出。又接见 Taylor(Hunt)、Allay 等。

邀徐宽甫谈矿产管理各事。

函蔡元培、周寄梅、任叔永,商中基会事。

**十一月三日 星期五**

接见俄人 Kaploun 司高磋……彼等苏联愿每年购锡钨各五千吨,汞三百吨。告以事实困难,不便允准。彼等仍力持此说。答以须商洽后再为答复。又接见 François、刘竹君、Morrios、祖兴让,商叙昆路沿线矿产合作原则;续谈钨事,约下星期三日再行会商。

朱骝先请英大使晚餐。

昨日英相 Chamberlain 演说言,Molotoff 演说与英维护和平立场相同。Halifax 演说言,德宜恢复信用,即可得到和平。

电复陈诚,请转复邓锡侯对生产事业意见。

川康建设期成会在成都开会。

**十一月四日 星期六**

曾养甫来部,自递湘南煤矿应组公司呈文。

林颂河请辞职。

请邹秉文及中茶公司人晚餐。

义大利与希腊重申友谊。

汪精卫于二日亲往日本。

美国新中立法在众议院完成立法手续。

日机袭成都,被我击落多架,奥田大佐等均死之。

**十一月五日 星期日**

电召程中石来渝。

地质学会在渝开会,俞建章、计荣森讲话。

昨日,美大使Grew面告日外相野村:(一)美日关系有恶化可能;(二)美国会定明年一月开会,届时有通过封锁日本之可能;(三)日本应即在消极或积极方面有所表示。

宋子文、钱乙藜自蓉返渝。

马相伯于四日晨在谅山逝世,享寿一百岁。

**十一月六日 星期一**

访张公权,谈法银团所商叙昆路事,拟俟商定后,使沈昌携草案先往滇询龙意。

英使邀晚宴,在外交宾馆。

美大使Grew与日外相野村谈话时言,美不能接受"东亚新秩序"。

**十一月七日 星期二**

行政院第439次会,报告与Fransçois商洽昆叙路矿业合作办法,决于星期五日审查。苏联大使馆第二十二周十月革命纪念会。

四行理事会第八次会议。

英国海军共二〇八〇〇〇〇吨。美国海军共一七五五

○○○吨。

美国海军内容如下：

战舰现有十五艘(其中十四艘年龄均十六年到廿六年),在建筑中八艘。

潜艇现有一百十四艘,共十一万○六百五十吨,仅次于意大利之一百卅三艘,但其中仅二十二艘未满服务年限。

其他军舰现有七一八○○○吨,仅次于英之八九○○○○吨。

航空母舰现有五艘,建筑中者二艘,英国现有及建设中者共十六艘。

海军飞机现有二千二百架,不次于任何海军国。

**十一月八日　星期三**

函 Armand Gandon(法大使馆):日前承面告顾大使言锡钨为法保留,未能证实,但全国之钨均定价出售,对法亦愿充分供给。

邹秉文来谈,卢作孚不肯任代主任委员。

李祖芬来谈,金城银行愿在川经营电业。

聂光堉来,赠崇德老人(曾文正之女,年八十八岁)手书字条(养生与力学皆从有恒做出,故古人以有恒为作圣之基)。

昨日,苏外相莫洛托夫演说,攻击欧西、远东皆为帝国主义战争。第三国际明言,日本帝国主义侵略中国。

英王及荷女王照会英、法、德,呼吁和平。

秋、燕至筑。

**十一月九日　星期四**

复兴水利建设设计委员会开会,余说明水利工作亟待筹划发展,并特提堵口复堤、整理航路及农田水利三者。到者:沈君怡、孙辅世、徐世大、沈南园、齐寿安、张含英……等,宋澎主席。

接见François、Dorolle、孙越崎（谈三才生铁路事）、李品仙、胡叔潜。

日本预算本年度八八七四〇〇〇〇〇〇〇日元，下年度一〇五〇〇〇〇〇〇〇〇〇（军费五五〇〇〇〇〇〇〇〇〇日元，其他五〇〇〇〇〇〇〇〇〇〇日元）。

**十一月十日　星期五**

上午，行政院审查会，到者周惺庵、张公权、王亮畴、余井塘、魏道明、邹琳、蒋廷黻及余，商改叙昆铁路矿业合作原则。下午，与François、刘竹君、祖兴让、胡征若谈话。

下午，农矿工商管理问题委员会开会，商讨棉纱布管理规则及管理委员会章程。

潘宜之因长子在港病故，请假赴港……

八日，Hitler在Munich Beer Aller[Hall]演说后数分钟，炸弹爆发。Hitler演说攻击英国仍烈。

**十一月十一日　星期六**

张公权宅会商叙昆路事，到者François、Mortsoth、刘竹君、胡征若、祖兴让、沈昌、张公权、张维翰（龙云派参加）及余，商还款担保事。

接见Werner、吴蕴初、陈筑山。

请Dorolle、Dumant、Van de Berg、刘瑞恒、胡兰生、颜福庆等晚餐。

蒋手令增加钨锡产量。

秋、燕到滇（源电告）。

**十一月十二日　星期日**

国民政府六中全会开幕及总理诞辰纪念礼合并举行。蒋读讲词,言抗战必胜,共应自勉。

访周惺庵、张维翰,谈叙昆铁路地带矿业合作原则。接见陈筑山。资委会设产品展览室,大致告成。

蒋召见张岳军、刘经扶、吴泽湘、戴经尘、徐中齐及余:(一)严令市府于一星期内查禁日货,违则治罪。(二)令卫戍司令督责川康航运局,勿运日货,并令张岳军速拟修改组织办法。又传袁局长明日来见。(三)令张筹划增盐。(四)询明平价办法。余报告棉纱布供给办法,煤炭管理情形,日用品正在筹划,及设平价处方案。令余书面报告。(五)令余增加锡、钨产量,又须增锡,盼年加五千吨。(六)查明苏联产油数量及能否供给他。

**十一月十三日　星期一**

上午,六中全会预备会议。蒋朗读廿四、十一、廿三第五次全国代表大会宣言,勉共努力。下午大会,于右任主席,居正报告党务,张群报告政治。何应钦报告军事最长。彼言,中国军费现每月约一万万元(外国购械不在内),现有正规军二百六十一师(内步兵二百四十九师,骑兵十二师,余为独立旅团,共约官十八万余人,兵三百万人,官兵共约三百二十万人),另有补充兵一百二十万人,游击队七十万人,总共约四百八十万人。开战时共止有一百七十万人。正规军会计不报告者多,报告者只十分之一,现则报告者已占五分之四。

与徐宽甫、程中石商增加锡钨产量事。与张[章]元善言,禁仇货及平价事。与李竹书言叙昆沿线矿业合作事。

Dumant,Van de Berg 请晚餐。

**十一月十四日　星期二**

六中全会。上午,孔报告行政,王报告外交,张厉生报告党务。

下午,经济组审查会,T. V. 及徐堪主席。(一)行政院报告阅后再议;(二)王世杰提制药案,交政府注意促进;(三)叶秀峰提经济调查研究宜有具体设计,原则通过;(四)产销不符,物价高涨,应计划补救之……汇案审查。

蒋手令四行总处与经济部:会查银钱行号囤积居奇……与徐可亭、柏园商处理办法。

苏联大使潘友新请晚餐。

经济部敌货审查委员会参加禁用重庆敌货,派聂光堉等办理鉴定,如有疑问,仍呈部核定。

**十一月十五日　星期三**

上午,六中全会第三次会,蒋自主席。张溥泉、马超俊报告慰劳团视察情形,孔报告财政,余报告经济。蒋言:行政效率(计政及诠叙,地方自治,战地机构,禁绝敌货,经济斗争,发展交通,应用驿站,增加生产,平定物价,由社会部管理工人,消费合作社,经济部应注重产金与产油)。下午,经济组审查会,T. V. 主席。(1)陈果夫:常平商店交主管部与四行积极筹划办理;(2)谷正纲:取外国存货充实准备,研究酌办;(3)谷:加强经济斗争,交政府切实执行;(4)顾祝同:东南生产等三件,速组战区经委会,切实办理,第三战区内限于本年内成立;(5)东南各省封锁线内充分供给法币,交小组委员另议。

接见 James Young 及 Dardin。

**十一月十六日　星期四**

上午,六中全会第四次会议,蒋主席。党务报告后,蒋言:中委宜增加革命精神,努力任事。又指定孔庸之、张岳军、何敬之、朱骝先、叶楚伧、王世杰、陈果夫组织党政军机关调整委员会;并言:农林水利战后关系甚大,合作社宜归社会部管,社会部宜改入行政院,地政、卫生宜离内政部,公路机关不宜太多,贸易机关宜统一,购货宜有审查。下午,经济组审查会,孔自到会说明提案。马超俊、张钫亦到。

与程中石、徐宽甫谈矿事。拟派贝志翔为国外贸事所秘书,罗君雄继任,住海防,派程中石飞往整理运输。

**十一月十七日 星期五**

上午,六中全会第五次会,蒋主席。张公权报告交通,陈立夫报告教育。

苏联大使潘友新来,谓请售钨、锡、水银,商西北陆路运输。

邹秉文谈统一贸易机关。

何淬廉、卢作孚请晚餐,有陈锡山、甘典夔、赵连芳等。

经济组审查会。

呈蒋,陈对各国矿产出口方针。

下午,六中全会第六次会,孔主席。余未到。

**十一月十八日 星期六**

上午,何淬廉来访。

六中全会第七次会,蒋主席,切言继续抗战,不言和,不请第三国调解,不赖第三国帮助,欧战未停前不和。吴稚晖起言,即使失败犹胜投降。又,蒋言宜设行政机构调整局。

接见恽荫棠、许应期、蒋易均、沈君怡、何千里、丁雪农、朱农羲[羲农]、高长柱。

下午六时余,日机来袭,闻炸白市驿,七时一刻解除。

孔请晚餐。

**十一月十九日　星期日**

请沈君怡等晚餐。

马咸来谈部内情形。

**十一月二十日　星期一**

六中全会第八次会。孔、张辞院长及副院长，遵蒋为院长，孔为副院长。调整委【员】会报告各部调整办法，交常委会筹划。戴季陶读宣言。

与 François 等商矿业合作办法。

请吴蕴初、刘竹君等晚餐。

**十一月二十一日　星期二**

行政院第 440 次会，孔主席，议决：（一）《特种股份有限公司条例》；（二）拨款补助山西设厂；（三）叙昆路矿业合作审查案，余报告滇省意见及商洽情形。各部长共同辞职。

四行理事会第九次会，蒋主席。（一）平定日用品价格办法；（二）协助金矿基金三百万元；（三）华西垦殖公司入股情形；（四）协和药品公司借香港币九千万元。

接见王性尧、余捷琼。

琪书有病。

**十一月二十二日　星期三**

与 François、刘竹君等商叙昆路矿业合作办法。

访孔，谈机关改组事。

接见简干华、任叔永、齐焌。（彼言，乙藜日夜追宋，多为私意！）

于右任请晚餐，商纪念马相伯事。

**十一月二十三日　星期四**

孙越崎自嘉定返渝，与吴蕴初、钱乙藜商滇化工厂事。接见

Dumant、石志学、吴铁城等。

何淬廉、蔡承新请叶琢堂、周佩箴晚餐。

英宣布:海上运德货物一律没收。

**十一月二十四日　星期五**

张岳军请午餐,闻南宁局势甚紧。

请简干华、余捷琼、林伯遵等晚餐。

**十一月二十五日　星期六**

与钱乙藜同邀刘竹君、吴蕴初商滇化学厂事。

接见法国大使 Cosme 及 Gaudon[Rondon],谈售法锡钨事。访孔,商请法大使与[于]下星期一下午四时半往见。

请 François、刘竹君、祖兢生、沈立孙等晚餐。

电缪云台,并函商增加矿产事。

妻往北碚。

闻南宁已失守。

**十一月二十六日　星期日**

马相伯追悼会。于斌主教赠额:笃信力行。林主席赠:名德修龄。于右任挽联:光荣归上帝,生死护中华。

中研院评议员选举筹委会开会,到者:朱家骅、王世杰、任叔永及余,列席:王仲济、周大训。

父亲自北碚返沙坪坝。

文波弟自昆明至重庆。

朱家骅言,各部均不改组。

闻蒋南行,住贵阳。

**十一月二十七日　星期一**

接【见】De Vos、陈延炯、刘益远、钱新之、钱廷玉。

闻日军至宾阳！

**十一月二十八日　星期二**

行政院第 441 次会，仍由孔主席，告各部长辞职均慰留，调整事俟常委会商定。（一）特许中国运输公司资本五千万元；（二）……

四行理事会，（一）报告查明银钱行号存货情形；（二）官吏消费合作社，请寿勉成拟具体办法。

**十一月二十九日　星期三**

接见邓云鹤、徐谟（矿产售法事）、齐焌（赴欧，谈德）。

蒋宅午餐，谈英法组反苏阵线，又拟德意派大使来渝，勿承认伪组织。

苏联照会芬兰，取消互不侵犯协定，要求芬兰退兵，苏兵则不能退。

**十一月三十日　星期四**

至警官训练所讲《内治要义》：（一）行政区域大者（省）应重全国统一，小者（县）应求单纯划一；（二）保甲——人民组织；（三）有知有志者，宜深入民间。

接见 Alfred François、刘竹君等。

应周惺庵宴，遇见卢汉、Dr. William、王正廷等。

应 De San 宴，遇 Sandra、Rondon、彭学沛等。Rondon（龙东）要求允售矿产甚力。

**十二月一日　星期五**

闻苏联军已侵入芬兰并掷炸弹。

严冶之自滇返渝，谈钢铁厂事。访钱乙藜，谈中福投资事。

François 来谈合同事。

十二月二日　星期六

潘宜之辞次长职，面商孔，拟慰留，并请其任中茶公司董事长及扬子江水委会长。J. R. Milligan 来访，并赠手电灯。

Jean Rondon、Dumant 来访，索赠矿产品。与孔商，拟不允。

十二月三日　星期日

访简干华、秦景阳，并访潘宜之于华严寺，劝勿辞次长职。

芬兰内阁改组，但另有共产党人成立人民政府。

自欧战开始至十一月廿日止，各国商船被击沉者共 118 艘，总吨位 480000 吨，其中计英船 59 只，法船 7 只，德船 8 只，中立国船 44 只。又 11 月 26 日报告，德潜艇击沉英船十七只，内巡洋舰一，驱逐舰二。又 11 月 22 日讯，各国商货因战损失者共 453000［528000］吨，内有英货 268000 吨，德货 71000 吨，法货 51000 吨，中立【国】货 138000 吨。

十二月四日　星期一

下午，行政院审查叙昆铁路借款合同：法国银行供给材料值四万八千万法郎，建设银公司出三千万元，十五年还清，铁路约三年至四年造成。

孔晚宴法大使 Cosme。

本日下午，吴佩孚在北平逝世。

十二月五日　星期二

行政院第 442 次会议，仍孔主席。讨论叙昆合同，孔颇不赞成，张公权则力促其成，仍交审查；吴国桢为重庆市长。

经济部部令公布：（一）《取缔囤积日用品办法》；（二）《日用必需品平价购销办法》。

中苏开始通航，贺耀组乘机飞苏。

意大利使馆 Sandrar 请晚餐。

**十二月六日 星期三**

电周寄梅,询至渝开会日期。

行政院审查叙昆铁路合同及矿业合作合同。

接见 Jean Rondon、Dumant。龙东让要求年购锡三千吨,钨锑各六百吨,面告:□□□。

又接见邓叔群(字森家)、孙健初(自玉门来)、邹秉文、寿毅成、严冶之。

英王至法视察军事。

**十二月七日 星期四**

中茶公司董事会,余报告请辞董事长,推潘宜之继任。

中基会执委会,周寄梅电推余主席,至者任、孙。

接见傅郎朔、刘竹君等,商矿业合作合同。

接见朱森、廖友仁。

**十二月八日 星期五**

蒋宅午餐。何淬廉来谈西康农款条件。孙越崎来谈中福投资滇钢铁厂。郭葆东来谈滇省情形。

孔宅晚餐,商定叙昆铁路合同及矿业合作合同。

**十二月九日 星期六**

拟《关于行政院各部调停办法意见书》,明日送院,转常委会参考。

**十二月十日 星期日**

偕孙健初、孙越崎往北碚,至青杠坡地质所新址。

**十二月十一日 星期一**

行政院长蒋、副院长孔就职典礼。

接见宋子良、刘鸿生、R. H. Scott。

在范庄，会同孔、张与 Alfred François、刘竹君，签订《叙昆铁路地带矿业合作合同》。电告龙云，并托沈立孙携送一份。钱乙藜晚宴刘[陈]其采、闻亦有。

**十二月十二日　星期二**

行政院第 443 次会议，蒋初到主席，嗣因接见法银行团代表 François 即去，由孔代主席。(一)国联会，蒋主对苏芬事，顾代表可不参加表决，并不充下届理事；(二)蒋嘱敌货可由政府收买；(三)建设专款审核事由院召集会议，商研加速办法；(四)查禁敌货秘行办法，商研查检机关；(五)财政部拟设检查所；(六)只设第三战区经委会。

四行理事会第十二次会议，孔主席。农本局与农民银行业务与放款如何划分案，徐可亭等提审查意见不利于农本局，不通过。审查会系钱新之提议，拟添设农业金融处。函郑达生，明日出席行政院议时，可提此办法。

贝志翔电：法国封存至越钨砂，拟全收购。面商王亮畴、徐叔谟。

**十二月十三日　星期三**

接见焦雨亭、胡西园。

王亮畴晚餐，遇法大使 Cosme 夫妇，商其请安南政府切勿征用中国出口矿产。

广播讲话：《日本经济侵略的意义》。

十一时，国联开会，指定十四国组苏芬问题委员会，要求苏联立刻停止战事，举行谈判，于二十四小时内提出答复。

**十二月十四日　星期四**

【至】浮图关训练班讲演。

法大使馆晚餐。

邹秉文来谈，拟将贸委会直辖于行政院，陈光甫为主席，卢作孚、庞松舟为副。

蒋手令：经济部负责平价及禁敌货。

英法订金融协定。

国联议决，驱苏联出国联。

**十二月十五日　星期五**

接见宋子良、刘鸿生。

【至】国民参政会驻会委员会，报告平价办法。

行政院招待缅甸访问团。

**十二月十六日　星期六**

招集叶琢堂、徐堪、刘鸿生、钱新之、宋子良、宁芷馨[村]等开中国毛织厂公司发起人会，资【本】五百万元，先收三百五十万元。

**十二月十七日　星期日**

蒋宅午餐，宴缅甸访问团。

盛蘋臣来谈。

拟《中基会工作方针刍议》。

日本自开战时起，共发债券￥10662000000，即一百另六亿六千二百万日金。

**十二月十八日　星期一**

国府纪念周，孙科讲：不应怀疑苏联，英信任中国有领导能力，法政府意颇动摇，但不至背英，美亦有决定能力。

召集各司长商川康建设方案办理方法；召集各部及市长商禁

敌货及平物价。

接见 W. Y. Cassels(盖士利)及卢作孚(商天府通电北碚借款事)。

十四日,德舰 Graf Spee 与英舰 Ajax、Achilles、Exclir[Exeter]在乌拉圭海面大战。Graf Spee 遁入 Laplata 河。乌政府限 72 小时退出,昨晚期满。英舰七艘及法舰 Dunquerque 均在海口相候。英不认泛美会议三百海里之安全带,只认三哩领海。

**十二月十九日 星期二**

德舰 Graf Spee 自 Laplata 驻【地】出海口即自行炸沉。

行政院第 444 次会议,蒋主席,余报告与法人傅郎朔及龙东商售矿产经过。日机来袭,停会。警报自十时至二时半始解除,余在行政院防空壕内。

华军已收复昆仑关,仍在续攻中。

函恽震,请招待 Slarfred Serff。

**十二月二十日 星期三**

张岳军召集俞大维、钱乙藜及余谈:(一)调整机构。俞谓在此战【时】不宜纷更;(二)在国防会内设国防工业组,以余等四人为组员;(三)利用同济大学训练技术人员。

接【见】Gunther Stein(谈中国经济情形)、Jean Saillens(Conseiller Commercial de L'ambassal de France)(谈德货入口及矿物出口)。

我军克复大高峰坳,又收复九塘、七塘、六塘、五塘、那利。

湖北收复广水、花园。

**十二月二十一日 星期四**

晨访 Lossing Buck。国防最高会议第 22 次,孔代主席,蒋未到,提出《叙昆铁路矿业合作合同》,议决保留。

斯太林六十寿辰,中苏文化协会在国际联欢社开会庆祝。

Jean Saillens 来谈(外交部二员参加)德货入口事:(一)十二月一日以前到越之货,允可输入;(二)防范重往德国事可不提;(三)晚到之德货须另商。华钨锑出口事:(一)要求法方停止禁运出口;(二)说明苏联已允不转往德;(三)对法愿售,但不宜要挟。又为同事复胡适之,盼美亦力劝。

日本以开放长江(京沪)饵美国,但未定期。

**十二月二十二日　星期五**

蒋宅午餐。有若干人意恐苏、德、日联为一阵线,与英、法、美相峙。余以与法大使馆人面商安南运输事面告蒋。

**十二月二十三日　星期六**

国防最高委员会召集商洽禁敌货办法,到者张群、熊斌及余,拟由有关机关各派一人洽议,限一星期内报告。

渝社会局长包华国来谈。

接见李祖芬、戴自牧(谈甘肃油矿、四川油矿及四川电业)、夏勤铎(新自甘回)、钮副局长。

**十二月二十四日　星期日**

访孙科于范庄。

偕 Lossing Buck、Gunther Stein、张丽门、林继庸参观猫石石龙章纸厂、顺昌机厂、维昌小纱厂(Gosch 纺机)、天利化学厂及天盛陶器厂。天利尚未开工,开发可日出气 1.7 吨,漂白粉 2.5 吨至 4 吨,需电气 360KW,由 A.C. 变作 D.C.。

**十二月二十五日　星期一**

接见美国 Trade Committee Miss Viola Smith。偕寿勉成至南温

泉白鹤林合作训练班讲话。周惺庵请晚宴,为【蔡】松坡起兵之廿四周年纪念也。

闻数日前日机炸击奉化溪口,蒋妻毛氏遇难(!)。又闻蒋曾令今日应克复南雄。

重庆每月需煤 35000 吨,嘉陵江只出 33000 吨,岷江月需 22000 吨(成都另需 30 吨),出产尚有余裕,可以下运。

**十二月二十六日　星期二**

行政院 445 次会,孔代主席。(一)资委会设会计长案,不同意;(二)建设专款审核办法,照审查意见通过;(三)各省市政府考成条例。

**十二月二十七日　星期三**

偕卢作孚、钱新之、汪代玺、张丽门、高泽厚、彭浩徐、何北衡等至青草坝,参观民生机器厂。厂长周茂柏导观,副厂长叶在馥(有造船经验)。该厂资本一百二十万元,现有资产值五百万元以上,自造载重小轮船(一百吨者)十二艘。民生公司现有轮船一百二十余条,共载重力为二万数千吨。戴自牧、李祖芬亦来参观。

王亮畴晚宴土耳其公使 Spahi[Sepali]夫妇。

**十二月二十八日　星期四**

派陈汝珍为水利设计测量总队长。

接见 Colmel Preu(谈运德德[矿]产或往美转,或经苏联转)。

又见 Marc Chadourne(谈矿产经越南出口事)。

与陈大庆谈话。

**十二月二十九日　星期五**

闻蒋已亲赴桂督师抗日(或不确)。

**十二月三十日　星期六**

召集各司长商拟下年度工作计划。

接见土耳其公使 Sepali。

**十二月三十一日　星期日**

蒋邀晚餐,有宋汉章、叶楚伧、陈伯南等。

孔请外人在新建成之嘉陵宾馆晚宴,到者一百数十人。黄仁霖领导种种游戏。孔在战时略过儿戏矣。

# 民国二十九年 1940年[①]

**一月一日 星期一 住重庆**

国府纪念典礼，林主席，蒋亦到。天多雾。

日机炸击蒙自滇越铁路。

**一月二日 星期二 天晴**

行政院第446次会议。何敬之报告，上年终朱德等发通电，责备政府，措辞颇严。中央初由陈辞修应付共党，嗣交贺耀组，积案极多。何绍南曾建"处理"共党办法大纲，亦并无歧视意，惟望能大家"奉公守法"。组织部曾拟处理异党方法，亦未尽实行。孔庸之批评党政训练班太重形式，不讲实际，恐只有虚名而少实效。

接见Robert de Vos。往访A. J. Bell(今日与Gilbert Fan同来)。

日内记日军以重兵压韶关，形势颇紧。中国军队则加紧攻南宁。

**一月三日 星期三 晴**

Bell及孙越崎来商中福改组办法。

潘光迥请晚餐，有美人佛安及百熙。

**一月四日 星期四 晴**

国防最高委员会常委会议，于右任主席。何敬之报告，粤省翁

---

① 本年日记分为两册。其中1月1日至10月9日记于商务印务馆印行的日记本《自由日记》中，竖格，页12行。扉页用双钩写"民国廿九年上章执徐"(即庚辰年)。该册记满后，自10月10日至年终，用另一种日记册，仍为商务印务馆印行的日记本，竖格，页10行。

源、英德、增城（牛背脊）三处日军皆受挫折。近卫师团在翁源附近受挫尤甚，向南溃退，韶关遂竟威胁。敌总司令西尾、参谋长板垣乘机飞粤。又，我军在桂省昆仑关之捷，获敌机枪九十余支，炮十余门，步枪甚多，各项军器足供一师之用，数量之多为抗战以来所未有。我方第五军杜聿明作战极为得力，仍在续攻。又报告，上年十二月廿五日朱德等共电。

美国会昨开幕。英大使卡尔来渝。

接见 Williams Pettus，托其转告美人至华协力经济事业。又接见 Jean Saillens，提议在海防钨砂三千吨中，以千五百吨运美，六百吨售法，五百吨售英，四百吨运苏。彼允电法商定。

请部中参、司诸君晚餐。

国防最高委员会通过《叙昆铁路及矿业合作合同》，交立法院审议。

**一月五日　星期五　晴**

接见黄任之、Bell。函严爽，商玉门油矿工程，令动力油料厂速建玉门油厂，并每月报告。电顾少川，言矿产经越出口事。函 Woodroffe，言中福改组事。

**一月六日　星期六　晴**

农本局常理会，孔主席，到者钱新之及余，何淬廉报告。

接见黄万里，谈四川水利。彼怪导淮委员会用款太多。罗霞天请晚餐，见及王惜寸及杨湘鸿（建）。罗、杨二人热心索款，办浙水利。

美总统提国防预算：

Army U. S. ＄745852000（较本年度加 14000000）

Navy　　　　904540000（较本年度加 183750000）

临时国防　　302151000

美国预算总数为 U. S. $ 8424000000，收入总数为 6248000000，计不足 2176000000 金元。

**农本局简报①**

| 合作金库 | 25 年 9 月至 26 年 12 月 | 27 年 1 月至 27 年 12 月 | 28 年 1 月至 28 年 6 月 | 28 年 7 月至 28 年 12 月 |
|---|---|---|---|---|
| | 17 库 | 85 库 | 105 库 | 194 库 |
| 放款 | 670000 元 | 4076019 元 | 5599396 元 | 约计 10000000 元 |
| 存款 | —— | 255238 | 568526 | 1000000 |
| 仓库 | 31 仓 | 47 仓 | 63 仓 | 96 仓 |
| 容量 | 465000 市石 | 594998 市石 | 1316902 市石 | 3380311 市石 |
| 资金 | 1175964 元 | 406604 元 | 636085 元 | 2865222 元 |
| 放款 | 766175 元 | 293404 元 | 767811 元 | 2000000 元 |
| 保管物值 | 10899 元 | 1014979 元 | 1221810 元 | 约 4000000 元 |
| 购销价值 | 4715197 元 | —— | 668604 元 | 约 1000000 元 |

**农田水利贷款（民廿八年）**

| | 订定 | 已拨 | 受益田 |
|---|---|---|---|
| 川康 | 2500000 元 | 1629169 元 | 158000 亩 |
| 广西 | 2000000 元 | 310000【元】 | 67000【亩】 |
| 陕西 | 1000000【元】 | 587852【元】 | 110000【亩】 |
| 贵州 | 1000000 元 | 23000 元 | 20000 亩 |
| 云南 | 1500000 元 | 31368 元 | |
| 河南 | 500000【元】 | 尚未施工 | |
| 江西 | 200000【元】 | 100000【元】 | 报告未到 |
| 合计 | 8700000 元 | 2681389 | 355000 亩 |

① 原文数字为汉字。

## 农业生产贷款(廿八年十一月)

| | 贷出 | 收回 | 结余 |
|---|---|---|---|
| 湖南 | 5384411 元 | 2581473 元 | 2802938 元 |
| 广西 | 500000【元】 | 334458【元】 | 160542【元】 |
| 陕西 | 104056【元】 | | 104056【元】 |
| 河南 | 1000000【元】 | | 1000000【元】 |
| 四川 | 377000【元】 | 317000【元】 | 60000【元】 |
| 贵州 | 379200【元】 | 6200【元】 | 373000【元】 |
| 合计 | 776[4]4667 元 | 3239131 元 | 4500536 元 |

## 经济作物及农产制造贷款(廿八年十一月止)

| | 贷出 | 收回 | 结余 |
|---|---|---|---|
| 四川榨花生产 | 70557 元 | 69208 元 | 1349 元 |
| 四川推广改良棉籽 | 120691【元】 | | 120691【元】 |
| 四川柑桔改良 | 7707【元】 | | 7707【元】 |
| 四川蚕丝股本 | 400000【元】 | | 400000【元】 |
| 四川蚕丝生产 | 39500【元】 | 39500【元】 | |
| 云南同上 | 160000【元】 | | 160000【元】 |
| 广东蔗糖生产 | 50000【元】 | 50000【元】 | |
| 安徽茶叶产销 | 400000【元】 | 200000【元】 | 200000【元】 |
| 贵州桐油购销 | 116281【元】 | 116281【元】 | |
| 陕西土布产销 | 25000【元】 | | 25000【元】 |
| 合计 | 1389737[6]元 | 474990[89]元 | 914748[7]元 |

## 农产购销(福生庄二十八年十二月二十日止)

| | 购进 | | 售出 | | 存余 |
|---|---|---|---|---|---|
| 棉花 | 400328 市担 | 18171872 元 | 52127 市担 | 3721731 元 | 348[201] |
| 棉纱 | 16154【市担】 | 8075460【元】 | 8676【市担】 | 8295333【元】 | 7478 |
| 棉布 | 272263【市担】 | 1803148【元】 | 82294【市担】 | 1427119【元】 | 189969 |

**一月七日 星期日 晴**

接见谢蘅窗、谭仲逵、孙越崎、汤子珍、张丽门、张其昀、朱森。又访见萧之谦。孙谈滇黔钢铁厂计划。

蒋宅午餐。闻蒙自、开远附近滇越铁路桥被日机炸损。

闻上年十二月 Virginia Beach Institute of Pacific Relations 言论记录。

英陆相 Belisha 辞职,以贸易部长 Stanley 移任。

**一月八日 星期一 晴**

蒋赴桂。接见美国人 G. Arthur Steiner(V. of California, Los Angeles)。偕刘治万访孔,谈金矿事。

**一月九日 星期二 晴**

行政院第 447 次会,派孔祥榕秉承本院督促办理西南水道整理及接洽联系公路建筑及运输(!);讨论英大使提议天津存银中提出十万镑赈灾民,余移存中立国(美?)银行,闻法租界将援例办理,但提出二十万镑赈济。又讨论法政府商购矿产及猪鬃事。

四行理事会第十五次会,(一)拨付平市购销处,日用品及燃料第一期营运资金八百万元;(二)集中定制辅币券办法;(三)收兑金银处奖金及手续费(共 18%);(四)讨论津存银事。

张岳军宅,与何淬廉、张肖梅商川康经建计划。

请英人 W. G. Keswick(Jardine Matheson & Co.)、New Bigging [Newbigging]、Bell、朱骝先、王雪艇、樊眷甫、潘光迥等晚餐。孙越崎赴滇,商钢铁厂事。

**一月十日 星期三 晴**

农矿工商管理问题委员会开会,讨论钢铁规则及委员会组织;

又讨论物价研究委员会组织。接见李润章、Keswick。代电外部，商矿产经越出口事，并附与法人谈话概要。

孔宴土耳其大使Sepali。

昨晚，俞建章来谈……陈旭近亦赴闽。蒋廷黻来谈。

**一月十一日 星期四 晴**

毛纺织厂公司创立会，到者：刘鸿生、钱新之、徐可亭、胡叔潜、李现林、程年彭等。推举宋子良为董事会[长]，钱新之、叶琢堂、杜月笙、徐可亭等为常务董事；经济部董事为欧阳仑、张文潜；监察人为王玮。又推刘鸿生为经理。

英大使Archibald Clark Kerr来访，谈英国借款尚须稍待，又谈及香港政府助缉钨砂走私。

至重庆大学地质学系讲。访罗家伦，商训练技工。

**一月十二日 星期五 晴**

招集何淬廉、沈宗翰、吴景超等，商洽行政人员训练所高等班课目分配，即函告陈果夫。朱骝先来谈中研院评议员事。

苏联大使馆茶话会，英大使亦往。

孔晚宴党政军三界人于嘉陵新村。

**一月十三日 星期六 晴**

草拟《经济部组织法修改草案》，送行政院。访王雪艇，商评议员事，即电商滇任、傅等。中法庚委会开会，沈君默与铎尔孟争款(?)。中法庚委会向四行借一九三九一五〇元(国币)，月息七厘，自身收入一二〇〇〇〇〇法郎，六八二〇〇元美金，五二〇〇〇元国币。除支用外，盼能保留基金五七五九〇美金。

## 资委会各工厂29年度产额预计表

| 中央机器厂 | 2000KWsteam turbins | 2部 | U. S. $111200<br>C $524000 | 预定七月开始出货 |
|---|---|---|---|---|
| | 220HP | 8部 | U. S. $62580<br>C $1097600 | |
| | 电动机拖动之车床 | 100部 | C $600000 | 预定四月份开始出货 |
| | 活动刨床 | 25部 | 125000 | |
| | 钻床 | 25部 | 87500 | |
| | 纺纱机 | 20套(3300锭) | 1000000 | 预定九月开始出货 |
| | 汽车煤气罐 | 200辆 | 500000 | 预定四月开始出货 |
| | 汽车零件 | | 20000 | 预定四月开始出货 |
| | 共计 | | U. S. $173780<br>C $3954100 | |
| 电工器材厂 | | | | |
| 第一厂(电线) | 裸铜线 | 360吨 | 1095000 | 全年 |
| | 镀锌铁线 | 300吨 | 330000 | 预定二月开始出货 |
| | 各种橡皮线 | | 356000 | 全年 |
| | 军用被覆线 | | 71000 | |
| | 代交部拉铜线 | | 148000 | 制造费 |
| | 共计 | | 2000000 | |
| 第二厂(电管) | 真空及亚气灯泡 | 300000只 | 180000 | 全年 |
| | 各种电子管 | 50000只 | 410000 | |
| | 氧气玻璃等 | | 30000 | |
| | 共计 | | 620000 | |
| 第三厂(电话) | 皮袋式话机 | 6000部 | 768000 | 预定四月开始出货 |
| | 磁石塔式话机 | 2000部 | 222000 | |
| | 交换机 | 5000部 | 370000 | |
| | 其他型式话机 | | 130000 | |
| | | | 1490000 | |
| 第四厂(电机) | 感应电动机(1-25HP) | 900具 | 216000 | 全年 |
| | 交流发电机(20-50KVA) | 20具 | 44000 | |
| | 手摇发电机(80W) | 400具 | 100000 | |
| | 布电变压机(30-50KVA) | 70具 | 190000 | |
| | 电力变压机(300-1000KVA) | 6具 | 45000 | |
| | 小型变压机 | | 5000 | |
| | 开关设备 | | 180000 | |
| | 干电池 | 129000只 | 680000 | |
| | 共计 | | 1280000① | |
| 四厂合计 | | 5390000 | | |

① 原文如此,上列数字之和为1460000,四厂合计应为5570000。

续表

| | | | | |
|---|---|---|---|---|
| 中央电瓷制造厂 | 各种瓷夹板 | 640000 付[副] | 16090 | 全年 |
| | 绝缘子及附件 | 1370000 只 | 228000 | |
| | 瓷管及□形绝缘□ | | 7910 | |
| | 灯头灯座西铃胡芦 | | 9600 | |
| | 开关朴电插头 | | 7200 | |
| | 保险总开关 | | 12000 | |
| | 其他附件及瓷件 | | 36000 | |
| | 共计 | | 316000[316800] | |
| 无线电机制造厂 | 收音机(3-6 灯) | 2400 架 | 301600 | 全年 |
| | 交流收音机(1-6 灯)<br>直流收音机 | 7840 架 | 430000 | |
| | 矿石收音机 | 8000 架 | 68400 | |
| | 主振荡式收发报机(5-50W) | 85 架 | 286800 | |
| | 哈特勒式收发报机(2 1/2-100W) | 915 架 | 1773200 | |
| | 演讲机(20-200W) | 20 架 | 103000 | |
| | 无线电话机(100-300W) | 8 架 | 97000 | |
| | 共计 | | 3060000 | |
| 化工材料厂 | 纯碱 | 180 吨 | 207000 | 预定七月开始出产 |
| 资中酒精厂 | 酒精 | 400000 加仑 | 1200000 | 全年 |
| 四川酒精厂 | 酒精 | 300000 加仑 | 900000 | |
| 动力油料厂 | 汽油 | 400000 加仑 | 3600000 | |
| | 柴油 | 1500 吨 | 3000000 | 预定四月开始出产 |
| | 滑润油 | 15000 加仑 | 135000 | 全年 |
| | 共计 | | 6735000 | |
| 昆明炼铜厂 | 电铜 | 775 吨 | 2325000 | 全年 |
| 重庆炼铜厂 | 电铜 | 930 吨 | 2790000 | 全年 |
| 纯铁炼厂 | 纯铁 | 1000 吨 | 300000 | 预定十月开始出产 |
| 钢铁厂委员会 | 生铁 | 6000 吨 | 3300000 | 全年 |
| | 钢条 | 2000 吨 | 4000000 | 预定八月开始出产 |
| | 锅钉丝 | 40 吨 | 80000 | 全年 |
| | 火砖 | 3000 吨 | 600000 | |
| | 共计 | | 7980000 | |
| 各厂合计 | | | U.S. $173760<br>C $35137000 | |